工业物联网及边缘控制技术

张智焕　编著

ZHEJIANG UNIVERSITY PRESS
浙江大学出版社
·杭州·

图书在版编目(CIP)数据

工业物联网及边缘控制技术 / 张智焕编著. — 杭州：
浙江大学出版社,2023.6

ISBN 978-7-308-23695-9

Ⅰ. ①工… Ⅱ. ①张… Ⅲ. ①物联网－应用－工业企
业管理 Ⅳ. ①F406－39

中国国家版本馆 CIP 数据核字(2023)第 069788 号

工业物联网及边缘控制技术

GONGYE WULIANWANG JI BIANYUAN KONGZHI JISHU

张智焕 编著

责任编辑　吴昌雷

责任校对　王　波

封面设计　林　智

出版发行　浙江大学出版社

　　　　　（杭州市天目山路 148 号　邮政编码 310007）

　　　　　（网址:http://www.zjupress.com）

排　　版　杭州晨特广告有限公司

印　　刷　杭州高腾印务有限公司

开　　本　787mm×1092mm　1/16

印　　张　12.5

字　　数　297 千

版 印 次　2023 年 6 月第 1 版　2023 年 6 月第 1 次印刷

书　　号　ISBN 978-7-308-23695-9

定　　价　39.00 元

内容简介

　　本书围绕物联网"感知层、网络层、应用层"涉及的三大类技术架构所组成的物联网技术知识体系来安排内容,并将最新的技术发展和实践操作融入相应的章节之中,主要内容包括物联网概述、传感器及无线传感网、物联网通信技术、物联网云计算及平台、物联网安全、工业物联网应用实验平台、物联网应用案例等。

　　本书系统全面、结构清晰、内容翔实,可作为应用型本科院校及高职高专院校自动化、电气、电子信息、通信、计算机、物联网、传感网等相关专业的专业基础课教材,也可作为物联网及相关行业科研、教学和管理人员的参考书。

　　本书主要由浙大宁波理工学院张智焕老师编著,胡超老师编写了第 2 章,阮月光老师编写了第 5 章。由于物联网技术的高速发展,本书难免存在疏漏之处,敬请广大读者批评指正以便本书完善。

CONTENTS ⚫ ······ 目录

CHAPTER **1**

第 1 章

工业物联网概论

1.1 物联网技术的发展

物联网的概念早在 1995 年就出现在比尔·盖茨的《未来之路》一书中,只是当时受限于无线网络、硬件及传感设备的发展水平,并未引起重视。

信息技术、通信技术和互联网技术的广泛应用为物联网技术的发展奠定了坚实的基础,造就了人类历史上庞大的信息世界。物联网从最初的射频识别 RFID(Radio Frequency Identification)、传感器互联,逐步向感知设备多样化、网络多样化与感控结合多样化的方向发展,使传统意义上分离的物理世界和信息世界实现互联融合。因此,物联网可以说是基于网络空间将现实物理世界反映到人类认知,并通过认知影响世界,实现了"物理世界、信息世界和认知世界"的三元世界统一。

通常来讲,物联网概念的发展大体可分为以下三个阶段。

1. 以标识为特征

1999 年,美国麻省理工学院自动化识别中心(MIT Auto-ID Center)提出了基于 RFID 的物联网概念,即把所有物品通过射频识别等信息传感设备与互联网连接起来,实现智能化识别和管理。

1999 年至 2003 年,物联网方面的工作局限于实验室中,这一时期的主要工作集中在物品身份的自动识别,重点是如何减少识别错误和提高识别效率。

2003 年,"EPC 决策研讨会"在芝加哥召开。作为物联网方面的第一个国际会议,该研讨会得到了全球 90 多个公司大力的支持,从此物联网相关工作开始走出实验室。

2. 以互联为特征

2005 年 11 月 17 日,在突尼斯举行的信息社会世界峰会(WSIS)上,国际电信联盟(ITU)发布了"ITU 互联网报告 2005:物联网"。该报告指出:无所不在的物联网通信时代即将来临,通过 RFID 和智能计算等技术实现全世界设备互连的网络,让世界上所有物体从轮胎到牙刷、从房屋到纸巾都可以通过互联网主动进行通信。RFID 技术、传感器技术、纳米技术、智能嵌入技术将得到更加广泛的应用。

3. 以智能化服务为特征

2008 年 11 月,IBM 提出"智慧地球"概念,把传感器设备安装到电网、铁路、桥梁、隧道、供水系统、大坝和油气管道等各种物体中,并且普遍连接形成网络,即物联网。物联网成为"智慧地球"不可或缺的一部分。2009 年 1 月,美国将其提升到国家战略层面。

物联网是继计算机和互联网之后,世界信息产业的第三次浪潮。可以说,互联网改善了人与人之间的交流方式,缩短了空间距离;而物联网引入了人与物、物与物之间的交流,使人们在任意时间、任意地点可以实现与相关物品的互联,迈向真正的"智慧未来"。

从云计算、大数据、移动互联网乃至工业 4.0 和中国制造 2025 等的发展来看,物联网的确起到了快速发展和引领经济复苏的作用,尤其是在新冠疫情期间。不远的将来,物联网将由目前的实现物与物之间的互联逐步向实现物体之间全智能化"交流"方向发展。

物联网是互联网的应用拓展和网络延伸,它利用感知技术与智能网络对物理世界进行感知识别,通过网络传输互联,进行计算、处理和知识挖掘,实现人与物、物与物的信息交互和无缝对接,达到对物理世界实时控制、精确管理和科学决策的目的。

1.2 互联网、物联网和工业物联网的关系

互联网、物联网与工业物联网之间关系见图1-1。

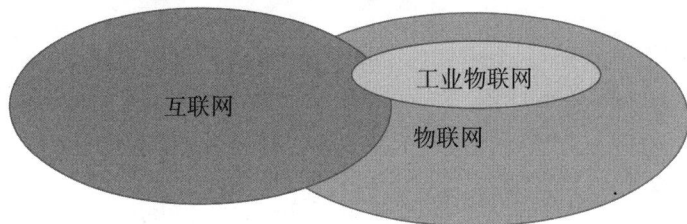

图 1-1　互联网、物联网与工业物联网之间关系

互联网、物联网、工业物联网三者之间的主要差异如下。

1.目标不同

从互联网所能提供的服务功能来看,无论是基本的互联网服务功能,还是基于对等结构的P2P网络新应用,互联网主要是实现人与人之间的信息交互与共享。而物联网系统则是基于感知设备,强调通过人与人、人与物、物与物的互联,实现全面感知、可靠传输和智能处理。

2.接入方式不同

互联网用户使用端系统的计算机或手机等通过有线或无线方式接入互联网访问其资源,而物联网应用系统根据需要选择传感器网络的汇聚节点或RFID应用系统接入网络。随着移动互联网的高速发展,物联网的终端越来越多地采用移动终端,因此,在不少应用中的接入方式也将存在更大的相似性。

3.范围不同

互联网是全球性的,而物联网在很多情况下是行业性或区域性的,工业物联网则更侧重工业企业应用,并不一定需要互联网的支持,可以通过局域网或专网实现。

4.需求不同

由于物联网行业应用的多样性和对其承载平台通用性的需求,所以往往需要中间件来适配,这一点对于互联网来说是不需要的。此外,物联网的上层即信息处理、数据挖掘与抉择支撑等也是传统互联网业务不一定需要的功能。

1.3 物联网体系结构

设计任何一个复杂的大系统必然要采用"化整为零、分而治之"的分层结构思想。根据物联网的三个特征,我们可以将其从网络架构上分为感知层、网络层和应用层,见图1-2。

物联网
体系结构

图 1-2　物联网体系结构示意

1.3.1 感知层

感知层是物联网的神经末梢,一般由各类传感器及无线传感器网络(Wireless Sensor

Network,WSN)、RFID和执行器组成。其主要任务是完成信息的收集与简单处理(即预处理),包括各类物理量、一维或二维标识、音频/视频多媒体数据等内容,部分学者将无线传感器网络和预处理部分称为感知延伸层。

从名字上可以看出,感知层可以分为"感"和"知"两部分,分别由传感技术和识别技术来实现。对于目前关注和应用较多的RFID网络来说,安装在设备上的RFID标签和用来识别RFID信息的读写器及天线等属于物联网感知层的"知"部分,被检测的信息就是RFID标签内容。如高速公路不停车收费系统、大型超市仓储管理系统等都是基于以"知"为主这一类结构的物联网。

物联网感知节点分为三类,即物联网终端节点、物联网路由节点和物联网网关节点。①物联网终端节点包括无源物联网节点和普通传感节点。无源物联网节点如电子标签,主要记录物体的相关信息;普通传感节点主要完成简单的物理量如温度、湿度、光强等基本参数的检测,并将信息发送给相邻的路由节点。②物联网路由节点又分为识别路由节点和专用传感器路由节点。识别路由节点集成有RFID读卡器,能够对电子标签进行读写;专用传感器路由节点集成有特定功能的传感器,如加速度、倾斜度、压力等,完成特定设备的需要。③物联网网关节点接收其他传感节点采集的信息,并完成与上位机或远程控制平台之间的通信,集成有USB、以太网等接口,同时还有GPRS等通信模块,以便实现远距离无线通信。

1.3.2　网络层

网络层在很多文献中也叫作传输层。为了便于读者更好地理解物联网中的网络层,我们将其进一步细分为三个层次,分别为接入层、汇聚层和核心交换层。接入层主要完成各类设备的网络接入,重点强调各类接入方式,比如3G/4G/5G、Mesh网络、Wi-Fi、有线或者卫星等方式;汇聚层聚合接入层的用户流量,实现数据路由、转发与交换;核心交换层为物联网提供一个高速、安全与保证服务质量的数据传输环境。汇聚层和核心交换层的网络通信设备与通信线路构成了完整的传输网。

1.接入层

物联网接入层就相当于计算机网络OSI参考模型中的物理层和数据链路层。以RFID为例,图1-3给出了RFID系统基本结构示意。从图中可以看出,一个基本的RFID感知单元由一个RFID读写器和多个RFID标签组成。RFID标签由RFID芯片、接收与发射电路、天线组成。RFID读写器由天线、接收与发射电路、中间件软件和网络接口组成。RFID读写器一端通过接收与发射电路及天线与RFID标签通信,另一端则通过网络接口与汇聚层通信。

这里需要注意的是,前面提到的感知层路由和网关节点也提供了部分接入功能,可以看出物联网的层次并不是严格区分的,这也是存在多种不同层次划分方法的原因。

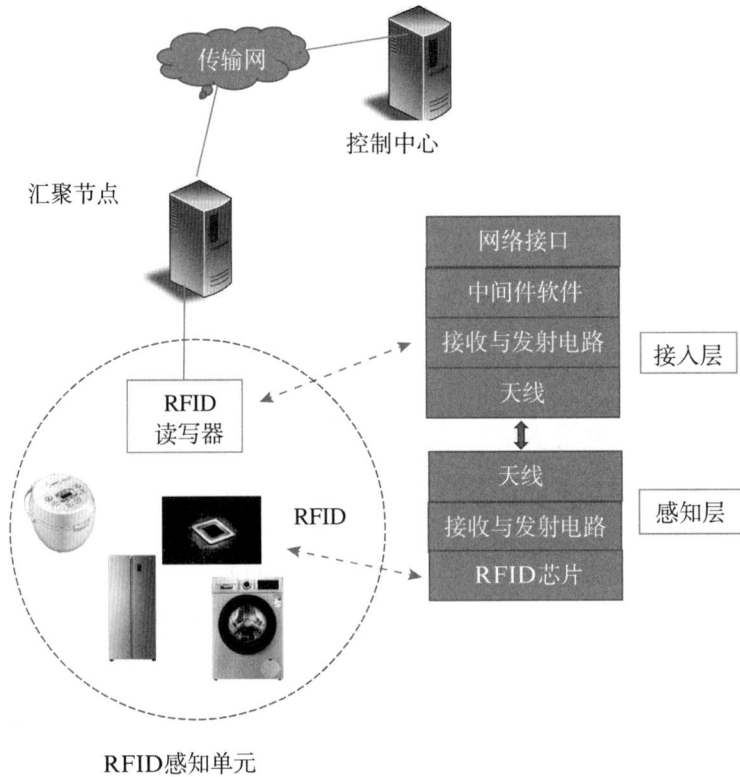

RFID感知单元

图 1-3　RFID 系统基本结构示意

2.汇聚层

汇聚层位于接入层与核心交换层之间,其主要功能是汇聚接入层的用户数据,进行分组、转发与交换,包括本地路由、过滤、流量均衡、QoS 优先级管理以及安全控制、IP 地址转换、流量整形等处理,根据处理结果把用户流量转发到核心交换层或在本地进行下一步处理。

3.核心交换层

核心交换层利用成熟 IP 协议与技术为物联网提供高速、安全与具有服务质量保障的数据传输环境,主要包括三个策略。

(1)组建 IP 专网

按照 TCP/IP 协议体系构建的计算机网络简称为 IP 网,由于互联网遵循 TCP/IP 协议,因此也将互联网简称为 IP 网。但 IP 网不一定就是互联网。

IP 网可以是一个内部专用的网络(俗称专网),不与互联网有任何的连接,实现物理隔离。IP 专网是由组建单位管理、独立运行、相对安全的网络。

(2)IP 专网与代理服务器相结合

另一种网络形式是使用代理服务器的结构,在这类网络结构中,代理服务器的安全直接决定了整个网络的安全。

（3）组建虚拟专用网络（VPN）

虚拟专用网络（Virtual Private Network，VPN）是在按照 IP 协议组建的公共传输网中建立虚拟的专用数据传输通道，将分布在不同地理位置的网络或主机连接起来，提供安全数据传输服务的网络技术。在物联网中，我们可以在公共传输网中使用 VPN 技术，在多个特定的汇聚层端口之间建立安全的通信"隧道"，以保证物联网数据传输的服务质量与安全，如图 1-4 所示。

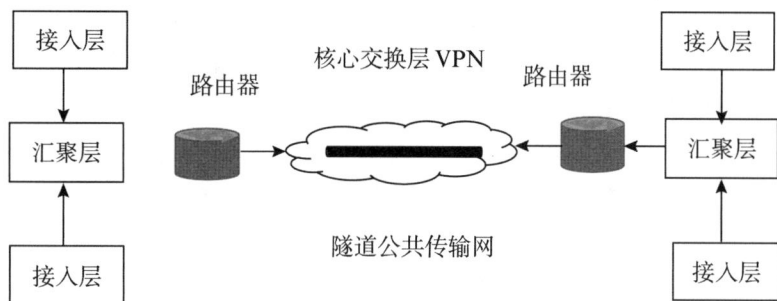

图 1-4　VPN 结构示意

1.3.3　应用层

应用是物联网发展的驱动力和最终目的，而应用层的主要功能则是把感知和传输来的信息进行分析和处理，做出正确的决策和控制，实现智能化的管理、应用和服务，主要解决的是信息处理和人机交互问题。

物联网把周围世界中的人和物有目的地联系到网络中，应用非常广泛，包括家居、医疗、环保、交通、农业、物流、智能楼宇等。例如，交通方面的应用涉及了面向公共交通工具和基于个人标识自动缴费的移动购票系统、环境监测系统以及电子导航地图等；智能楼宇方面则涉及家庭、办公环境的智能控制；医疗方面涉及医疗对象的跟踪、身份标识和验证、身体症状感知以及远程医疗等。总之，物联网应用涉及的行业众多，涵盖面十分宽泛。

1.4　物联网关键技术

物联网作为战略性新兴产业之一，已经引发了业界相当热烈的研究和探讨。物联网多样化、规模化与行业化的特点，使得物联网涉及的技术非常多，我们需要从物联网应用系统设计、组建、运行、应用与管理的角度，归纳共性关键技术，图 1-5 给出了部分关键技术，主要包括体系架构技术、标识技术、传感技术、通信技术、网络技术、软件技术、硬件技术、能耗技术、安全隐私技术等。这些技术之间相互影响、相互促进，共同支持了物联网的快速发展。

物联网
关键技术

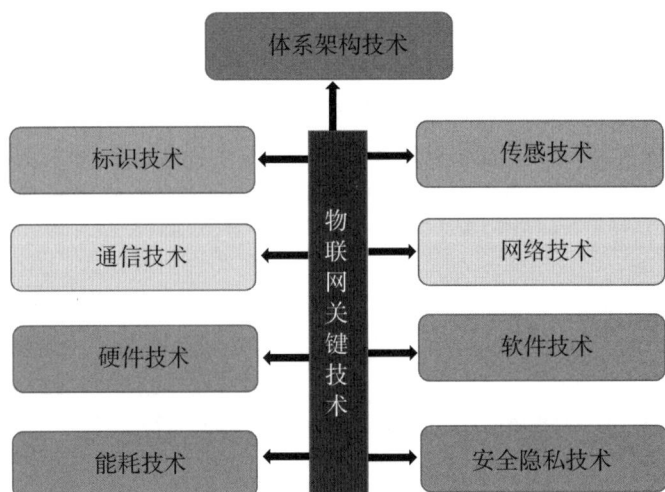

图 1-5　物联网关键技术示意

1. 体系架构技术

从物联网架构来看,未来的物联网将是一个混杂有大量底层信息的系统、上层商业应用实例以及其他数据与信息共同支撑的环境。在面向服务的体系结构(Service Oriented Architecture,SOA)中,无论是对于服务的提供者,还是对于服务的使用者,关键的问题就是,如何在这样的混杂环境中实现相互之间有意义的信息交互。从现实情况来看,要实现服务提供者和服务使用者的整合,最大障碍可能就是技术本身,即现有各种技术之间互操作问题的延续,也有概念称为语义互操作性问题。对语义互操作性的研究,也就是如何实现在混杂信息系统之间进行相互通信的问题,并没有一个完整的通解,而是采用多种途径来实现的。

从未来物联网架构技术的设计目标来看,一方面就其关键设计需求来说,物联网的架构技术应该可以实现海量千差万别的物品(事物)之间以及物品与环境之间交互与应用的可伸缩性、可模块化性、可扩展性和互操作性;另一方面,物联网的架构技术应该可以保障一个开放和具有竞争性的解决方案市场的形成。在这个开放的市场环境中,大量解决方案提供商和开发者将能够公平地开展竞争,起码在不受技术限制的条件下向他们的用户提供各种各样的应用与服务;此外,物联网的架构技术还应该允许不同客户充分享受这样一个饱含竞争性的解决方案市场所带来的各种便利与好处,同时允许他们可以就其需求进行应用与服务的自由组合与使用。总之,体系架构技术需要满足互操作性、竞争性和适应性的需求。

2. 标识技术

标识技术是物联网感知层的基础技术之一,研究如何将物品(或者实体)进行唯一标识,也就是在物品和我们通常所说的唯一标识或者唯一编码(UID)之间建立起一一对应的关系(这种唯一标识、唯一编码以及它们与物品的一一对应关系既可以是全局的或者全球唯一的,也可以在某一特定领域和范围内是唯一的)。物品的唯一标识或者唯一编码

(UID)既可以是一串数字或者字符(如条码),也可以是物品的一系列属性(如 RFID 标签)。当然,数字或字符组合的形式是我们最容易见到的,但是在未来物联网中物品将全部拥有各自独特的数字化身份。只有这样,才可以从未来物联网的数字层面上明确所有物品的数字名称,解析物品和物品之间的相互关系,使得物联网从真正意义上实现连接一切有意义物品的目标。

标识技术主要涉及分配、管理、加密解密、存储、匿名标识技术、映射机制以及结构设计等相关技术。

3.传感技术

传感技术是从自然信源获取信息,并对之进行处理(变换)和识别的一门多学科交叉的现代科学与工程技术,属于现代信息技术的支柱之一,是衡量国家信息化程度的重要标志。在物联网应用中,传感技术一般结合识别技术构成感知层,用于完成信号的收集与简单处理,并涉及信息特征的提取与辨识。传感技术经历了从个体感知到群体集散感知,再到广域网络数据采集的发展过程。现代传感技术通过构建于集合无线接入及有线承载特性的网络体系之上,实现细致广泛的信息搜集,能为物联网系统的上层应用提供完备的信息支持。

4.通信技术

通信技术主要实现物联网数据信息和控制信息的双向传递、路由和控制。物联网需要综合各种有线及无线通信技术,包括近距离无线通信技术。对于无线通信而言,物联网终端一般使用 ISM 频段进行通信,该频段主要是开放给工业、科学和医学三种主要机构使用,无需授权许可,只需要遵守一定的发射功率(一般低于1W),并且不对其他频段造成干扰即可。目前,该频段内包括大量的物联网设备以及现有的无线保真(Wi-Fi)、超宽带(UWB)、ZigBee、蓝牙等设备,频谱空间将极其拥挤,可能会制约物联网的实际大规模应用。为了让更多物联网业务能实现空间并存,需切实提高物联网规模化应用的频谱利用率,保证异构物联网的共存,并实现互联、互通和互操作。

5.网络技术

网络是物联网信息传递和服务支撑的基础设施,通过泛在的互联功能实现感知信息的高可靠与高安全传送。物联网的网络技术涵盖泛在接入和骨干传输等多个层面的内容(如前面提到的三个子层结构)。从较为宏观的角度来看,以互联网协议版本 6(IPv6)为核心的下一代网络,为物联网的发展创造了良好的基础网条件。从局部应用来看,以传感器网络为代表的末梢网络在规模化应用后,面临与骨干网络的接入问题,因此,需要研究固定、无线和移动网以及 Ad-hoc 网技术、自治计算与联网技术等,实现物体无缝和透明接入。

6.软件技术

以面向服务与智能计算为特征的软件技术是实现物联网功能和决定物联网行为的主要技术,重点包括各种物联网系统的感知信息处理、交互与优化算法、物联网体系结构与软件平台研发、虚拟化软件、数据挖掘等数学模型和算法。随着物联网规模的扩大,海量感知信息的计算与处理技术是物联网面临的重大挑战之一,需要研究海量感知信息的数据融合——高效存储语义集成、并行处理、知识发现和数据挖掘等,攻克物联网云计算中的虚拟化网格计算、服务化和智能化技术。其中的核心问题是,采用云计算技术实现信息存储资源和计算能力的分布式共享,为海量信息的高效利用提供支撑。近年来兴起的大数据研究也是未来支撑物联网发展的关键,也是物联网应用的推动之一。

7.硬件技术

硬件技术主要指的是感知层硬件技术,包括 RFID 标签、天线、高效射频前端、多协议多标准读写器、嵌入式或智能传感器等。例如,RFID 标签硬件类型主要有三种:①有限功能的超低成本标签,数据集中在服务于运营商管理的数据库服务器中;②具有增强功能的低成本标签,信息分布在中央服务器和标签中;③智能移动/固定标签和嵌入系统,信息集中在标签中。

8.能耗技术

能耗技术包括电池技术、能量捕获与储存、恶劣情况下的供电、能量循环、新能源及新材料等技术。随着物联网规模的扩大,不同物体有着不同的能量供给方式,有些设备可以采用固定持续的供电方式,有些设备则只能依靠电池供电甚至只能依靠能量转化技术工作,因此,物联网(尤其是无线传感器网络)需要解决不同设备低能耗联网问题,设计低能耗芯片,甚至采用能够自供能量的设备。

9.安全隐私技术

物联网在为人们提供更多应用的同时,也面临着许多安全威胁,尤其是数据与隐私的安全。由于物联网的很多应用都与人们的日常生活相关,在其应用过程中需要收集人们的日常生活信息(如个人的旅游路线、购买习惯、爱好、上网经常访问页面等信息),而这些信息一般都属于个人的隐私,因此,解决好物联网应用过程中的隐私保护问题,是物联网得到广泛应用的必要条件之一。

1.5　边缘控制技术

现代工业生产过程控制中,以温度、流量、液位、压力等为特征参数,以管道、泵阀为物料、能量传输手段,通过控制实现生产流程自动化,其控制对象是各种生产装置,如压缩机、精馏塔、化学反应器、锅炉等。通过控制特征参数,实现产品高质量、高产出率,减少浪费损耗,延长设备寿命,实现安全生产、降低劳动强度和环境保护等目的。

在运动控制系统中,以位置、速度、加速度、电流(力矩)等为特征参数。例如在机器人控制中,每个电机轴的位置控制为三环结构,即位置—速度—电流(力矩)环。多个电机轴的位置闭环控制系统构成多变量运动控制系统,实现机器人设备末端的空间位置与姿态控制,使之成为设备制造自动化系统的重要手段。

工业物联网的底层,除了感知信息之外,通常需要进行边缘控制。边缘控制的结构主要有如图 1-6 和图 1-7 所示两种结构。

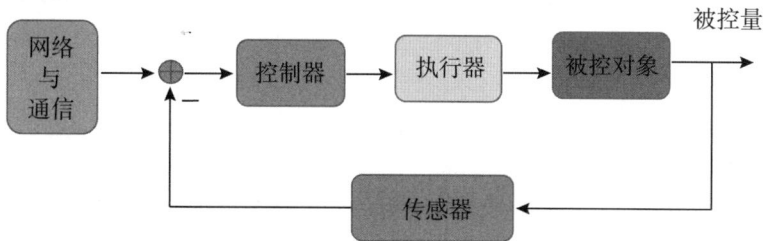

图 1-6　边缘控制的结构一

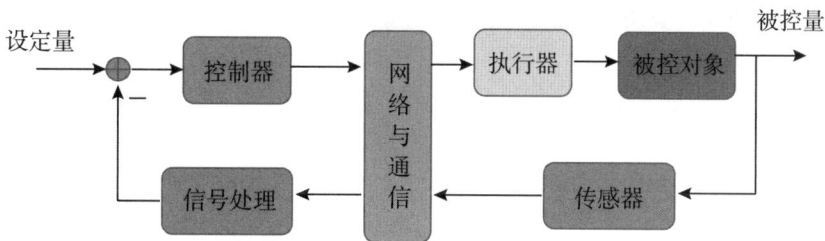

图 1-7　边缘控制的结构二

1.6　物联网的发展趋势

　　未来物联网将向标准化、规模化、协同化和智能化方向发展,以各种应用带动相关产业的发展,实现产业提升和经济复苏。

　　一是物联网标准的统一。"没有规矩,不成方圆",谁在制定标准方面走在前列,谁就掌握了未来物联网产业的话语权。在目前物联网的概念下,全球已有多个国家和组织制定了相应的标准,例如目前国际上广泛应用的标准有 EPC 标准、国际标准化组织制定的 ISO 标准、日本主推的 UID 标准、国际物品编码协会推进的 EPCglobal 标准等。我国目前也正在结合欧、日、美的技术标准情况加紧制定物联网的相关标准。

　　二是规模化发展。随着世界各国对物联网技术、标准和应用的不断推进,物联网在各领域中的规模将逐步扩大,尤其是一些政府推动的国家性项目,如美国智能电网、韩国物联网先导应用工程、中国工信部推出的物联网产业规划和示范重点等,将吸引大批有实力的企业进入物联网领域,大大推进物联网的应用进程,为扩大物联网规模产生巨大作用。伴随着物联网的不断发展,在未来的几年里物联网应用领域将由对人的识别(如身份识别)、对物的识别(如物品溯源、资产管理等)逐渐渗透到社会生产与生活的各个层面,真正开始形成一个"物物相联的世界"。

　　三是协同化发展。随着产业和标准的不断完善,物联网将朝着协同化方向发展,形成不同物体间、不同企业间、不同行业间、不同地区或国家间的物联网信息的互联互通操作,应用模式从闭环走向开环,最终形成可服务于不同行业和领域的全球化物联网应用体系。

四是智能化发展。物联网将从目前简单的物体识别和信息采集,到实现泛在实时感知、异构网络交互和应用平台可控可用,使信息在真实世界和虚拟空间达到智能化交互。

思考题

1.结合自己的理解,谈谈物联网体系结构的分层结构及每层的主要功能。

2.结合已学习过的知识,简要阐述对物联网关键技术的理解。

3.互联网、物联网和工业物联网之间的联系和区别有哪些?

4.结合日常生活,谈谈物联网关键技术的应用。

CHAPTER 2

第 2 章

传感器及无线传感网

2.1 传感器概述

2.1.1 传感器的概念

传感器是能感受规定的被测量并按照一定的规律将其转换成可用信号的器件或装置。通常,当操作者(或机器)不能直接准确地获取对象的被测量信息时,通过传感器则可将被测信息变成能够直接观测和准确定量的信息。所以,传感器又是一种利用自身物理特性测量用户感兴趣的物理量的装置。从这个意义来说,传感器有古老的历史,如中国古老的杆秤,通过将物体重量转换成位置变化,人们就可观测刻度获得被测物体的重量。

随着科学技术的发展,传感技术起着越来越重要的作用,任何一个测量仪器或自动化装置,都要配置传感器以完成对象的检测或控制信息的反馈。现在,传感技术已成为工业、农业、交通、生活用品、军事等行业必不可少的支撑技术,同计算机技术与通信技术一起被称为信息技术的三大支柱。

大家知道,人有五感:视觉、触觉、听觉、嗅觉和味觉。人是依赖这五种感觉来获取周边世界的信息,对自身各种活动进行调节和控制的。相对自动化机器而言,传感器相当于人的五官,所以传感器又称"电五官"。传感器的种类众多,涉及温度、位置与位移、力与压强、光电与图像、运动与振动、气敏与化学、流量与液位等。近年来,传感器发展迅速,不但门类繁多,而且功能和性能明显提升,在测量量程和测量精度上均有很大的改进。以往,传感器主要用于工业测量和控制,现在传感器在农业、军工、家电、交通、环境、医疗等方面均有广泛的应用。在日常生活中,我们可以发现各类传感器的应用,如热水器的温控器、空调的温湿度控制器、电视机的遥控器、煤气表和水表流量计等。可以说,一个国家的现代化水平是用自动化水平衡量的,而自动化水平是用传感器的种类和数量来衡量的。因此,传感器技术在社会经济中占有极其重要的地位。

目前,由于对电量(包括电压、电流、电阻、电容、电感等)的测量手段已经相当成熟、准确且方便,所以现代传感器常采用电量信号作为输出。但是,很多被测量是非电量,所以传感器技术的研发重点是非电量的电测技术。例如,热电阻温度传感器的原理是温度变化会引起电阻变化,所以通过测量其电阻变化量可实现对温度的测量。随着微电子和信息技术的突飞猛进,特别是微电子机械(MEMS)、超大规模集成电路(VLSI)及软件技术的发展,现代传感器呈现微型化、智能化和网络化的发展趋势,并出现了无线传感器节点和网络。

现代传感器装置常由微处理器或微计算机组成,用程序来控制传感器的运行。程序编写是由人完成的,因此或多或少包含了人的智能处理特征。因此,人们常把带有微处理器的传感器称为智能传感器,以区分传统的由电子电路组成的功能比较简单的传感器。基于微处理器的传感器已有几十年的历史,现在已从最初的简单数字化与信息处理发展到了目前具有通信、信号处理(包括程控放大、线性化、信号滤波、信号补偿等)、自定标自校正、优化和预测计算、人机界面等多功能现代智能传感器。这些新型传感器使传感器应用系统的性能得以明显改善。

近年来,网络化催生了全新的传感器模式,即无线传感网络。无线传感器网络基于无线传感器节点。和传统传感器不同,无线传感器节点不仅包括了传感器部件,而且集成了无线通信元件,能够对感知的信息进行分析处理并进行网络传输,如图 2-1 所示。无线传感网是部署在监测区域内大量的微型、低功耗和低成本的无线传感器节点组成的多跳无线网络,如图 2-2 所示。其主要用于长期、实时、大规模、自动化的环境场所的监测。

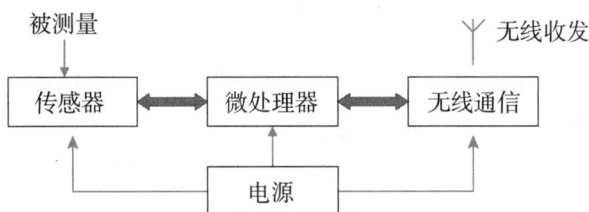

图 2-1 无线传感器节点

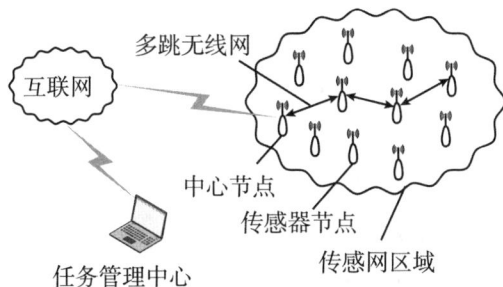

图 2-2 无线传感网络

2.1.2 传感器的原理及组成

传感器通常由敏感元件、转换元件和电子电路等部分组成,如图 2-3 所示。敏感元件感受被测量(输入量),并输出与输入量呈确定关系的其他物理量。转换元件是一种换能部件,将敏感元件的输出转换成容易测量的量。通常转换元件的输出为电量。电子电路将转换元件的输出信号转换成电压、电流或频率等较规范的电信号,适合于后续的信号检测与处理。例如,应变片测力传感器是将应变片贴在弹性元件上,弹性元件就是敏感元件,将外力转换成位移变化,形成应变。应变片就是转换元件,将应变变成电阻变化。电子电路则通过电桥和放大电路,将电阻变化转换成规范的电压或电流信号,供后续装置使用。

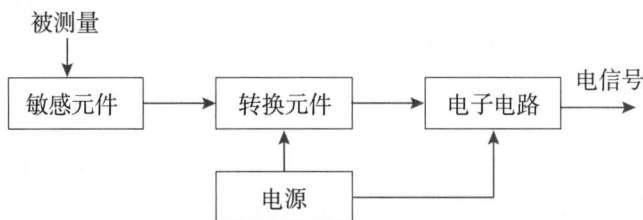

图 2-3 传感器组成

2.1.3 传感器性能指标

传感器的性能指标体现了传感器的运行质量。传感器的性能指标可以通过其静态和动态特性揭示出来。

1.传感器的静态特性

静态特性表示传感器在被测量的各个值处于稳定状态时(不随时间变化)的输入—输出关系。衡量传感器静态特性的主要指标包括量程、线性度、灵敏度、迟滞、分辨率、精确度、重复性、稳定性等。

量程:传感器可测量的范围,即其测量的上限值与下限值的代数差。

线性度:传感器输出—输入之间的关系曲线偏离拟合直线的程度。通常,为了便于标定和数据处理,要求传感器的输出—输入关系是线性的并且正确无误地反映被测量的真值。但是,只有在理想的情况下,传感器的输出—输入关系才呈现直线。一般,衡量线性度的指标是非线性误差,它是传感器输出—输入校准曲线与其理论拟合直线之间的偏差,通常用相对误差表示其大小,即相对应的最大偏差与满量程(F.S.)输出之比(%)

$$e_f = \pm \frac{\Delta_{max}}{\Delta_{F.S.}} \times 100\% \tag{2-1}$$

式中,e_f 为非线性误差;Δ_{max} 为输出值与基准拟合直线的最大偏差;$\Delta_{F.S.}$ 为传感器满量程输出值,如图 2-4 所示。

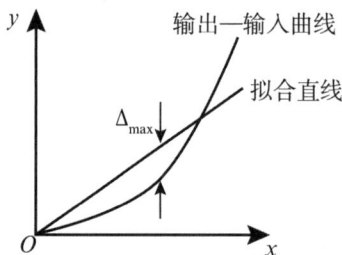

图 2-4 传感器输入—输出特性

灵敏度:对于传感器输出量与输入量之间的关系 $y = f(x)$,灵敏度是输出量的增量 Δy 与引起该增量的相应输入量增量 Δx 之比,即

$$k = \frac{输出量的增量}{输入量的增量} = \frac{\Delta y}{\Delta x} \tag{2-2}$$

线性传感器灵敏度就是其校准关系直线的斜率,是恒定值。非线性传感器的灵敏度则是随输入量的变化而变化的,其灵敏度用 dy/dx 表示。例如,位移传感器的输入位移变化 5mm(输入量的增量)时,输出电压变化 250mV(输出量的增量),则该传感器的灵敏度为 50mV/mm。

迟滞:传感器在输入量由小到大(正行程)与输入量由大到小(反行程)变化时,输出输入特性曲线不重合的现象称为迟滞。也就是说,对于同一大小的输入信号,其正、反行程的输出信号大小不相等。在全行程范围内,这个差值的最大值称为迟滞度,也叫回差。

分辨率:反映传感器能够检测出被测量的最小变化的能力。当输入变量从某个任意值增加时,直至可以观测到输出量的变化时的输入量的增量,即为传感器的分辨率。例如,角度传感器的满量程为0~10°,相应输出为0~1000mV,若其分辨率为0.01°,则每变化0.01°,输出就有1mV的变化,也即是输出量最小可测变化为1mV。

精确度:被测量的测量结果与(约定)真值之间的一致程度。精确度表示的是传感器在正常工作条件下所具有的测量误差,由系统误差和随机误差组成。测量误差越小,精确度越高。根据测量要求,选择适当的精确度等级是选择传感器的重要环节。传感器一般按精确度的高低划分成若干精确度等级。

重复性:在同一输入值按同一方向连续多次测量时,所得输出值的相互一致程度。特性曲线一致,重复性就好,误差就小。

稳定性:在规定时间内,传感器保持不超过允许误差范围的能力。随着时间的增加,传感器的特性会发生变化。对于同一输入量,即使环境条件不变,所得的输出量也会不同,输出量向一定方向偏移,这种现象称为漂移。

2.传感器的动态特性

动态特性指被测量随时间快速变化时,传感器输出跟随被测量变化的特性。若输入量是时间的函数,则输出量也是时间的函数,其关系要用动态特性来说明。动态特性常用动态误差来说明,动态误差包括两部分:

(1)达到稳定状态后输出量与理想输出量之间的差别。

(2)当输入量发生跃变时,输出量由一个稳态到另一个稳态之间过渡状态中的误差。

实际中,输入量是千变万化的,且事先是不知晓的。工程上常采用标准的信号函数进行分析,并确立评价动态特性的指标。常用的标准信号函数有阶跃函数和正弦函数,而相应的传感器性能指标就有阶跃响应和频率响应。

①阶跃响应:当向传感器输入一个阶跃信号(如从0到1的单位阶跃信号)时,其输出信号变化即为阶跃响应。阶跃响应快说明传感器能快速复现输入信号,这样就很容易复现其他变化形式的输入信号,所以其动态性能指标就令人满意。

②频率响应:在一定条件下,任意信号可以分解为一系列不同频率的正弦信号。这就是说,一个以时间作为独立变量的时域信号,可以变换成一个以频率作为独立变量进行描述的频域信号。因此,我们将不同频率的正弦信号作为传感器的输入,然后测出其响应关系,就可以对传感器的动态性能做出评价。将各种频率不同而幅值相等的正弦信号输入传感器,其输出正弦信号的幅值、相位与频率之间的关系称为频率响应特性,即幅频特性和相频特性。画出不同频率下的幅频响应曲线和相频响应曲线,就可以清楚地掌握传感器的动态响应特性。

分析传感器的动态特性,可以建立动态数学模型,方法有微分方程、拉普拉斯传递函数、脉冲传递函数、差分方程、状态空间方程等。

线性常微分方程:建立微分方程是分析传感器动态特性的基本方法。为简化起见,可忽略影响不大的非线性和随机变化等复杂因素,将传感器输出—输入关系作为定常系统考虑,所以其动态数学关系可以用线性常微分方程表示。更简化地,可以用一阶或二阶线性常微分方程来表示传感器的动态数学模型。

2.2 传感器的分类及常用传感器

传感器的种类繁多,而且近年来,随着电子技术、微机电技术和材料技术的发展,其种类和特性也是突飞猛进,在可测的对象、测量范围、测量精度和可靠性上都有明显的改进。传感器通常可按下述方法分类。

(1)按被测量分类,可分为温度、位移和尺寸、压力等力学量、流量(液体与气流)、光与辐射量、化学与成分等传感器。

(2)按测量原理分类,可分为电阻式、电容式、电磁式、压电式、热电式、光电式、超声波式等传感器。

(3)按信号输出形式分类,可分为输出信号的模拟式和输出信号的数字式(包括输出开关信号)传感器。

(4)按结构和功能特点分类,可分为不带微处理器的常规传感器和以微处理器为中心的微机化传感器。后者功能和性能更强,有的还具有一定的人工智能,被称为智能传感器。

下面对常用传感器进行介绍。

2.2.1 热敏元件与温度传感器

热敏元件是利用温度的变化引起材料的电特性的变化的一种元件,进一步与电子电路综合形成温度传感器。常见热敏元件有热电阻、热敏电阻和热电偶。

1.热电阻

热电阻是利用金属导体材料的电阻随温度变化而变化的特性来实现对温度测量的传感器。主要特点是测量精度高、性能稳定。常见的热电阻有铂电阻和铜电阻,其中铂热电阻的测量精确度是最高的,它不仅广泛用于测温,而且被制成标准的基准仪。热电组的温度测量范围为$-200\sim600℃$。图 2-5 所示为铠装热电阻传感器结构。

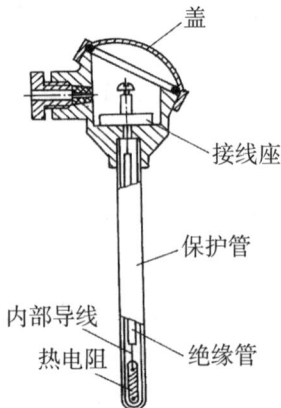

热敏元件与
温度传感器

图 2-5　铠装热电阻传感器结构

(1)铂电阻:其阻值与温度之间的关系接近于线性。在 0~85℃ 范围内有

$$R_t = R_0(1 + At + Bt^2) \tag{2-3}$$

在 -200~0℃ 范围内有

$$R_t = R_0[1 + At + Bt^2 + C(t - 100)t^3] \tag{2-4}$$

式中,R_0,R_t 为 0℃ 和 t℃ 时铂电阻的电阻值;A、B、C 为常数,分别为 $A = 3.96847 \times 10^{-3}/℃$,$B = -5.847 \times 10^{-7}/℃^2$,$C = -4.22 \times 10^{-12}/℃^4$。

目前,国内统一的工业用标准热电阻的分度号有 Pt100 和 Pt500 两种,R_0 值分别为 100Ω 和 500Ω,并已有标准的分度表供用户使用。

(2)铜电阻:铂是贵金属,因此在测量要求不高及测量范围较小的情况下(-50~150℃),可采用铜电阻。其阻值与温度之间的关系为

$$R_t = R_0(1 + \alpha t) \tag{2-5}$$

式中,R_0,R_t 为 0℃ 和 t℃ 时铜电阻的电阻值;α 为常数,$\alpha = 4.25 \times 10^{-3} \sim 4.28 \times 10^{-3}/℃$。目前,铜电阻的统一分度号为 Cu50($R_0 = 50Ω$)和 Cu100($R_0 = 100Ω$)。

(3)其他热电阻:近年来,在低温测量中,还出现了新的热电阻。例如铟电阻,在 4.2~15K 温度范围内,其灵敏度比铂电阻高 10 倍。锰电阻,在 2~6.3K 温度范围内,其灵敏度很高,且在 2~16K 温度范围内,其电阻率与温度平方成正比。碳电阻在低温下灵敏度高,热容量小,适合在 0~4.55K 温度范围内测量。

2.热敏电阻

随着半导体技术的发展,出现了半导体热敏电阻,即基于半导体的电阻随温度变化这一特性制成的热敏元件。其特点是电阻温度系数很大,当温度变化 1℃ 时,其阻值变化可达 3%~6%,而普通金属热电阻变化为 0.4%。

热敏电阻主要有三种类型,即正温度系数型(PTC)、负温度系数型(NTC)和临界温度系数型(CTR),如图 2-6 所示。CTR 临界热敏电阻有一突变温度,此特性可用于自动控温和报警电路中。由于热敏电阻比热电阻有大得多的灵敏度,且价格低廉,所以近年来得到了广泛的应用,且特别适宜 -100~300℃ 范围的测温。

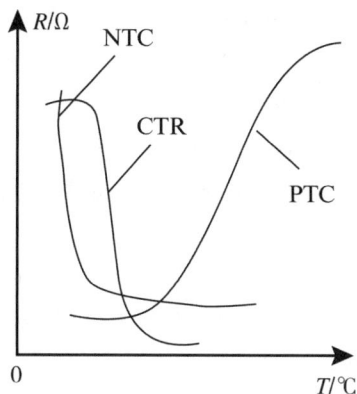

图 2-6 热敏电阻的电阻温度特性

热敏电阻的电阻—温度关系呈指数关系

$$R_t = A e^{B/t} \tag{2-6}$$

式中，t 为温度，R_t 为温度为 t 时的电阻值，A 为与元件尺寸和半导体材料相关的常数，B 为与半导体材料相关的常数。

热敏电阻一般体积和热容量较小，在工作温度范围内使用时，应在微小工作电流条件下，否则会因加热自身引起元件的温度和阻值的变化。

3. 热电偶

热电偶是利用材料的热电势效应形成的温度测量元件。如图 2-7 所示，热电偶由形成闭合环路的两个导体（A 和 B）组成。两个导体的结合点（或接点），分别置于温度为 T 和 T_0 的热源。当这两个接点的温度（T 和 T_0）不同时，回路即产生电动势，称为热电势。该热电势与热电偶的两个节点温度差有关，温度差越大，回路的热电势越大。所以，可以测量热电偶的电动势来计算两个节点的温度差，实现温度测量。通常，热电偶的温度测量范围变化从零下（$2\sim273K$）到零上 2000℃ 左右，特殊的可达 3000℃ 左右。图 2-8 展示各种实用的铠装热电偶。

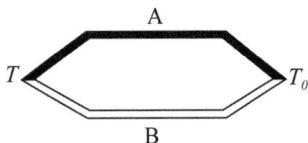

图 2-7　热电效应

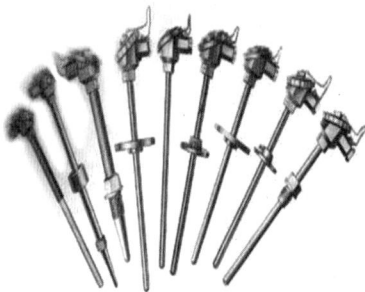

图 2-8　铠装热电偶

（1）热电势组成

热电偶产生的热电势包括两个导体的接触电势和单一导体的温差电势，其机理即为珀尔贴（Peltier）效应和汤姆孙（Thomson）效应。

珀尔贴效应是当两金属相互接触并置于一个温度下时，由于不同金属内的自由电子（负极性）密度不同，在两金属 A 和 B 的接触处会产生自由电子的扩散现象，从自由电子密度大的金属 A 扩散到密度小的金属 B，从而 A 失去电子带正电，B 得到电子带负电，这样在节点处建立电场。当电场强度达到充分强时，能够阻止电子的继续扩散，直至达到一种平衡状态。所以，在节点上形成电动势，称为接触电势，或称珀尔贴电势。

汤姆孙效应是当一均匀棒状金属导体的一端被加热时，则该棒状导体会有温度梯度。导体内自由电子将从温度高的一端向温度低的一端扩散，并在温度低的一端积聚起来，这就建立起一个电场。当该电场的强度达到充分强时，能够阻止导体内电子继续扩散，直至达到一种平衡状态。所以，在导体两端间形成电动势，称为温差电势，或汤姆孙电势。

从上可知，热电势大小与 A 和 B 导体的材料有关，并且是两接点温度 T 和 T_0 的函数。通常，接点温度为 T 的是测量端，称工作端，或热端；接点温度为 T_0 的为补偿端，称冷端。

（2）热电偶冷端温度补偿

由于热电偶热电势大小与两接点的温度有关，只有当冷端温度 T_0 保持不变时，其热电势才是工作端温度 T 的单值函数。热电偶的分度表是在冷端温度为 0℃ 时获得的，所以使用时只有保持冷端温度 T_0 为 0℃，才能应用分度表。若热电偶使用时，冷端温度随环境温度变化而变化时，应予以修正或补偿。

①热电势修正法。热电偶的热电势为 $E(T, T_0)$。当冷端温度为 T_n，温差为 (T, T_n) 时，输出电势为 $E(T, T_n)$。根据热电偶热电势的特性，有

$$E(T, 0) = E(T, T_n) + E(T_n, 0) \tag{2-7}$$

也就是说，要将热电偶的热电势修正到冷端温度 T_0 为 0℃ 时的热电势，即加上一个温差为 $(T_n, 0)$ 的热电势值。

②热电偶冷端温度电桥补偿法。热电偶在使用时，冷端一般暴露在环境中，受到周边介质温度变化的影响，而不能保持恒定，为此常采用电路补偿。这里介绍热电偶电桥温度补偿方法，如图 2-9 所示。电路中有一个不平衡电桥。其中一个对角线端接电源 E 和电阻 R_4，对电桥进行供电。另一对角线端即有电压输出，串联在热电偶回路中。桥臂电阻 R_1、R_2、R_3 为固定电阻，阻值不随温度变化。R_t 为热电阻或热敏电阻，阻值随温度变化，一般随温度升高而增大。

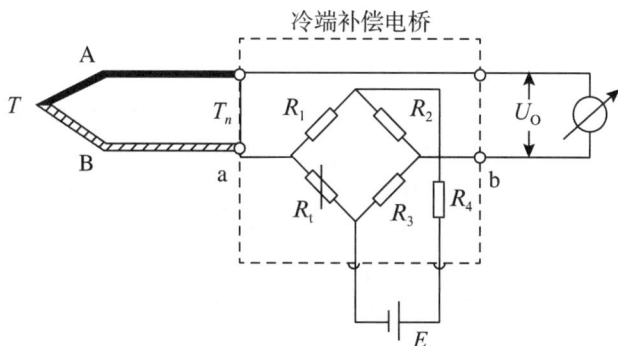

冷端补偿电桥

图 2-9 热电偶温度补偿电桥

工作时，热电偶冷端与电阻 R_t 感受同样的温度。在一个特定温度（如 20℃）下，调节电桥平衡（$R_t = R_1 = R_2 = R_3$），电桥输出为零，对后续仪表读数没影响。当环境温度升高时，R_t 增加，平衡被破坏，a 点电位高于 b 点，产生电压 U_{ab} 与热电势叠加，一起送入后续仪表。选择好 R_4 的阻值，可以使电桥产生的不平衡电压 U_{ab} 正好补偿冷端温度变化引起的热电势变化值，从而实现正确的温度测量。

2.2.2 力敏元件与力学传感器

力学传感器主要针对力、力矩、压力、加速度、振动等量的检测，常用弹性元件和转换元件组成。其中，弹性元件利用某些合金材料制成膜片、簧片、弹性梁、弹性圆筒或圆柱等，把力学量转换成位移或应变；转换元件则将位移或应变转换成电量。常见的力学传感器有应变式和压电式传感器。

力敏元件与
力学传感器

1.电阻应变片传感器

(1)电阻应变片

是用特定金属材料做成细电阻丝,绕成栅型,贴在绝缘基片上,并有覆盖层覆盖,然后由引出线引出,形成电阻,如图 2-10 所示。

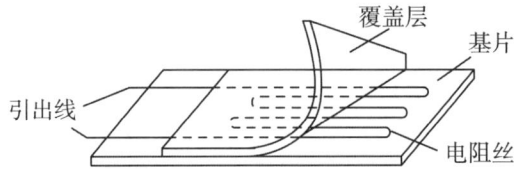

图 2-10　电阻应变片结构

电阻应变片的机理是基于金属材料的应变效应。即金属在外力作用下发生机械变形产生应变时,其电阻值随着应变(伸长或缩短)的变化而发生变化。即有公式:

$$dR/R = (1+2\mu)\varepsilon = K\varepsilon \tag{2-8}$$

式中,dR/R 是应变片电阻值的相对变化;ε 是金属的相对机械变形,为该金属的长度变化量与长度之比,即应变;μ 是金属的横向收缩与纵向伸长之间的关系,是与该材料有关的常数;K 为应变灵敏系数。

电阻应变片种类很多,如图 2-11 所示,可以应用于不同测量场合。图 2-12 是一个典型的实际电阻应变片。在基片上,有许多应变细电阻丝,用带状联结片联结以减小横向效应,通过引出线焊盘引出即形成应变片电阻。

图 2-11　应变片种类

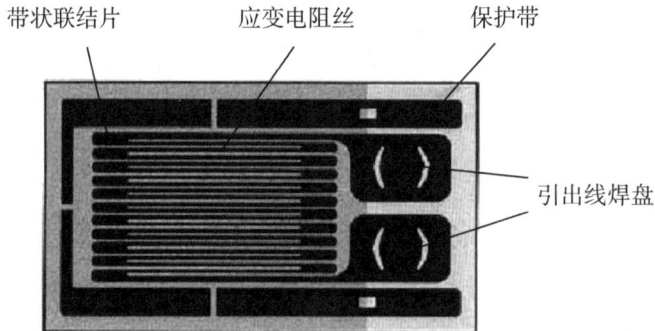

图 2-12　实际应变片

（2）测量电路

一般采用电桥加放大器电路。图 2-13 为最常用电桥，其输出电压较小，需要放大器加以放大。要求后续放大器的输入阻抗要比电桥内阻大得多，这样电桥输出端可以看成开路，此时有输出电压

$$U_O = E \left(\frac{R_4}{R_3+R_4} - \frac{R_2}{R_1+R_2} \right) = E \frac{R_1 R_4 - R_2 R_3}{(R_1+R_2)(R_3+R_4)} \tag{2-9}$$

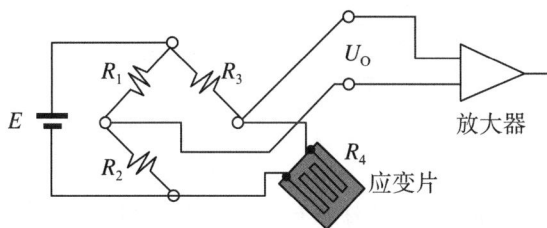

图 2-13　应变片测量电桥电路

在实际检测中，开始时电桥预调平衡（$R_1 R_4 = R_2 R_3$，$U_O = 0$）。假设电桥四个臂电阻变化为 ΔR_1、ΔR_2、ΔR_3、ΔR_4，则输出电压为

$$U_O = E \frac{(R_1+\Delta R_1)(R_4+\Delta R_4) - (R_2+\Delta R_2)(R_3+\Delta R_3)}{(R_1+R_2)(R_3+R_4)} \tag{2-10}$$

工作时，保持 $\Delta R \ll R$，忽略 ΔR 的高次项，而 $R_1 R_4 = R_2 R_3$，有

$$U_O = \frac{R_1 R_2}{(R_1+R_2)^2} \left(\frac{\Delta R_1}{R_1} - \frac{\Delta R_2}{R_2} - \frac{\Delta R_3}{R_3} + \frac{\Delta R_4}{R_4} \right) \cdot E \tag{2-11}$$

当 $R_1 = R_2 = R_3 = R_4 = R$，即等臂电桥，有

$$U_O = \frac{E}{4R} (\Delta R_1 - \Delta R_2 - \Delta R_3 + \Delta R_4) \tag{2-12}$$

当四个桥臂中只有 R_4 为应变片，有电阻变化 ΔR，由于 $\Delta R/R = K\varepsilon$，有输出电压

$$U_O = \frac{E\Delta R}{4R} = \frac{E}{4} K\varepsilon \tag{2-13}$$

当全臂工作时，四个臂都是工作片，$R_1 = R_2 = R_3 = R_4 = R$，且 $\Delta R_1 = \Delta R_4 = \Delta R$，$\Delta R_2 = \Delta R_3 = -\Delta R$，有

$$U_O = \frac{E}{4R} (\Delta R_1 - \Delta R_2 - \Delta R_3 + \Delta R_4) = \frac{\Delta R}{R} E = EK\varepsilon \tag{2-14}$$

上述情况是忽略了 ΔR 的高次项前提下获得的，得出的结果为线性关系，即有输出电压 U_O 与输入应变 ε 为线性关系。实际中，当应变 ε 变化较大时，会有一定的非线性误差，这应在实际检测中，予以修正。

（3）应变片传感器的应用

电阻应变片的应用有非常悠久的历史。由于其性能稳定、测量精度高、实现容易、重量轻、体积小、成本低等优点，至今使用广泛。例如对于力的测量，应变片配上合适的弹性元件，可以测量小到生物神经作用力，大到火箭底座的反应力，大小范围达十几个数量级。

电阻应变片使用时紧贴在弹性元件上，当弹性元件受到力作用时，产生相应的应变，测量电桥即输出一个与之相对应的电压信号。按照弹性元件的形式，有悬臂梁式、拉伸杆

23

式、压缩杆式和扭矩轴式等形式。

图 2-14 为悬臂梁式测力传感器,四片应变片贴在悬臂梁上,靠近固定端,但略有一点距离(以保证受力的均匀性)。这样,在力 F 的作用下,梁上面的两个应变片(R_1 和 R_4)感受正应变,梁下面的两个应变片(R_2 和 R_3)感受负应变。四个应变片形成差动全桥,其电信号反映力的大小,从而完成对力的检测。

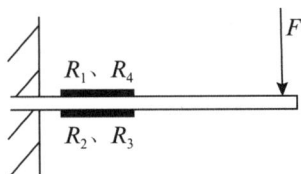

图 2-14　悬臂梁式力传感器

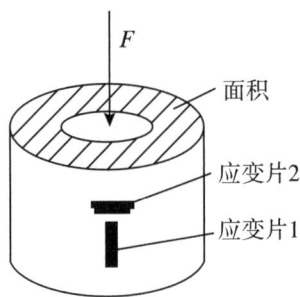

图 2-15 是拉伸杆式力传感器,圆柱形杆子为弹性元件。当有拉力 F 时,该杆子会发生拉伸弹性形变。在杆子的外表面贴上应变片,沿轴向贴上两片应变片(以应变片 1 表示),沿周向贴上两片应变片(以应变片 2 表示)。在 F 力的作用下,杆子轴向拉伸会发生正应变,轴向收缩发生负应变,四个应变片可形成差动全桥。对于图 2-16 的压缩杆,其应变和输出电压与拉伸杆式的作用相反。

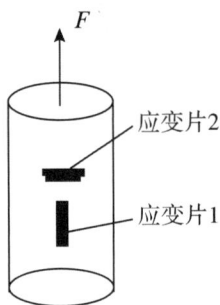

图 2-15　拉伸杆式力传感器　　　图 2-16　压缩杆式力传感器

图 2-17 是扭矩传感器。相同型号的应变片分别沿轴线的 $+45°$ 和 $-45°$ 粘贴。当有扭矩 T 且在一定范围内时,两种应变片会产生与 T 呈线性关系的正应变和负应变,从而形成差动式输出。

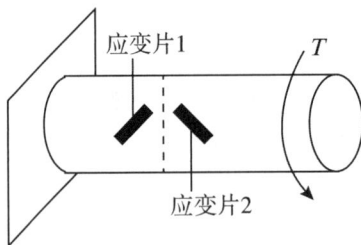

图 2-17　圆柱形扭矩传感器

图 2-18 是应变式加速度传感器。弹性元件采用悬臂梁,固定在基座上。梁的另一端加上质量块,并加上阻尼液。应变片粘贴在悬臂梁的固定端附近,但保持一定距离。当有上下方向的加速度时,由于质量块的惯性力,$F=ma$,促使悬臂梁弯曲,应变片有应变而产生电阻变化,通过电路即有输出信号。在一定范围内,该信号与加速度成正比。

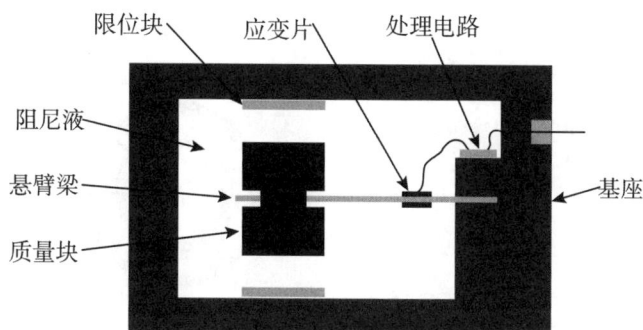

图 2-18 应变式加速度传感器

2. 压电式传感器

某些物质沿某一方向受到外力作用时,会产生变形,并产生极化现象。此时,在这种材料的两个表面产生符号相反的电荷;当外力被去掉后,又重新恢复到不带电的状态;当作用力方向改变时,电荷极性也随之改变,这种现象被称为压电效应。常见的压电材料可分为两类,即天然的压电单晶体和人工合成的多晶体压电陶瓷。

现代的压电传感器有很广的测量范围,在力、加速度等参数的测量中有广泛的应用;此外在超声波检测中,其超声的产生和接收均由压电材料实现。图 2-19 为压电式压力传感器。两压电片被通过基座固定,且相同极性的导电面联结一起通过引线输出。当加有外压力 P 时,受压膜片将力传给压电晶片,压电片产生电荷。该电荷通过测量电路(一般为电荷放大器)收集并放大,即输出一个与输入压力呈线性关系的电信号,从而实现对压力的检测。

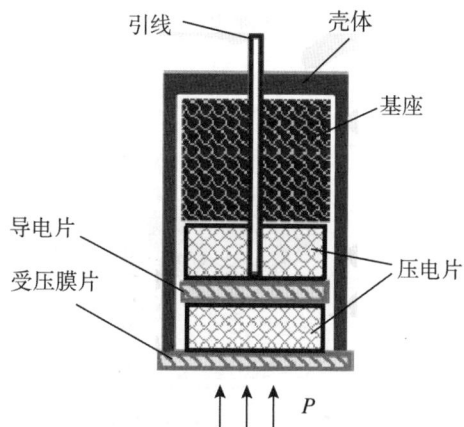

图 2-19 压电式压力传感器

2.2.3 位移传感器

位移传感器用以测量直线位移和角位移。进而确定目标的一维、二维和三维位置变化,及液体或物料的高度(液位或物位)。

(1)电位器传感器

一个典型的位移传感器是电位器。如图 2-20 所示,通过改变电位器的中间触点的位

位移传感器

置,即能改变 C 点相对 A(或 B)点的电阻值,从而可实现对中间触点的位置的测量,即可实现直线或角位移的测量。

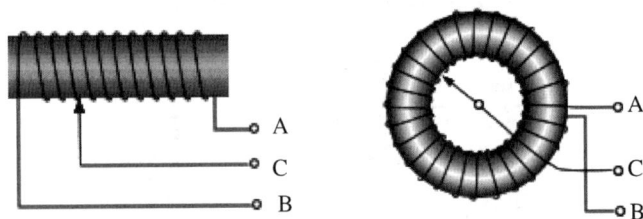

图 2-20 变阻式直线位移和角位移传感器

(2)电容式传感器

电容式传感器是将被测量(如尺寸、压力等)的变化转换成电容量变化的一种传感器。由物理学可知,在忽略边缘效应的情况下,平板电容器的电容量为

$$C = \frac{\varepsilon \cdot \varepsilon_0 \cdot S}{\delta} \qquad (2-15)$$

式中,ε_0 为真空介电常数($= 8.854 \times 10^{-12}$ F/m);ε 为相对介电系数;S 为极板遮盖面积(m^2);δ 为极板间的距离(m)。上式表明,当 δ、S 或 ε 发生变化时,会引起电容的变化。如果保持其中的两个参数不变,而仅改变另一个参数,就可把该参数的变化变换为单一电容量的变化。可见,电容式传感器可分为极距变化型、面积变化型和介质变化型三种。

图 2-21 为差动式电容位移传感器。上下有两个定极板,中间是一个动极板,形成两个电容 C_1 和 C_2。若当动极板往上移动时,间距 δ_1 减少,δ_2 增加;而电容 C_1 增加,C_2 减小。反之,当动极板往下移动时,间距 δ_1 增加,δ_2 减少;而电容 C_1 减小,C_2 增加。即位移变化时产生电容的差动变化,通过测量电路即可输出电压或电流信号,其大小与位移变化 δ 呈线性关系,进而即可测量位移变化 δ。

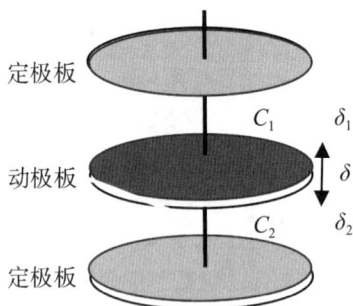

图 2-21 差动式电容位移传感器

(3)电感式传感器

其工作原理是电磁感应。它是把被测量如位移等,转换为电感量变化的一种装置。按照转换方式的不同,可分为自感式(包括可变磁阻式与涡流式)和互感式(差动变压器式)两种。

图 2-22 为自感式位移传感器。当空气隙 δ 发生变化时,磁路磁阻发生变化,从而引起线圈的电感变化,通过电路可将电感变化转换成电信号的变化。最后,得到了输出电信号与空气隙 δ 宽度的关系。这种传感器的特点是灵敏度高,但是测量量程较小。

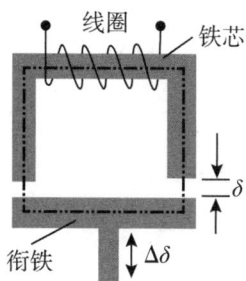

图 2-22　自感式位移传感器

　　图 2-23 为差动变压器式位移传感器。在圆筒形框架上,绕制一个原线圈和两个副线圈,铁芯可在中间圆筒运动。原线圈作为差动变压器激励用,相当于变压器的原边,而副线圈由结构尺寸和参数相同的两个线圈反相串接而成,以差动方式输出,相当于变压器的副边。显然,衔铁的移动造成磁路的变化,使原、副绕组的电磁耦合随之变化,即绕组间的互感随被测位移的改变而变化。一般开始时,让铁芯位于中间,两副线圈的感应电势相等;因为两线圈反相串接,输出总电势为零。当铁芯有位移时,一个副线圈的电势增加,另一个副线圈的电势减小,从而获得差动电势输出,输出电势的大小与位移大小相关。电感式位移传感器和差动变压器常采用相敏检波电路来实现交流信号到直流信号的变换,并且实现衔铁移动方向的鉴别。

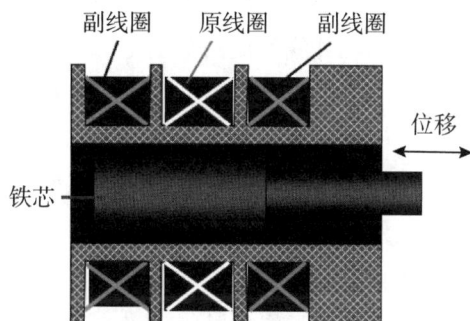

图 2-23　差动变压器

　　另一种电感传感器是涡流式传感器(见图 2-24)。它是利用金属导体在交流磁场中的电涡流效应。当线圈输入一交变电流 i 时,会形成交变磁场。若一金属板置于该线圈的附近,金属板在此交变磁场作用下,内部会产生感应电流,这电流在金属体内是闭合的,所以称之为电涡流或涡流。涡流的大小与金属板的电阻率、磁导率、厚度、激励电流角频率、金属板与线圈的距离等参数有关。根据需要,可固定某些参数而让其中一个参数变化,根据涡流的变化来测量这个参数。图 2-24 为反射型的电涡流传感器。当线圈靠近金属板时,金属板内的涡流会降低周边磁场。这样,检测该磁场强度的变化可以计算出相关参数的变化。若选择好金属板形式和厚度,对线圈加入固定幅度和频率的电流信号,这样电涡流及周边磁场的强弱就与距离 δ 相关。根据推导和实验,可以得出磁场强度与距离 δ 的关系,从而实现距离的检测。电涡流检测有非接触的特点。它还有很多其他应用,如人体安检、金属部件的表面和内部探伤、金属厚度测量等。

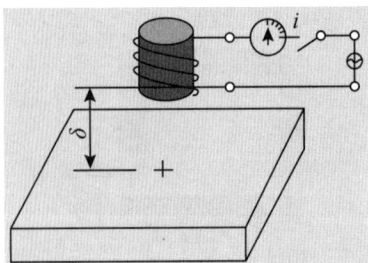

图 2-24　电涡流传感器

上述电容式、电感式和涡流式位移检测方法量程较小,适合于近距离的测量,如几毫米到几厘米。电位器的测量量程要大一些,可以达到米级。若量程在米级及以上,一般采用超声波或光学测量。

2.2.4　光敏元件与光电传感器

光电传感器的应用非常广泛。如测位移的有光栅、光电码盘、激光测距、光电液位、光电耦合器、接近开关等;用于图像的有 CCD 或 CMOS 阵列;用于光谱的有颜色测量、红外感应、红外热像等;用于安全监测的有光敏烟感、红外火感、光电人体感应等;用于照明控制的有路灯控制器;用于工件质量控制的有表面粗糙度、光洁度仪等。

光波是波长为 $10\mathrm{nm}\sim1060\mu\mathrm{m}$ 的电磁波。其中,可见光的波长范围在 $380\sim780\mathrm{nm}$,紫外线的波长范围是 $10\sim380\mathrm{nm}$,红外线的波长范围是 $780\mathrm{nm}\sim1060\mu\mathrm{m}$。光敏元件是将光强度转换成电信号的元件,其工作方式有外光电效应或内光电效应。

1. 光电管与光电倍增管

当有光照时,物体内的电子接收光子逸出物体表面向外发射的现象叫作外光电效应,相应的光电器件有光电管、光电倍增管。

图 2-25 为光电管的结构及测量电路。光电管包括阴极和阳极,放置在玻璃壳内,并通过引脚引出。工作时,光电管两引脚上串接电阻 R 加上电源电压 E。当有光照照射阴极时,阴极内电子接收光子,获取能量。当该电子的能量达到一定的程度,即可从阴极表面逸出,在电场的作用下被阳极接收,形成光电流。电阻 R 上电压与光电流成正比,这样实现对光照强度的检测。

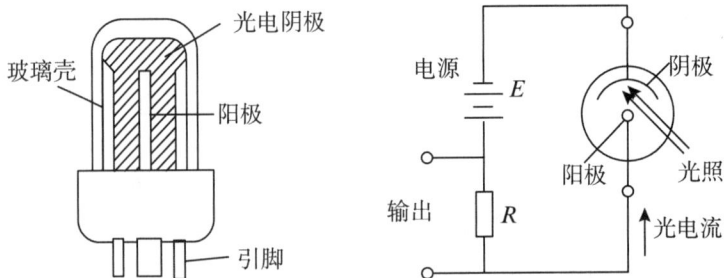

图 2-25　光电管的结构及测量电路

光电倍增管是进一步提高光电管灵敏度的光电转换器件。管内除光电阴极和阳极外,两极间还放置多个瓦形倍增电极。使用时相邻两倍增电极间均加有电压用来加速电

28

子。光电阴极受光照后释放出光电子,在电场作用下射向第一倍增电极,引起电子的二次发射,激发出更多的电子,然后在电场作用下飞向下一个倍增电极,又激发出更多的电子。如此电子数不断倍增,阳极最后收集到的电子可增加 $10^4 \sim 10^8$ 倍,这使光电倍增管的灵敏度比普通光电管要高得多,可用来检测微弱光信号。光电倍增管高灵敏度和低噪声的特点使它在光测量方面获得广泛应用。

2.光敏电阻、光电池、光敏二极管和光敏三极管

内光电效应是当光照在半导体物体上,使物体内的电子接收光子跃迁到导带,激发电子空穴对,从而使导电率发生变化,或者产生光生电动势。相应的器件有光敏电阻、光电池、光敏二极管或光敏三极管。

(1)光敏电阻

图 2-26 为一光敏电阻及其测量电路。当光照射到半导体材料上,若光子能量足够高,光辐射能量足够强,会激发更多的电子或空穴,致使光导体的电导率变大,光敏电阻阻值下降,使电路的电流增大。图 2-27 展示了光电流与光通量的关系曲线。

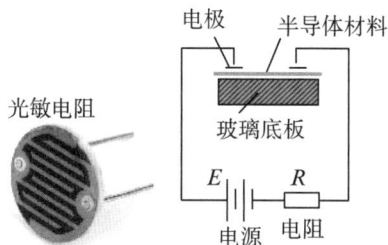

图 2-26 光敏电阻及其测量电路

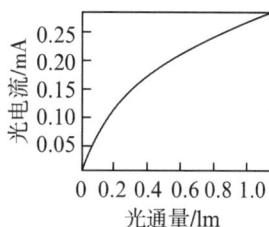

图 2-27 光敏电阻的输出电流与光通量的关系

(2)光电池

光电池是利用光生伏特效应把光直接转变成电能的光电器件。由于它可把太阳能直接转变为电能,因此又称为太阳能电池。现在,光电池常用较大面积的 PN 结组成,如图 2-28 所示。P 型半导体和 N 型半导体形成 PN 结,由于 P 型半导体的空穴和 N 型半导体的电子的密度不同,所以 P 型半导体的空穴向 N 型半导体扩散,N 型半导体的电子向 P 型半导体扩散,形成电场。该电场阻止粒子的扩散,直至动态平衡,在 PN 结的两端形成电动势。当光照射在 PN 结上时,若光子能量大于半导体的禁带宽度,即能激发电子空穴对,在电场的作用下,空穴往电场方向运动,电子往反向运动,从而增加电动势和电流。该电流与入射光强成单调关系。

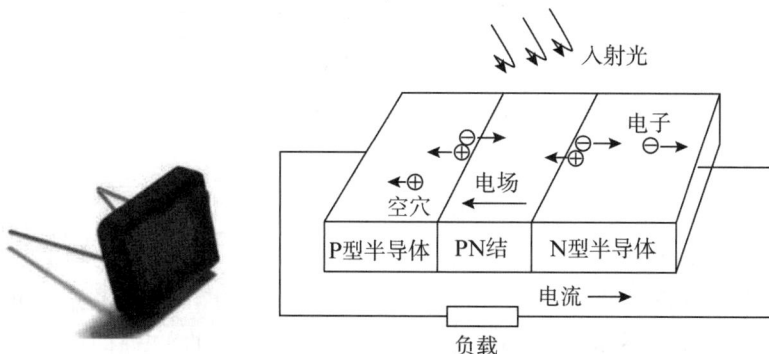

图 2-28 光电池和作用原理

（3）光敏二极管

光敏二极管又称光电二极管，也是基于 PN 节光电效应，如图 2-29 所示。一般加上反向偏置电压。光照下，会形成反向电流信号。这种光敏二极管的光电特性比较适合光信号的检测应用。

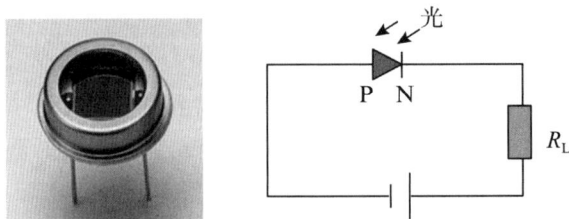

图 2-29　光敏二极管测量电路

（4）光敏三极管

如图 2-30 所示，光敏三极管是在光敏二极管的基础上加上三极管放大，从而获得更高的光电响应灵敏度。

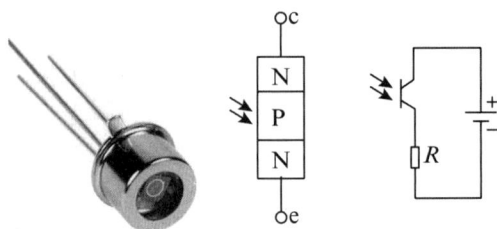

图 2-30　光敏三极管测量电路

光敏器件的响应一般与入射光的光谱有关，图 2-31 为硅和锗光器件的响应（相对灵敏度）与光波长的关系。硅光电池的响应波长范围为 400～1100nm，锗光电池的响应波长范围为 400～1800nm。超出该波长范围，它们将没有响应信号输出。

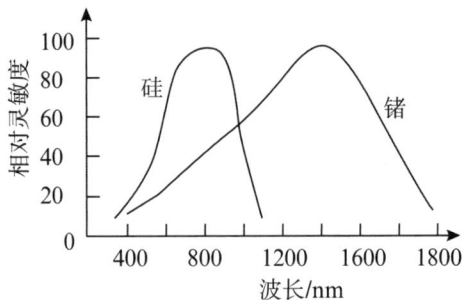

图 2-31　光敏器件的光谱特性

3. 图像传感器

图像传感器近年来得到迅猛的发展，现在已大量用于手机、数码相机、微机摄像头上。图像传感器由 CCD 和 CMOS 元件组成。

CCD 是电荷耦合元件（Charge Coupled Device）的缩写。于 1969 年在贝尔实验室研制成功，之后由日商等公司开始量产。它是用一种高感光度的半导体材料制成，能把光的强度转变成电荷,这种电荷信号通过模数转换器转换成数字信号。常用的 CCD 图像传感器由平面点阵形式(如 320×240,640×480 等)的 CCD 感光单元组成,即为像素,通常以百万像素为单位。当 CCD 表面受到光线照射时,每个感光单位会将所在位置光强转换成对应的电荷信号,所有的感光单位所产生的信号加在一起,就形成了一幅完整的平面阵列形式电信号输出。图 2-32 为 CCD 图像传感器。CCD 图像传感器的优势在于成像质量好,但是由于制造工艺复杂,所以制造成本较高。

图 2-32 CCD 图像传感器

CMOS 是互补金属氧化物半导体元件(Complementary Metal-Oxide Semiconductor)的缩写,于 20 世纪 80 年代被发明。CMOS 优点是制造成本较 CCD 更低,功耗也低得多,这也是市场上很多采用 USB 接口的产品无须外接电源且价格便宜的原因。CMOS 制造技术和一般电子芯片没什么差别,主要是利用硅和锗这两种元素所制成的半导体,即 PN 结光敏二极管。众多光敏二极管形成像素阵列,光照所产生的电信号即可被处理芯片纪录和解读成影像。由于是半导体制造工艺,与周边电路的整合性高,因此可将模数转换(ADC)与信号处理器整合在一起,使体积大幅缩小,并且功耗很低,常为 CCD 的十分之一。图 2-33 为美国美光(Micron)公司的 CMOS 影像传感器。

图 2-33 美国美光(Micron)公司 CMOS 影像传感器 MT9E001(800 万像素:3264×2448)

视频传感器是将图像传感器传来的一幅幅图像联接起来,供人眼连续观测。由于高分辨率彩色图像的数据量极大,所以要求图像信号的传送具有快速性。通常要采用压缩算法和相关处理降低图像信号的传送数据量,并改善图像视觉质量。所以当今的图像传感器或视频摄像头一般带有图像或视频处理算法模块。

2.2.5 磁敏元件与磁敏传感器

磁敏元件是利用金属或半导体材料中的自由电子或空穴随磁场改变其运动方向这一特性而制成的传感器。按其结构的不同,可分为体型和结型两大类。典型的体型有霍尔传感器和磁敏电阻;结型的有磁敏二极管和磁敏晶体管。

1.霍尔(Hall)传感器

霍尔效应是磁电效应的一种,这一现象是霍尔(A. H. Hall,1855—1938)于1879年在研究金属的导电机构时发现的。如图2-34所示,其原理是:在置于磁场(B)中的半导体材料上通以电流(I),由于洛伦兹力作用,该材料上两端会产生电动势,即霍尔电势 U_H,其大小为

$$U_H = K_H IB \tag{2-16}$$

式中,K_H 为霍尔系数。可见,霍尔元件可通过固定电流用来测量磁场,或固定磁场来测量电流;或者让电流和磁场都是变量,测量两者之积,如功率测量。

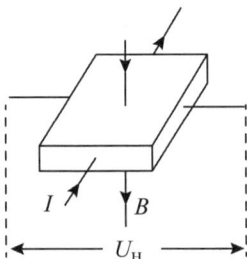

图 2-34 霍尔元件

霍尔效应的材料有锑化铟(InSb)的、硅衬底的和砷化镓的。锑化铟和硅衬底器件典型工作电流为10mA,砷化镓的典型工作电流为2mA。

霍尔传感器分为开关型霍尔传感器和线型霍尔传感器两种。开关型霍尔传感器由稳压器、霍尔元件、差分放大器、斯密特触发器和输出级组成,它输出的是数字量。线性霍尔传感器由霍尔元件、线性放大器和电压跟随器组成,输出的是模拟量,与输入量电流或者磁场强度呈线性关系。

图2-35为各种霍尔元件,它们在磁场测量、位置测量、接近开关、磁编码器、磁栅位置传感器中得到了广泛应用。

图 2-35 各种霍尔元件

2.磁敏电阻

当某些金属或半导体物体置于磁场中时,其电阻会随磁场变化而变化的现象,称为磁阻效应。同霍尔效应一样,磁阻效应也是由于载流子在磁场中受到洛伦兹力而产生的。在达到稳态时,某一速度的载流子所受到的电场力与洛伦兹力相等,载流子在物体两端聚集产生霍尔电场,比该速度慢的载流子将向电场力方向偏转,比该速度快的载流子则向洛伦兹力方向偏转。这种偏转导致载流子的漂移路径增加。或者说,沿外加电场方向运动的载流子数减少,从而使电阻增加。磁阻效应主要分为常磁阻、巨磁阻、超巨磁阻、异向磁阻。

常磁阻(Ordinary Magneto-resistance,OMR):对所有非磁性金属而言,由于在磁场中受到洛伦兹力的影响,传导电子在行进中会发生偏折,使得路径变成沿曲线前进,如此将使电子行进路径长度增加,使电子碰撞概率增大,进而增加材料的电阻。在一般材料中,电阻的变化通常小于 5%,这样的效应后来被称为"常磁阻"。

巨磁阻(Giant Magneto-resistance,GMR):是指磁性材料的电阻率在有外磁场作用时较之无外磁场作用时存在巨大变化的现象。巨磁阻是一种量子力学效应,它产生于层状的磁性薄膜结构。这种结构是由铁磁材料和非铁磁材料薄层交替叠合而成。当铁磁层的磁矩相互平行时,载流子与自旋有关的散射最小,材料有最小的电阻。当铁磁层的磁矩为反平行时,与自旋有关的散射最强,材料的电阻最大。

超巨磁阻(Colossal Magneto-resistance,CMR):超巨磁阻效应(也称庞磁阻效应)存在于具有钙钛矿(Perovskite)ABO_3 的陶瓷氧化物中。其磁阻变化随着外加磁场变化而有数个数量级的变化。其产生的机制与巨磁阻效应(GMR)不同,而且往往会大上许多,所以被称为"超巨磁阻"。如同巨磁阻效应(GMR),超巨磁阻材料亦被认为可应用于高容量磁性储存装置的读写头。不过,由于其相变温度较低,不像巨磁阻材料可在室温下展现其特性,因此离实际应用尚需一些努力。

异向磁阻(Anisotropic Magneto-resistance,AMR):有些材料中磁阻的变化与磁场和电流间夹角有关,称为异向性磁阻效应。其原因是与材料中 s 轨域电子与 d 轨域电子散射的各向异性有关。由于异向磁阻的特性,因此可用来精确测量磁场。

当温度恒定时,磁阻与磁感应强度 B 的平方成正比。一般磁阻检测电路的输出通过电桥和放大电路,能形成极高的输出电压信号与输入磁场灵敏度。图 2-36 为霍尼韦尔公司利用 AMR 磁阻形成的单轴(Honeywell HMC1051)、双轴(HMC1052)和三轴磁场传感器(HMC1053)。HMC1052 可以对两个方向上 $\pm120\mu$Gauss 的磁场变化实现同时测量,HMC1053 可以对三个方向上 $\pm120\mu$Gauss 的磁场变化实现同时测量。图 2-37 展示了一个方向的磁阻传感器测量电桥和放大器。该电桥的四个桥臂电阻都是磁阻,在磁场作用下,相邻磁阻变化相反,对角线磁阻相同,形成差动电桥方式。这样在一定的磁场强度范围内,其电压输出与输入磁场强度呈线性关系。经过电压放大器可获取高的灵敏度(V/Gauss)。

图 2-36　用 AMR 磁阻形成的单轴、双轴和三轴磁场传感器

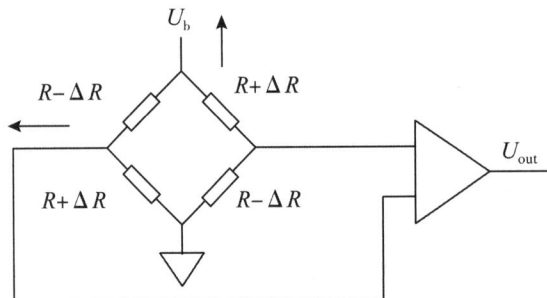

图 2-37　一个方向磁阻传感器测量电路

磁场传感器用于磁传感、磁力计、电机控制、电子罗盘、位置和角度传感器、车辆定位导航、GPS 导航、人体内装置定位和磁存储中，在工业、交通、仪器仪表、医疗器械、探矿等领域得到广泛应用。

2.2.6　气敏元件与气敏传感器

气敏传感器是用来检测气体浓度和成分的传感器。它会将气体种类及其浓度转换成电信号。由于生产气体原料和生产过程中气体种类不断增多，煤矿等采矿生产安全要求不断提高，楼宇防烟防爆措施不断提升，以及家用液化气的迅速普及，气体传感器得到了广泛的应用。其应用可分以下几种：

（1）特定气体的检测：对某一特定的单一成分的气体，如甲烷、一氧化碳、氢气等气体的检测。

（2）混合气体的选择性检测：对混合气体中的某一气体进行检测。

（3）环境气氛的检测：某种气体的含量、温度和湿度变化会引起环境气氛的变化，利用气敏元件可以测定气氛的状态。

衡量气体传感器特性的指标有以下几种：

（1）检测种类：能够检测一种或多种气体的浓度。

（2）灵敏度：传感器输出与特定气体的关系响应度，传感器灵敏度越高，检测低浓度气体的能力越强。

（3）响应速度：气体探测的速度要尽量快，以提升检测效率，这对于实时气体浓度控制系统尤为重要。

（4）温湿度特性：周边环境温度和湿度对输出信号的影响。

（5）重复性：传感器重复测试的一致性，重复开机下的一致性。

(6)长期工作稳定性:长时间使用下,传感器输出的漂移度,或者放置一段时间后性能一致性。

(7)结构的简单性和使用的方便性。

(8)对共存物质所产生的影响小。

典型的气敏传感器如图 2-38 所示。其类型包括半导体、场效应管、固体电解质和接触燃烧式等形式。半导体气敏传感器具有集成化、微型化、灵敏度高等特点,从而得到了广泛的应用。这里,主要就半导体(包括场效应管)气敏传感器做介绍。

图 2-38　气敏传感器

早在 20 世纪 30 年代,已发现金属氧化物具有气敏特性。到了 20 世纪 60 年代初,出现了应用氧化物半导体 ZnO 的气敏元件。它是利用加热条件下,ZnO 电阻接触可燃性气体浓度增加而下降的特性制成的可燃性气体传感器。随后,又出现 SnO_2 气敏元件和烧结型 SnO_2 气敏元件,进入商业化和实用化阶段。1970 年,荷兰科学家伯格维尔德(Bergveld)研制出了对氢离子响应的离子敏感场效应晶体管,标志着离子敏感半导体传感器的诞生。随着电子技术的发展,以半导体传感器为代表的各种固态传感器相继问世。这类传感器主要基于某种物理量的作用下引起半导体材料内载流子浓度或分布的变化,通过检测这些物理特性的变化,即可反映被测参数值。

半导体气敏传感器是利用待测气体与半导体表面接触时,产生的电导率等物理性质变化来检测气体的。按照半导体与气体相互作用时产生的变化只限于半导体表面,或深入到半导体内部,可分为表面控制型和体控制型。前者半导体表面吸附的气体与半导体间发生电子接受,结果使半导体的电导率等物理性质发生变化,但内部化学组成不变。后者半导体与气体发生反应,使半导体内部组成发生变化而使电导率变化。按照半导体变化的物理特性,又可分为电阻型和非电阻型。电阻型半导体气敏元件是利用敏感材料接触气体时,其阻值变化来检测气体的成分或浓度;非电阻型半导体式气敏元件则是根据气体的吸附和反应,使某些关系特性发生改变,对气体进行直接或间接的检测,如利用二极管伏安特性和场效应晶体管的阈值电压变化来检测。

相对于早期的气敏传感器,半导体气敏传感器具有如下优点:

(1)由于是基于物理性质变化的,没有相对运动部件,所以可以做到结构简单、微型化。

(2)输出为电量,灵敏度高,动态性能好。

(3)采用半导体为敏感材料,容易实现集成化与智能化。

（4）功耗低,安全可靠。

但同时,半导体传感器也存在输出特性易受温度影响而漂移、线性度不高、参数离散性大的问题。随着大规模集成电路技术的不断发展,半导体传感器的技术也日臻完善,这些问题可以得到解决。

现有气敏传感器能检测的常见气体有:半导体气敏传感器能测可燃性气体和氢气（H_2）等;场效应管气敏传感器可测氨气（NH_3）和水（H_2O）等;固体电解质气敏传感器可测氧气（O_2）、氢气（H_2）、一氧化碳（CO）、卤素等;接触燃烧式气敏传感器可测可燃性气体。

气敏传感器的应用有以下几种。

（1）报警器:对泄露气体达到危险值时进行报警,如煤矿瓦斯报警器、家用燃气报警器、烟警报警器等。

（2）气体探测器:要求对气体检测的宽量程、高灵敏度和高稳定性。

（3）自动控制装置:利用气敏元件检测并反馈气体的状态,送入控制系统,实现电气装置的自动控制。

（4）测试仪器:利用气敏元件对不同气体的不同响应,确定气体种类和浓度。该应用对气敏元件要求较高,后续测试部分也要配置高精度电路。

2.2.7 流量、液位和超声波传感器

1.流量传感器

在工农业自动化生产过程中,流量是重要的过程参数之一。在流动介质的工艺流程中,物料（如流体、气体或粒子固体）通过管道在设备间输送,为了有效进行生产操作控制,需要对这些物料的流量进行测量,以反馈到控制器进行操作控制。

工程上,流量是单位时间内通过管道某一截面的物料数量,其计量单位有以下三种。

体积流量 Q:单位时间内通过管道某一截面的物料体积,以每小时立方米（m^3/h）、每小时升（L/h）等单位表示。

重量流量 G:单位时间内通过管道某一截面的物料重量,以每小时公斤（kg/h）等单位表示。

质量流量 M:单位时间内通过管道某一截面的物料质量,以每小时公斤（kg/h）等单位表示。

三种流量之间的关系为:

$$M = \rho Q \tag{2-17}$$

式中,ρ 为流体密度。

$$G = gM = g\rho Q = \gamma Q \tag{2-18}$$

式中,γ 为流体重度,g 为重力加速度。

目前,测量流量的传感器（又称流量计）种类很多,下面介绍差压流量、转子流量、椭圆齿轮流量。

(1)差压流量传感器

差压流量传感器历史悠久,应用广泛。它以伯努利方程和连续性为理论依据,通过检测流体流动过程中产生的差压来实现流量检测。如图 2-39 所示,差压流量传感器在管道上加节流件(孔板),在其两边产生压力差,即有高压端和低压端。进一步利用差压传感器测量这个差压,流量与差压有一定的关系,经过计算可以得到流量。

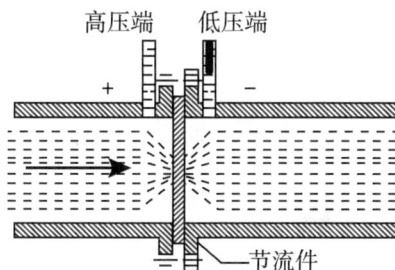

图 2-39　差压流量检测

图 2-40 展示了水平管道上孔板前后流体的情况。这里取 1、2、3 三个截面来说明。流体在截面 1 前,流体流速为 v_1。在孔板的作用下,在截面 1 后,流体流束面积收缩,流速增加。流体流束通过孔板后会继续收缩,在截面 2 处收缩至最小,流速 v_2 为最大。之后流体流束面积会扩大,到达截面 3 处后,完全恢复到原始的流通截面,流速也恢复为原来数值。

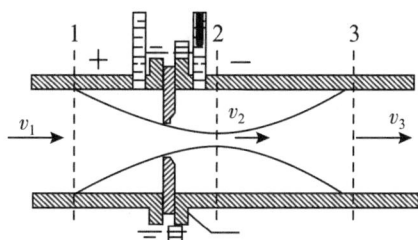

图 2-40　孔板前后流束与流速

对于不可压缩的流体,在管道任一截面上的压力位能与动能之和保持不变。当流速增加时,流体动能也相应增加,而流体动能增加会引起压力位能的下降,反之亦然。由于截面 2 处流速 v_2 大于截面 1 处流速 v_1,所以截面 2 处的压力小于截面 1 处压力。可见,在孔板两边会产生压力差。当流过的流量越大,孔板两边产生的压力差越大,测出这个压力差,即可计算得到流量大小。工业上,流量传感器使用有十分完整的数据资料,使用时可查阅有关标准手册。

(2)转子流量传感器

对于小流量的检测问题,由于其流速低,要求流量传感器有高的灵敏度和测量精度。这时,孔板节流装置的测量精度不够高。而转子流量传感器特别适用于小管道(50mm 以下)的流量。

转子流量传感器由锥形管和转子组成,如图 2-41 所示。当流体自下而上的流动时,转子因受到流体的作用而上升。流体沿着锥形管和转子之间的环形间隙,向转子上面流出。流体流量越大,转子上升越高。当流体对转子的作用力等于转子的重力减去流体对转子的浮力时,转子就停在一定的高度上。所以,转子在锥形管中的高度就与流量有一定关系,观测转子平衡位置的高度即能计算流量数值。转子在流体中的平衡条件为

$$V_1(\gamma_1 - \gamma_2) = (p_1 - p_2)A_1 \tag{2-19}$$

式中,V_1 为转子的体积;γ_1 和 γ_2 分别为转子材料和流体的重度;p_1 和 p_2 分别为转子上下作用在转子上的静压力;A_1 为转子的最大横截面积。由于 V_1、γ_1、γ_2、A_1 都是常量,$(p_1 - p_2)$ 也应是常量。所以,这时压降不变,用节流面积的变化测量流量的大小。

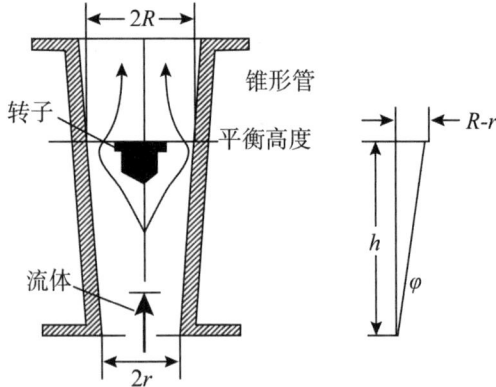

图 2-41 转子流量传感器原理

由流体力学知

$$p_1 - p_2 = \xi \frac{v^2 \gamma_2}{2g} \tag{2-20}$$

式中,ξ 为阻尼系数,与转子形状和流体黏性相关;v 为流体流过环形间隙的流速;g 为重力加速度。

根据式(2-19)式(2-20),可得

$$v = \sqrt{\frac{V_1(\gamma_1 - \gamma_2)2g}{\xi \gamma_2 A_1}} \tag{2-21}$$

若环形间隙的截面积为 A_0,则体积流量为

$$Q = Q = vA_0 \tag{2-22}$$

重量流量为

$$G = vA_0 \gamma_2 \tag{2-23}$$

由于环形间隙的截面积 A_0 与平衡高度 h 的关系是

$$A_0 = \pi(R - r)h \cdot \tan\varphi \tag{2-24}$$

式中,φ 为锥形管与轴线形成的角度(见图 2-41)。这样有

$$Q = vA_0 = \pi(R - r)\tan\varphi \sqrt{\frac{V_1(\gamma_1 - \gamma_2)2g}{\xi \gamma_2 A_1}} \cdot h \tag{2-25}$$

可见,转子的高度即对应流量,从而测得高度即可计算流量。

(3)椭圆齿轮流量传感器

如图 2-42 所示,该传感器由金属壳体和一对相互耦合的椭圆齿轮组成。当流体从左边流进向右流出时,由于齿轮咬合摩擦力存在,流体压力有损失,使得进口压力大于出口

压力。这个压力差就会驱动椭圆齿轮旋转。在图 2-42(a)位置,A 齿轮在压力的作用下形成回转力矩,产生顺时针旋转,B 齿轮合力通过轴心而合力矩为零。A 齿轮就把 A 轮和壳体间的半圆体的流体排出至出口,并带动 B 齿轮旋转。当转到图 2-42(b)位置时,两个齿轮都受到压力差的作用,都有转动力矩,继续旋转。当转到图 2-42(c)位置时,A 齿轮上合力矩为零,B 齿轮合力矩最大,作逆时针旋转,将 B 轮和壳体间的半圆体的流体排出至出口,并带动 A 齿轮旋转。椭圆齿轮转动一周,就有四个半圆体的流体排出至出口。通过检测椭圆齿轮的转速,即可计算被测流体的体积流量。

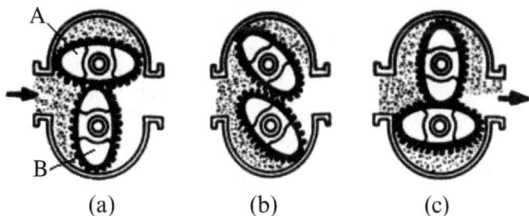

图 2-42　椭圆齿轮流量传感器原理

椭圆齿轮流量传感器常用于测量不含固体杂质的流体流量,如油类、饮料、酒类等,且特别适合高黏度(如重油、润滑油),而其他类型的流量传感器很难准确测量这类流体。

2.液位传感器

液位即容器中的液体液面的高度。在工农业生产中,通过对容器的液位检测可以了解原料和成品的状态和数量,掌握生产是否正常,保证安全生产。这里介绍浮力式、静压式和电容式液位传感器。

(1)浮力式液位传感器

浮力式液位传感器因结构简单,所以应用广泛。它基于阿基米德浮力原理,即液体对一个物体的浮力为物体排开液体的重量。浮力式液位传感器一般分两类,一种是恒浮力式,另一种是变浮力式。恒浮力式液位传感器工作时,其浮力保持不变(如浮标式、浮球式等),浮标随液位高低而变化。变浮力式液位传感器(如沉筒式),根据浮筒在液体内浸没的深度不同而受浮力的不同来测量。

图 2-43 为浮标式液位传感器。浮标放在被测液体中,为了平衡浮标的重量,设有平衡锤。浮标、标尺和平衡锤用丝绳联接。当液位变化时,浮标相应浮动,可用观测指针对准的标尺来确定液位。对于液位自动检测或自动控制系统的应用,可以用电子位移传感器(如直线电位器)来代替标尺,进行液位的电测量和传送。

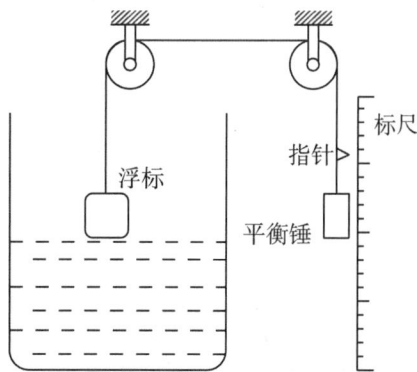

图 2-43　浮力式液位传感器

(2)静压式液位传感器

对于不可压缩的液体,液位高度与液体的静压力成正比,所以液位高度可以用静压力来测量。图 2-44 为一开口容器的液位测量。压力计(或差压计)安装在容器底部,得到压

力计的压力读数，即可计算液位高度 H，其关系为

$$H = \frac{p}{\gamma} \quad (2-26)$$

式中，p 为容器取压处的静压力，γ 为液体重度。

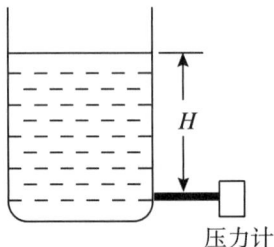

图2-44　静压式液位传感器

（3）电容式液位传感器

电容可以用两块平行导体极板组成。当平行电容板之间加上不同介质时，电容量会变化。所以，可以通过测量电容变化值来测量液位。图 2-45 为一个用两个导电极板的电容器，极板通过绝缘层与液体绝缘，相互之间也绝缘。极板中间为液体，液位为 H，极板高度为 L。设中间液体的介电常数为 ε_2，而液面上方的介质介电常数为 ε_1，左右极板组成的电容极板有效面积为 S，则电容值为

$$C = \frac{\varepsilon S + (\varepsilon_2 - \varepsilon_1) S \cdot H/L}{d} \quad (2-27)$$

可见，当液位 H 变化时，电容值 C 会相应变化。测得电容值，即可计算液位高度 H。

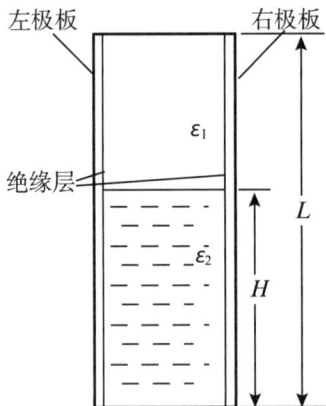

图 2-45　平板电容液位传感器

由上式可知，ε_2 和 ε_1 相差越大，电容变化越大，传感器灵敏度就越高。由于这种方式的电容值较小，所以要求有高灵敏度的测量电路来配合。

3. 超声波传感器

声波是一种能在气体、液体和固体中传播的机械波。人耳能听到的声波的频率在 20～20000Hz。频率超过 20000Hz，人耳不能听到，这种声波为超声波。声波频率越高，就越与光波的特性（如反射、折射等）相似。声波的波形一般有以下几种。

（1）纵波

质点振动方向和传播方向一致的波。它能在固体、液体和气体中传播。

（2）横波

质点振动方向垂直于传播方向的波。它只能在固体中传播。

（3）表面波

质点振动介于纵波和横波之间，沿着表面传播，振幅随深度的增加而迅速衰减。

（4）兰姆波

只产生于大约一个波长的薄板内，声场遍布整个板厚。兰姆波沿着板的两个表面及内部传播。

超声波的传播速度取决于介质的弹性常数和密度，而兰姆波的传播速度还取决于介质的厚度和声波频率。针对上述波型，有直探头（纵波）、斜探头（横波）、表面波探头（表面波）、兰姆波探头（兰姆波）、聚焦探头、水浸探头、空气探头等。

超声波传感器常称为超声波换能器或超声波探头，如图 2-46 所示，左边为单一探头，右边为发射－接收对式探头。探头主要由压电晶片组成，有发射式和接收式探头。图 2-47 为超声波探头的结构，分别包括元件压电晶片、阻尼块、吸声材料、保护膜、电缆线、接头和外壳组成。

图 2-46　超声波探头

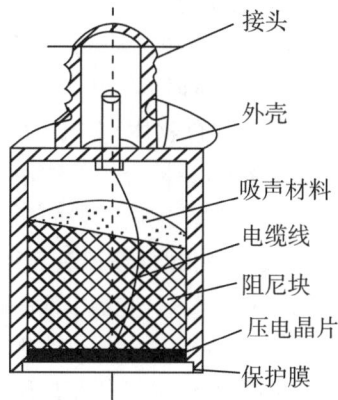

图 2-47　超声波探头结构

压电晶片多为圆形，其厚度与超声波频率成反比，其直径与扩散角成反比。压电片两面为导电片，用引线引出。为了避免晶片直接与被测物接触而引起磨损，晶片下面会加一层保护膜（很薄以传送超声波）。阻尼块的作用是降低晶片的机械品质因数，吸收声能量。吸声材料将后剩余超声能量予以吸收。

压电晶体超声波传感器是可逆的。逆压电效应将高频电信号转换成高频机械振动，产生超声波，可作为发射探头；而正压电效应将超声波振动转换成电信号，可以作为接收探头。一般，超声波传感器会成对使用，或者将发射和接收探头组合在一个传感器中。

除了图 2-47 中的直探头外，还有斜探头的超声波，它能倾斜射向被测介质中，并多次反射，传播到较远处；还有水浸探头，水可以作为耦合剂，从而提升检测的灵敏度。聚焦探头是将超声波束聚焦成细的声束（直径可为 1mm 以下），从而检测细小的目标；聚焦探头采用曲面晶片，也可以用声凹面镜来聚焦。

超声波传感器主要性能指标有以下几种。

工作频率：压电晶片的共振频率。当加在压电晶片两端的交流电压的频率和共振频率相等时，输出能量最大，响应最大。

灵敏度：指接收到与超声波信号相对应的电信号与超声波发射信号大小之比。主要取决于晶片的设计制作。机电耦合强，灵敏度高。

工作温度：压电晶片的居里点一般较高，工作温度低时可长期使用，但当温度较高时，可能失去或降低压电信号。

超声波传感器应用有接触式和非接触式。接触式应有中，超声波探头与被测物体接触，并通过在探头和物体之间加耦合剂来加强响应灵敏度。非接触式应用中，超声波探头与探测目标物体有一定距离或间隙，超声波通过探头与目标物体之间的介质进行传播和测量。

超声波传感器的主要应用有以下几种。

①超声波测距：一种如图 2-48（a）所示，将发射探头和接收探头分开，发射探头作为超声波信号源，而接收探头置于被测物体上；发射探头发射超声波脉冲，通过探头与目标物体之间的介质，被接收探头接收；检测发出超声波脉冲与接收到该脉冲的渡越时间差，根据超声波的速度即可计算探头与目标之间的距离。另一种如图 2-48（b）所示是将发射探头和接收探头放在一起，发射探头发射超声波脉冲，通过探头与目标物体之间的介质，被接收探头接收，这样可检测一个来回的渡越时间差来实现测距（或测厚度）。

②超声波探伤：超声波传感器能对有色物体、金属、非金属物体内部和表面的问题进行检测。检测时，可将探头接触被测物体，在耦合剂的作用下，超声波进入被测物，并被被测物内的裂缝、气泡等损伤反射回接收探头，观测反射的超声波信号可以判断被测物内部的问题。还有一种探伤的方法是液浸法，将超声波探头和被测物浸在液体中，探头发出声波，通过液体到达被测物，并进入被测物；若被测物内部有缺陷，即能反射回超声探头，进行观测可知被测物内部的问题。液浸法特别适合自动检测。

③超声波诊断：在医学诊断上，超声波传感器已经是最常规的工具之一。超声波诊断能实现对人体的内部器官较为可靠的观测，且通过先进的成像技术将超声扫描信号形成图像，从而能全面、清晰、准确地进行诊断和病灶定位。相对于其他影像诊断方式，超声波诊断的优点十分突出，如对检查者无损害、设备简单、使用方便、影像清晰、诊断准确率高等。

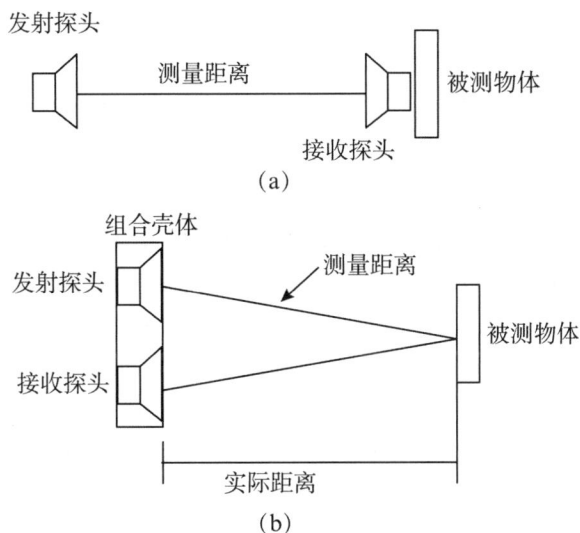

（a）

（b）

图 2-48 超声波反射式测距

　　超声波传感器除了上述应用外,近年来还广泛在其他行业,如液位测量、透明物体探测、流量测量、汽车测距、物料搬运、工业流程监控等。

2.2.8 智能传感器

　　对于什么是"智能"传感器,学术界有一些争议。一般认为,传感器的"智能"体现在它具有一些类似人和动物感觉的能力和对信息的处理能力。相对于传统的传感器技术,智能传感技术具有以下特征:①智能传感器有环境适应能力,能优化传感器的探测性能、功率消耗和通信能力;②智能传感器能记录数据并提取信息,通过传感器中的(预编或自学习)处理程序使获得数据与信息类型有很好的吻合;③智能传感器有某种程度的自诊断能力,能依靠内部定标系统、内部过程检查来确定本身运转的正常与否;④智能传感器能通过通信口进行重新编程,并可与外部设备交换数据和程序变量;⑤智能传感器具有一定程度预测目标变化的能力。

　　现代传感器装置常由微处理器或微计算机组成,用程序来控制传感器的运行。由于程序的编写是人完成的,因此或多或少包含了人的智能处理特征。人们常把带有微处理器的传感器称为智能传感器,以区分传统的由电子电路组成的功能比较简单的传感器。基于微处理器的传感器已有几十年的历史,已从最初的简单数字化与信息处理发展到了目前具有网络通信、信号处理(包括程控放大、线性化、信号滤波、信号补偿等)、自定标自校正、优化和预测计算、人机界面等多功能的现代智能传感器。这些新型传感器的应用使传感器的应用系统的性能得以改善。

　　现代智能传感器的发展趋势有:

1. 集成化

　　一是将同类传感器集成化,将多个同类传感器集成在一起,形成阵列,如 CCD 和 CMOS 图像传感器就是在半导体芯片上集成了许多光电传感器,从而实现更多参数的检测。再如将多个磁场传感器形成磁场传感器阵列,可以对一个或多个磁性目标(磁体或电磁线圈)的磁场进行检测,并应用定位算法确定其位置和方向。

二是将不同功能的传感器集成形成复合传感器:如把温度和湿度传感器集成在一起,形成同时可以测量温度和湿度的传感器。

三是传感器与后续电路的集成:如集成温度传感器 AD590,就是将 PN 结温敏元件和处理电路集成在一起,输出为与温度呈线性关系电流信号,使用大大简化,且准确度大为提高。相似的例子还有集成半导体压阻传感器、集成霍尔传感器和集成光电颜色传感器等。

四是与处理系统的集成:不但可在硬件上进行集成,还可与处理器中的软件进行集成。现在,由于半导体微电子加工技术的进展,传感器、处理器、存储器、模数采样等模块均可集成在一块芯片上,从而使体积减小、成本降低、精度和可靠性性能提高、使用更为便利。

2. 多功能化

现代传感器技术已超越了实现单一的信号转换的功能。由于硬软件技术都可与传感器集成在一起,可以实现信号放大、数据处理、数字通信、信号补偿等功能。通过微处理器和软件编程还能嵌入计算算法,完成某些高层次的计算和信号处理,使用更为直接便利。

3. 自定标技术

传感器使用前,或经过一定时间使用后,常常需要标定,以保证测量的准确性,这给使用造成不便。近年来,自定标技术得到了有关人员的重视。自定标技术是将标定装置微型化,置于传感器装置中,从而在任何需要使用的时刻,系统即可重新定标。例如,某光电传感器系统中,内置一个高稳定性光源,并事先将该光源开启时的光强度和光电传感器对它的响应记录在系统中。当需要对光电传感器的灵敏度进行校准时,打开该光源,对光电传感器的输出进行采样。由于光源的光强是不变的,所以比较光电传感器的响应记录值和采样值,即可对光电传感器的灵敏度进行校准。显然,传感器的自定标技术关键是要有和传感器集成在一起的内置信号基准。

4. SOC/IP 技术

SOC(System on Chip)指建立在单芯片上的系统,IP(Intellectual Property)为自主知识产权。传统的智能传感器设计方法是以功能设计为基础的。而 SOC 设计方法以功能复用与搭建为基础,在芯片上用若干个宏模块来构建复杂系统。这些已经开发的宏模块就是通用的 IP 核。IP 核的重用可以降低产品设计的复杂度,减少(智能传感器)产品上市时间。利用 SOC/IP 芯片能组成完整的智能传感器系统。基于 IP 的智能传感器 SOC 设计过程为:首先正确建立智能传感器的通用模块模型;然后合理划分各模块功能与规范,制定各模块之间的接口协议与标准;再设计出一系列通用的 IP 核;最后把所需的通用 IP 核搭建整合在一起构成完整的智能传感器系统。它具有可靠性高、价格低、速度快、体积小、功能复用、保密性好等一系列优点。

5. 大量程、高精度、高速度趋势

随着微电子技术的发展,放大器技术、模拟数字转换、信号处理和误差补偿等技术得

到了很大的改善,使传感器的测量量程范围大为增加,向极小信号和极大信号两端拓展;同时测量精度大为提高;采样速度和处理能力也大大提高。

6.智能传感器的应用

以往,传感器的应用主要集中在工业过程监控和生产设备中,据统计,工业过程中的传感器应用占传感器总量的 70% 以上。近年来,随着微电子技术、微处理器技术和人工智能的发展,智能传感器的应用不但在工业中有很大增长,而且在家庭生活中也得到大量的应用,如家电、三表(电表、水表、气表)、安全防盗、火警、视频监控等方面得到大量的应用。特别要注意的应用方向有以下几个。

(1)在医疗仪器中的应用

在医疗仪器中,智能传感器应用越来越多。例如对体温、呼吸、血压、血氧、血球、心率等的测量,越来越准确且快速。各种微小型医学传感器的用途越来越广泛,如红外体温检测仪、酒精呼吸测量仪、臂式/腕式血压检测仪、手指血氧仪、血糖仪等(见图 2-49)。由于成本降低、操作简便,这些仪器不但在医院中被使用,而且在社区,甚至家庭中的医护保健中也开始大量使用,从而形成了一个庞大的、极有发展前景的低成本医疗传感器产业。近年来,在医疗应用出现一种倾向,就是穿戴式、植入式、内置式传感器装置大量被采用,从而使医护诊断和治疗质量得以改善。图 2-50 是一种新型的内窥镜检查装置——胶囊内窥镜,它集成了视频传感器和无线收发器。患者吞服该胶囊,即能对整个肠胃道进行检查。

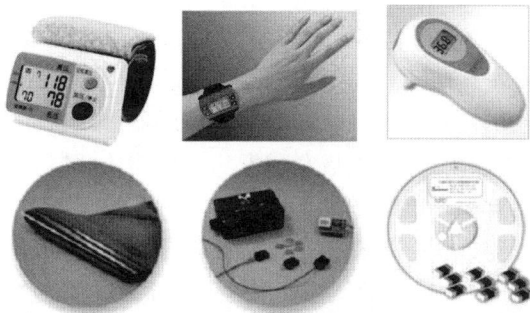

图 2-49　医学传感器

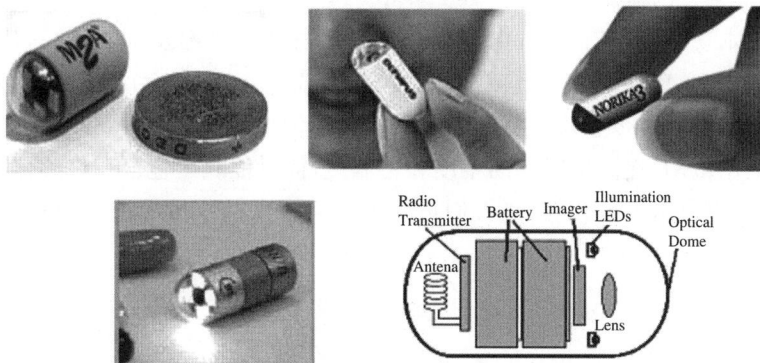

图 2-50　胶囊内窥镜

（2）在汽车和交通中的应用

汽车传感器是汽车电子控制系统的关键部件，也是汽车电子技术领域的核心内容之一。目前，一辆普通家用轿车上会安装几十只传感器，主要用于发动机控制系统、底盘控制系统、车身控制系统和导航、位置与接近度、汽车惯性、震动和倾斜、轮胎压力测量等。发动机控制系统用传感器是整个汽车传感的核心，实现温度、压力、位置和转速、流量、气体浓度和爆震等检测。这些传感器向发动机的电子控制单元（ECU）提供发动机的工作状况信息，供 ECU 对发动机状况进行精确控制，以提高发动机的动力性、降低油耗、减少废气排放和进行故障检测。

随着汽车交通运输的发展，交通拥挤、道路阻塞和交通事故频繁发生，严重地困扰着城市的发展。通过传感器技术、信息通信技术、电子技术及其他技术把它们联系起来，能大大改善交通方面的问题，这就产生了智能化的智能交通系统（ITS）。交通参与者通过道路上、车上、换乘站上、停车场上，以及气象中心的传感器和通信设备，向交通信息中心提供完整的交通信息，中心得到这些信息并处理后，实时向交通参与者提供道路交通信息、交通信息、换乘信息、气象信息、停车场信息等出行相关的信息，以供出行者选择出行方式和路线，达到高效、方便和舒适出行。要实现这样的目标，关键是获取各种现场信息，这要求在交通相关场所安装各种传感器，实时实现综合智能处理，准确地反映现场交通情况。

（3）在生物领域的应用

生物传感器研究的全面展开是在 20 世纪 80 年代，多年来发展迅速，在食品工业、环境监测、发酵工业、医学等方面得到了高度重视和广泛应用。在食品工业方面：进行食品分析，包括食品成分、食品添加剂、有害毒物及食品鲜度等的测定分析。如葡萄糖含量测定酶电极型生物传感器、测定色素和乳化剂的生物传感器等。在环境监测方面：已有将亚细胞类脂固定在醋酸纤维膜上，和氧电极制成安培型生物传感器，可对酸雨酸雾样品溶液进行检测。在发酵工业：常采用电化学微生物传感器对其过程进行监控，实现菌体浓度连续在线的测定，使该过程得以优化。在生化分析方面：酶电极是最早研制且应用最多的一种传感器。利用具有不同生物特性的微生物代替酶，可制成微生物传感器。在军事医学中，对生物毒素的及时快速检测是防御生物武器的有效措施。生物传感器已应用于多种细菌、病毒及其毒素的监测。

传感器技术现已成为信息化、电子化和自动化发展的关键技术之一。它和其他信息技术的发展正在改变我们的工作和生活方式，提高了人们的生活质量。智能传感技术——智能方法技术在传感器及系统中的应用会使传感器的性能得到改善。它不但能扩展传感器的应用范围、提高传感器的精度和可靠性，而且能找出包含在传感器中的更深层次的信息，从而提供新参数数据，使人们更好地了解对象的本质特性，以对其实现恰当的改造和控制。

2.3 无线传感器网络简介

无线传感器网络(Wireless Sensor Network,WSN)是一种由大量部署在监控区域的智能传感器节点构成的网络应用系统。网络节点一般采用随机投放的方式大量部署在被感知对象的内部或者周围,并通过自组织方式构成无线网络。在任意时刻,节点间通过无线信道连接,以协作的方式通过局部的数据采集、预处理以及节点间的数据交换来完成全局信息获取和传送任务。

无线传感器网络的发展大致经历了三个阶段。美国国防部高级研究所计划署于1978 年开始资助卡耐基梅隆大学进行分布式传感器网络的研究,这被看成无线传感器网络的雏形。第二阶段是 20 世纪 80 年代至 90 年代,传感器网络具备感知、计算、通信及信息综合和处理能力。第三阶段是 21 世纪开始到现在,大量多功能低功耗传感器被运用,并实现网络传输自组织。节点微型化、长寿命、自动配置,系统的高安全、抗干扰、低耗能、低成本是其发展的趋势。

2.3.1 无线传感器网络结构

传感器网络由传感器节点、汇聚节点(Sink)、Internet 或卫星或移动通信网络、任务管理节点等部分构成。传感器节点散布在指定的感知区域内,实时感知、采集和处理网络覆盖区域中的信息,并通过"多跳"(multi-hop:如图 2-51 中 A—B—C—D—E 所示)网络把数据传送到 Sink,Sink 也可以用同样的方式将信息发送给各节点。Sink 直接与 Internet 或通信卫星或移动网络相连,实现任务管理节点与传感器之间的通信,在节点损坏失效等问题出现的情况下,系统能够自动调整,从而确保整个系统能正常通信。

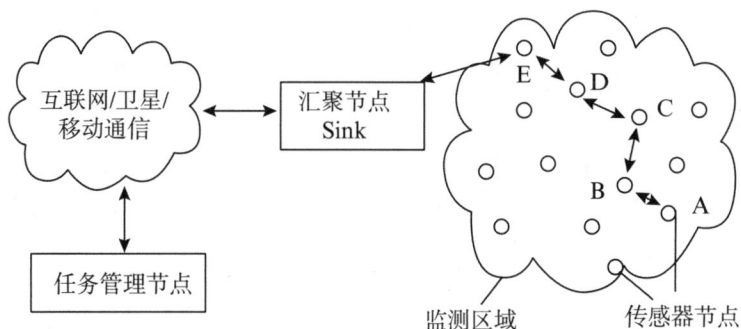

图 2-51　无线传感器网络

传感器节点:通常由微处理器、传感器、通信天线和供电电池等组成的微型模块。每个节点一般均有感知和通信路由的双层功能,除了进行本地的信息获取和数据处理外,还要存储和融合其他节点传过来的数据,并且与其他节点协作完成规定的任务。由于数量大,要求成本较低,所以其处理能力、存储能力和通信能力相对较弱,通常用小容量电池供电,通信距离有限,只与周边相邻的节点交互数据;若要与本身通信范围外的节点进行交互,需要通过其他节点多跳路由来实现。因此,为了保证有效地传输数据,节点的分布要有一定的密集度。

汇聚节点:具有较强的处理能力、存储能力和通信能力,是连接传感器网络和外部网络的接口。它可以是具备足够强的供能、计算和存储能力的传感器节点,也可是特殊的无线通信网关设备。通过网络协议实现传感器网络与任务管理节点之间的通信。把传感器网络收集的数据传递给外部网络,同时将任务管理节点的监测命令和任务传给传感器节点。

管理节点:是传感器网络使用者直接操作的计算机工作站或服务器,充当无线传感器网络服务器的角色,用于动态监控管理无线传感器网络的数据和状态。

2.3.2　无线传感器网络特点

目前,常见的用于无线传感器网络的无线网络包括移动通信网、无线局域网、蓝牙网络、ZigBee、Ad hoc 网络等,无线传感器网络与传统网络相比具有以下特点。

1.节点众多,分布密集

无线传感器网络的节点数目大,密度高,可以利用节点之间的高度连接性来保证系统的容错性和抗毁性。大量冗余节点可保证单个节点失效时,数据采集的完整性和准确性,但是这带来大量的冗余数据和低通信效率的问题。

2.无中心和自组织

无线传感器网络是一个对等式网络,各个传感器节点地位都是平等的,无预先规定的中心、各节点通过分布式算法来相互协调,可以自主快速组织成一个独立的网络。因为没有中心,所以单个节点失效不会影响整个网络的运行,具有容错性和抗毁性。

3.资源受限

节点是微型嵌入式设备,具有有限的硬件资源。受价格、体积和功耗的限制,其计算处理能力和内存空间亦受限。此外,节点只能携带电池,能量也受限。

4.安全性和可靠性

传感器节点可大量部署在恶劣环境或人所不能到达的地方,因此可能遭受日晒、风吹、雨淋,或者是动物和人为破坏,这些都要求传感器节点及网络不易被破坏,能够适应各种恶劣环境,有高的安全性和可靠性。

5.网络动态性

节点一般不进行快速移动,但节点可能会随时加入或离开。如节点电池耗尽或发生故障,节点失效;环境条件变化造成通信链路变化;应用需求变化时新节点加入等都会使网络拓扑结构发生变化,因此要求无线传感器网络具有动态拓扑组织功能。

6.以数据为中心

无线传感器节点数目大,而且由于网络拓扑的动态特性和节点放置的随机性,节点不是以全局唯一的 IP 地址来标识,只需使用局部可以区分的标号标识。用户对所需数据的收集，是以数据为中心进行，并不依靠节点的标号。

7.多跳路由

网络节点电池能源非常有限，每个节点都只能与其邻居节点进行通信。若需要与通信覆盖范围外的节点通信，则需要通过中间节点进行多跳路由。

2.3.3 无线传感器网络通信协议

网络协议是对网络及其部件所承担的功能任务的规定和描述。图 2-52 为无线传感器网络协议栈，包括物理层、数据链路层、网络层、传输层和应用层，与 TCP/IP 协议的五层相对应；还分为能量管理平台、移动管理平台和任务管理平台等。通过这些分层和平台，传感器节点能够高效协同工作，发送数据，并支持多任务和资源共享。

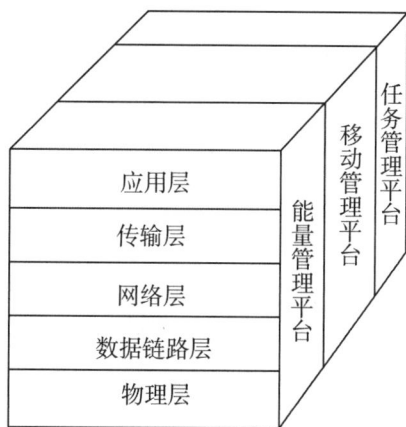

无线传感器
网络通信
协议

图 2-52 无线传感器网络协议栈

1.各协议层的功能

（1）物理层：处于最底层，与物理传输介质直接相连，为终端设备提供数据传输的通路，建立传输规则。主要任务有建立数据传输规范、选择信道频率、确定数据收发速率、选取传输介质等。一般，传输介质有无线电（射频信号）、红外线和光波等。无线传感器网络常用射频信号频段在 2.4GHz、915MHz 和 868MHz。物理层常用协议标准为 IEEE 802.15.4标准。

（2）数据链路层：作用是建立可靠的点对点、点到多点的通信链路，保证源节点发出的数据可以正确地传输到目标节点。主要任务是负责数据流的多路复用、数据成帧与帧监测、介质访问、差错控制和功率控制。

（3）网络层：作用是将数据从传感器节点可靠地传输到汇聚节点。任务有路由发现和维持、分组路由、网络互联、拥塞控制等。

（4）传输层：作用是进行数据流的传输控制，完成传输数据格式的转换，以保证通信质量。由于能耗和资源的问题，无线传感器网络内部一般不使用传统的 TCP 或 UDP 协议。常用协议有慢存入快取出协议（PSFQ）和可靠的事件传输协议（ESRT）。

（5）应用层：面向用户的各种应用服务，主要为传感器网络应用提供时间同步服务、节点定位机制、节点管理协议、数据广播管理协议等。

2.各管理平台的作用

(1)能量管理平台:管理传感器节点及网络高效使用资源,对各个协议层都要考虑节省能量。

(2)移动管理平台:监测传感器节点的移动变化,并在系统中进行注册,完成和维护到汇聚节点的路由,传感器节点能够动态跟踪其相邻节点的位置。

(3)任务管理平台:在一个传感器网络区间内完成监测任务的平衡和调度。

3.无线传感器网络的 MAC 协议

媒介访问控制(Medium Access Control,MAC)协议位于无线传感器网络协议的底层部分,是保证无线传感器网络高效通信的关键协议之一。MAC 协议的主要功能是解决网络内的多个节点间共享单一信道问题,并决定节点何时以及采用何种方式占用无线信道进行数据传输,避免节点在传输时产生碰撞,即确保网络内处于相互干扰范围内的两个或多个节点间不会同时传输数据。

由于无线传感器网络与传统无线网络(如无线语音和数据通信网络)在网络大小、硬件设施以及应用需求等方面有明显差异,因此,其 MAC 协议在目标设计、性能优化以及技术支持等方面与传统无线网络中的 MAC 协议不同。传统的无线网络由于通信设备如Pad 以及便携式 PC 等对于能量的获取比较方便,受能量约束不大。对于无线传感器网络,节点中的能量是有限的,且节点间为了完成共同的监测任务而相互协作,因此在设计时,性能的侧重点与传统无线网络中的 MAC 协议完全不同,要考虑以下几个特点:

(1)能量有效性:使节点在工作时尽可能节能,延长网络生存时间。

(2)可扩展性:在传感器数量、网络覆盖区域、生命周期、时间延迟、感知精度等方面的可扩展。由于节点数量、位置及分布密度等都处于动态变化中,MAC 协议要具备自适应网络变化和可扩展能力。

(3)信道利用率:该性能反映信道被占用,即节点利用信道发送数据的情况。在无线传感器网络应用中,处于通信状态的节点数量是不同的,因此,该性能主要依赖于网络的应用需求。

(4)时间延迟:指从发送节点开始发送数据包到接收节点成功收到该数据包所经历的时间。各种应用中要求不一,如在军事侦察、医疗健康及灾害预警等应用中,用户需要实时获得所监测的数据。对长期监测网络应用,重点考虑延长网络生存时间,通常会以牺牲延迟为代价减少节点能耗。

(5)网络吞吐量:指在一定时间内发送节点通过信道成功发送给接收节点的数据量,反映了无线传感器网络工作运行效率。

(6)可靠性:网络中,缓冲器溢出和信号干扰均可能引起传送数据的丢失,这要求协议设计时,需要考虑链路的选择、数据包的监测与修复等措施,保证数据传输的可靠性。

4.无线传感器网络的路由协议

路由协议是无线传感器网络的核心技术之一。它主要通过网络将数据分组从源节点传输到目的节点,其功能包括寻找源节点和目的节点的优化路径,并将数据按选定路径正确传输。它注重能源有效性、简单性和多路性等要求。一个最重要的目标就是,在传送数据的同时,最大限度地延长网络寿命并避免降低网络连通性。

目前,研究人员已经提出了几十种无线传感器网络路由协议,但其分类标准并未统一。可以从不同的角度来分类路由协议,常见的分类方法有两种,依据拓扑结构可以将路由协议分为平面路由协议和分簇路由协议。平面路由协议主要有 Flooding、Gossiping、SPIN、DD、GBR、GPSR、GEAR 等;分簇路由协议主要有 LEACH、LEACHC、PEGASIS、HEED 等。根据路由协议的实现方法特点,可分成 5 类:基于聚簇的路由协议,主要有 LEACHC、PEGASIS、TEEN 等;基于地理位置的路由协议,主要有 GEM、MAP、LCR 等;以数据为中心的路由协议,主要有 DD、Rumor-routing、TIDD 等;能量感知路由协议,主要有 Energy awarc routing、GEAR 等;容错路由协议,主要有机会路由协议等。

典型路由协议有如下几种:

(1)泛洪路由协议(Flooding):是一种传统的实现简单的路由协议,它不需要知道网络的拓扑结构和使用任何的路由算法。源节点向所有的邻居节点广播形式转发数据分组,直到数据传输到目标节点或为该数据所设定的最大跳数变为零或者所有节点拥有此数据为止。Flooding 存在信息爆炸、出现部分重叠现象、盲目使用资源等问题,实际中很少被直接采用。

(2)定向扩散路由协议(Directed Diffusion):是一种以数据属性为中心的路由协议,也是一种基于查询的路由机制。它在通信的源节点和目标节点间建立梯度场,使数据沿着梯度最大的路径传输,并采用数据融合、梯度加强和反向削弱等机制保证数据传输的高效性。

(3)SPIN 路由协议(Sensor Protocol for Information via Negotiation):是最早的以数据为中心的自适应路由协议,传输数据前先通过协商机制来解决"内爆"和"重叠"问题,确保传输的有效性,节省了能耗。SPIN 有 3 种数据包类型,即 ADV、REQ 和 DATA。源节点先广播 ADV 消息到邻近节点,有接收该数据意愿的邻近节点向源节点发出 REQ 请求消息,源节点发送 DATA 数据包到请求的邻近节点。SPIN 缺少考虑邻近节点转发新数据意愿的问题,可能会出现"数据盲点"的情况,进而影响整个网络信息的收集。

(4)LEACH 路由协议(Low Energy Adaptive Clustering Hierarchy):是第一个基于聚簇的路由协议。LEACH 定义了"轮"(round)的概念,一轮由类准备阶段和就绪阶段组成,在类准备阶段重新选择类头节点。一旦类头节点选定后,该节点主动向网络中所有节点广播这一消息,节点根据信号最强的原则选择属于哪个聚类。处于就绪阶段,类头节点接收类内各节点数据进行数据融合和数据压缩等处理进行汇聚,传输给 Sink 节点。一段时间后,网络又进入下一轮工作周期。LEACH 不适合大范围的应用和突发数据通信。

(5)TEEN 路由协议(Threshold Sensitive Energy Efficient Sensor Network):是一个层次路由协议,它定义了硬门限和软门限来决定何时发送数据,通过利用过滤的方式来减少数据的传输量,并在监测精度与系统能耗之间取得合理的平衡。TEEN 的节点在收集到的数据超过硬门限时,将该节点作为新的硬门限,并发送数据。在接下来的过程中,如果监测数据的变化幅度大于软门限界定的范围,则将该节点作为新的硬门限,并发送最新采集的数据。

(6)GEAR 路由协议(Geographical and Energy Aware Routing):该协议假设已知事件区域的位置信息,每个节点知道自己的位置和剩余能量信息,通过简单的 Hello 消息交换机制知道所有邻居节点的位置和剩余能量信息。将数据分组传送到目标域中所有的节点,分目标域数据传送和域内数据传送两个阶段。在目标域数据传送阶段,当节点接收到数据分组,它将邻接点同目标域的代价和自己与目标域的代价相比较,代价更小,则选择最小代价的邻接点作为下一跳节点;若不存在更小代价,则认为存在路由空洞"hole",节点将根据邻居的最小代价来选择下一跳节点。在域内数据传送阶段,可通过域内直接洪泛和迭代的目标域数据传送这两种方式,让数据在域内扩散直到目标域剩下唯一的节点。GEAR 的优点是:它将网络中扩散的信息局限到适当的位置区域中,减少了中间节点的数量,从而减少了路由建立和数据传送的能源开销,进而更有效地延长网络的生命周期。其缺点是依赖节点的 GPS 定位信息,成本较高。

(7)SAR 路由(Sequential Assignment Routing)协议:是首先在路由判决中将 QoS(服务质量)考虑进去的主动路由协议。SAR 在每个节点与汇聚节点间生成多条路径,维护多个树结构,每个树以落在汇聚节点的有效传输半径内的节点为根向外生长,树干的选择需要满足一定的 QoS 要求和能量储备。这样使大多数节点可能同时属于多个树,可任选某一采集树回到汇聚节点。为了防止一些节点的死亡而导致网络拓扑结构的变化,汇聚节点会定期发起路径重建命令来保证网络的连通性。SAR 的一个突出的优点是综合考虑了能效和 QoS。虽然节点到汇聚节点的多条路径增强了 SAR 的容错和恢复能力,但也增加了维护路由表及每个节点的状态表的开销。

2.3.4 无线传感器网络关键支撑技术

1.拓扑控制技术

拓扑控制的研究是指在保证一定的网络连通度和覆盖度的前提下,以延长网络生命周期为主要目标,兼顾通信干扰、网络延迟、负载均衡、简单性、可靠性、可扩展性等其他性能,通过节点发射功率调节和相邻节点选择,剔除节点间不必要的通信链路,从而形成节能高效的优化网络拓扑结构。良好的网络拓扑结构,需要保证网络的连通度、覆盖度、吞吐量及长的网络生命周期能够提高路由协议的效率,为目标定位、时间同步、数据融合等技术奠定基础。

2.数据融合技术

数据融合是无线传感器网络中重要的一项技术,它是将多份数据或信息进行处理,组合出更高效、更符合用户需求的数据的过程。无线传感器网络的性能主要受到能量供应、数据传输速率、数据安全性、系统可靠性等诸多条件的限制。数据融合技术可以通过一定的算法将传感器节点采集到的大量原始数据进行各种网内处理,去除冗余信息并压缩数据,只将少量有意义的处理结果传输到汇聚节点。采用数据融合技术的作用主要有:降低网络能耗,延长网络生命周期;降低网络时延,提高通信效率;增强数据隐秘性、安全性和准确性;优化网络资源,提高系统整体性能,使各节点的寿命最大化。

3.定位技术

无线传感器网络获取的很多监测信息需要相应的位置信息,否则,这些数据就是不确切的,甚至有时候会失去采集的意义,因此,网络中传感器节点自身位置信息的获取是其应用的基础。首先,传感器节点必须明确自身位置才能说明"在什么位置发生了什么事件",从而实现对外部目标的定位和跟踪;其次,了解传感器节点的位置分布状况可以提高网络的路由效率,从而实现网络的负载均衡以及网络拓扑的自动配置,改善整个网络的覆盖质量。因此,必须有机制来实现无线传感器网络中各节点的定位。定位是自组织的网络通过特定的方法提供节点位置信息,分节点自身定位和目标定位。节点自身定位是确定节点坐标的过程,目标定位是确定网络覆盖范围内目标的位置。相应的定位算法应具有鲁棒性、容错性、能量高效、实时性和自适应性。

4.时间同步技术

时间同步也是无线传感器网络的重要组成部分。虽然网络中的节点具有各自的本地时钟,但是它们之间存在偏差,难以达到长期的时间同步。所以无线传感器网络中时间同步是整个网络的基础,通过实现整个无线传感器网络中的时间同步,使得由传感器采集的数据更加具有时效性与可分析性。无线传感器网络具有自组织性、多跳性、动态拓扑性和资源受限性,尤其是节点的能量资源、计算能力、通信带宽、存储容量有限等特点,使时间同步方案有其特殊的需求。典型的无线传感器网络时间同步协议包括延迟测量时间同步(DMTS)协议、参考广播同步(RBS)协议、Tiny-Sync/Mini-Sync 同步协议、传感网时间同步(TPSN)协议、泛洪时间同步(FTSP)协议、分级参考时间同步(HRTS)和全局时钟同步(GCS)协议。

5.安全技术

无线传感器网络节点大多被布置在无人监视和敌方监测区域,因此不可避免地存在一系列安全问题,安全机制未被有效建立已经成为阻碍传感器网络技术应用的重要威胁因素,所以亟须解决。无线传感器网络自身具有一定的局限性,在计算、通信和存储方面都或多或少受到限制,还有无法保证部署区域的现实安全以及网络拓扑结构的动态变化,使得其难以直接应用非对称密码体制,所以在实现传感器网络安全存在极大的不确定性。但是,无线传感器网络安全技术与传统网络两者都殊途同归到一个共同的目的,即解决信息的机密性、完善性和信息新鲜度、入侵检测以及访问控制等问题。常用的安全技术有认证和访问控制技术、安全路由技术、安全定位技术、安全时间同步技术、安全数据融合技术和入侵检测技术。

2.3.5 无线传感器网络的应用

传感器网络在交通、军事、环境监测、建筑物状态监控和智能家居等领域有许多的应用。

1. 工业监测

无线传感器网络也能够很好地满足工业生产监测的需求。

(1)电力系统的监测:北卡罗来纳大学在美国肯塔基州的魁北克变电所部署了一个大规模的无线传感器网络系统,利用无线传感器网络技术,对发电站和变电所的设施进行监测,从而节省大量人工和资金。

(2)自来水管监测系统(PipeNet):随着管道设施的日趋老化,美国的自来水公司面临巨额的安装操作和修理费。针对该问题,麻省理工学院做了一个基于无线传感器网络的管道监测系统,对输水管道(下水道、故障控制阀门)发生的爆裂、泄漏以及其他异常情况进行侦测、定位并确定异常的数量,使用 PipeNet 能大大减少管道的维护费用,而且其实时性也能保证迅速发现管道异常,并作出相应的处理。

(3)建筑结构健康监测:美国南加州大学的 Wisden 系统是基于无线传感器网络的数据采集系统,用于建筑结构健康监测:它寻找并定位建筑物、桥梁、船舶或飞行器的损坏位置,以进行及时的响应和处理。

2. 日常生活监测

(1)远程医疗保健监测系统:老年人的医疗保健已经成为大众关注的问题,无线传感器网络的发展使在患者身上部署可穿戴的传感器成为可能。如 CareNet,是一种用于远程医疗保健的无线传感器网络,节点上装配有加速度计和陀螺仪,用来测量老年人的运动数据,传感器节点与基站可以直接通信,基站之间通过多跳路由的方式传递数据。无线传感器网络在医疗保健中的应用转变了传统的医疗保健方式,减少了医疗的费用,高效地利用临床资源。

(2)行人统计监测系统:美国弗尼吉亚大学的 MetroNet 项目利用无线传感器网络做了一个行人统计监测系统,其目的是利用城市内各个商店采集的行人数据来进行预测。该系统将传感器部署在商店的门和窗户上,对某一时间段内的人流量进行统计,通过人流量分析可以获取广告效果、天气情况、顾客对商店的关注度等信息。

3. 自然环境监测

无线传感器网络对自然环境监测起到了巨大的推动作用,使人类可以更容易且更合理地监测和了解大自然环境。

(1)实时天气监测系统:新加坡南洋理工大学的 NWSP(National Weather Study Project)是一个基于无线传感器网络的大规模实时天气监测系统。该项目中,数百个迷你天气基站被部署在新加坡的 100 多所大学或学校中。每个天气基站都包含若干节点,能够测量温度、降雨量、湿度、风速和风向等天气参数信息,采集周期为 $5\sim15\min$。基站通过直连的方式将数据传送到数据中心。系统基本可以获取整个新加坡的天气状况信息,具有重要的实践意义。

(2)冰川监测系统:冰川活动对环境变化有着重要的影响,因此采集冰川数据并对其行为建模具有重要意义。英国南安普敦大学的 GlacsWeb 系统项目,就是利用无线传感器网络监测和研究冰川的活动。该系统部署于挪威约斯特达尔冰盖的布里克斯达斯布尔冰河。传感器部署在冰川内部、表面以及下部,采集数据并采用单跳方式将数据发送给设置在冰川上的基站。采集的数据主要有温度、压强、压力、天气以及冰下移动,数据的采集周期为每小时一次。该项目的监测数据对研究冰川的运动和全球变暖具有巨大的推动作用。

(3)森林环境监测:森林作为陆地生态系统主体,在减缓大气 CO_2 浓度上升速度以及调节全球气候方面具有不可替代的作用。持续性监测森林生态指标,对维护森林生态系统具有极其重要的意义。由香港科技大学等大学开展的 GreenOrbs(绿野千传)监测系统对森林生态环境进行了全年监测,采集包括温度、湿度、光照和郁闭度等多种数据,并利用多跳路由的方式将数据传送至基站。传感器采集的数据信息为多种重要应用提供支持,如森林监测、森林观测和研究、火灾风险评估、野外救援等。

4.防灾害监测

无线传感器网络在防灾害领域也有着较为广泛的应用。

(1)火山监测:哈佛大学于 2005 年在厄瓜多尔雷文塔活火山附近部署了一个无线传感器网络监测系统。该监测系统由传感器节点和次声麦克风节点组成,次声麦克风节点的作用是将传感器节点采集的数据发送给基站,基站可以在 9km 的范围内将数据转发给火山观测中心。传感器以 100Hz 的频率持续地采集地震和声音数据。该无线传感器网络监测系统以低耗费和部署相对简单的方式实现了对真实火山的监测。

(2)火灾信息和救援系统(SmokeNet):在美国因火灾死亡的人数比其他自然灾害死亡人数的总和还要多。加州大学伯克利分校开展了"火灾信息和救援"(FIRE)项目,使用一个称为 SmokeNet 的无线传感器网络对发生事故的大型建筑物内的消防员进行追踪,并向所有参加救援的人员提供重要信息,包括位置、火源和健康状况数据等,帮助消防员迅速判断火源位置、火势怎样蔓延以及对安全路线进行估计。

5.智能交通

在现有的交通设施中增加一种无线传感器网络技术,将能够从根本上缓解困扰现代交通的安全、通畅、节能和环保等问题,同时还可以提高交通效率。智能交通系统主要包括交通信息的采集、交通信息的传输、交通控制和诱导等几个方面。无线传感器网络可以为智能交通系统的信息采集和传输提供一种有效手段。它主要由信息采集输入、策略控制、输出执行、各子系统间的数据传输与通信等子系统组成。无线传感器网络在智能交通中还可以用于交通信息发布、ETC 电子收费、车速测定、停车管理、综合信息服务平台、智能公交与轨道交通、交通诱导系统、安全与自动驾驶等技术领域。

2.4 RFID 技术

RFID 即射频识别(Radio Frequency Identification,RFID)技术,是一种利用射频信号通过空间耦合(交变磁场或电磁场)实现无接触信息传递并通过所传递的信息达到识别目的的技术。它运用无线电和雷达技术实现能量供应和数据交换,又称为感应式电子芯片、电子标签、非接触卡等。

20世纪50年代,D.B.哈里斯发表的"可调制的无源应答器射频传输系统"文章正式开始了RFID技术研究。20世纪60年代,开始出现最简单的1比特电子标签用于电子防盗(EAS)。20世纪70年代,开始出现应用于动物追踪识别的近距离RFID系统,以及应用于机动车识别的电子车牌系统。20世纪80年代,开始出现应用于铁路的高速RFID系统以及应用于公路机动车通行的电子收费系统。20世纪90年代,机动车高速公路电子收费应用获得了较大发展。进入21世纪,RFID技术开始向物流与供应链领域渗透,并逐渐成为一项全球关注并处于加速发展的新技术。

作为编码技术的无线版本,RFID技术具有读取速度快、存储空间大、穿透性强和安全性高等众多优点,由此广泛应用于生产、物流、交通、运输、医疗、防伪、跟踪、设备和资产管理等众多领域。

2.4.1 RFID的分类

RFID可以从多种角度进行分类,主要包括按频率划分、按电子标签供电形式划分、按电子标签可读写性划分和按数据通信方式划分。

1.按频率划分

RFID系统的工作频率是其最重要的特征之一。RFID系统的工作频率不仅决定着射频识别系统工作原理(无论是电感耦合还是电磁耦合)、识别距离,还决定着电子标签及读写器实现的难易程度和系统成本。工作在不同频段或频点上的RFID系统具有不同的特点。其频率基本上划分为三个范围:低频、中高频、超高频或微波。

(1)低频段电子标签:简称为低频标签,其工作频率范围为$30\sim300kHz$,典型工作频率有125kHz和133kHz。低频标签一般为无源标签,其工作能量通过电感耦合方式从阅读器耦合线圈的辐射近场中获得。低频标签与阅读器之间传送数据时,标签必须位于阅读器天线辐射的近场区内,它的阅读距离一般情况下小于1m。低频标签的典型应用有动物识别、容器识别、工具识别、电子闭锁防盗等。

(2)中高频段电子标签:工作频率一般为$3\sim30MHz$。典型工作频率为13.56MHz。工作原理与低频标签相同,采用电感耦合方式。为了便于叙述,将其称为中频射频标签。中频标签一般也采用无源方式,其工作能量同低频标签一样,也是通过电感耦合方式从阅读器耦合线圈的辐射近场中获得。标签与阅读器进行数据交换时,标签必须位于阅读器天线辐射的近场区内,中频标签的阅读距离一般情况下也小于1m。中频标签可以方便地做成卡片状,因而广泛应用于电子车票、电子身份证、电子闭锁防盗、小区物业管理、大厦门禁系统等场合。

(3)超高频或微波频段电子标签:简称为微波电子标签,其典型工作频率为433.92MHz、915MHz、2.45GHz、5.8GHz。微波电子标签可分为有源标签与无源标签两类。工作时,电子标签位于阅读器天线辐射场的远场区内,标签与阅读器之间的耦合方式为电磁反向散射耦合方式。相应的射频识别系统阅读距离一般大于1m,典型的为$4\sim6m$,最大可达

10m 以上。阅读器天线一般均为定向天线,只有在阅读器天线定向波束范围内的电子标签可被读写。微波标签主要用于铁路车辆自动识别、集装箱识别,同时还可用于公路车辆识别与自动收费系统中。

为了解决 RFID 系统工作频率所造成的对特定物品(如高湿)识别效果差的问题,RFID 技术研发者们新近又开发出了将低频和高频两个频率集成到一枚芯片上的双频系统。

2. 按电子标签供电形式划分

依据电子标签工作所需能量的供给方式的不同,RFID 系统可分为无源、有源以及半有源系统。无源系统所使用的无源标签又称被动标签,标签自身不需要电源供电,而是通过阅读器发送的射频信号供电,它重量轻、体积小、寿命长、成本低廉,在工程实践中得到了广泛的应用。有源系统的标签使用标签内的电池来供电,系统识别距离较长,可达几十米,但其寿命有限并且成本较高。另外,由于标签内载电池,因此有源标签的体积较大,无法制成薄卡。半有源系统的标签也带有电池,但是此电池只起到激活系统的作用,标签一旦被阅读器激活,即无须标签内的电池供电,进入无源标签工作模式。

3. 按电子标签可读写性划分

根据电子标签内部使用的存储器类型的不同,电子标签可分为可读写(RW)标签、一次写入多次读出(WORM)标签和只读(RO)标签。RW 标签一般比 WORM 标签和 RO 标签成本高很多。

RO 标签内部只有只读存储器(Read Only Memory,ROM)和随机存储器(Random Access Memory,RAM)。ROM 用于存储发射器操作系统程序和安全性要求较高的数据,它与内部的处理器或逻辑处理单元完成内部的操作控制功能,如响应延迟时间控制、数据流控制以及电源开关控制等。只读标签中的 RAM 用于存储标签反应和数据传输过程中临时产生的数据。另外,只读标签中除了 ROM 和 RAM 外,一般还有缓冲存储器,用于暂时存储调制后等待天线发送的信息。

RW 标签内部的存储器除了 ROM、RAM 和缓冲存储器之外,还有可编程记忆存储器。这种存储器除了存储数据功能外,还具有在适当的条件下允许多次写入数据的功能。可编程记忆存储器有许多种,带电可擦除可编程只读存储器(EEPROM)是比较常用的一种,这种存储器在加电的情况下,可以实现对原有数据的擦除以及数据的重新写入。WORM 标签是用户可以一次性写入的标签,但写入后数据不能再改变。

4. 按数据通信方式划分

按数据在 RFID 阅读器与电子标签之间的通信方式,RFID 可以划分为三种:半双工系统、全双工系统、时序系统。

在半双工(HDX)系统中,从电子标签到阅读器的数据传输与阅读器到电子标签的数据传输是交替进行的。当频率在 300MHz 以下时常常使用负载调制的半双工法。与此相近的方式是来源于雷达技术的调制反射截面的方法。负载调制和调制反射截面直接影响由阅读器产生的磁场或电磁场,因此称作"谐波"处理法。

在全双工(FDX)系统中,数据在电子标签和阅读器之间的双向传输是同时进行的。其中电子标签发送数据,所用频率为阅读器的几分之一,即采用"分谐波",或是用一种完全独立的"非谐波"频率。

在时序(SEQ)系统中,从阅读器到电子标签的数据传输和能量供给与从电子标签到阅读器的数据传输在时间上是交叉进行的,即脉冲系统。

半双工与全双工两种方式的共同点是,从阅读器到电子标签的能量供给是连续的,与数据传输的方向无关,而与此相反,在使用时序系统的情况下,从阅读器到电子标签的能量供给总是在限定的时间间隔内进行,从电子标签到阅读器的数据传输是在电子标签的能量供给间歇时进行的。

2.4.2　RFID 技术特点

RFID 技术
特点

(1)非接触性,因此完成识别工作无须人工干预就能够实现自动化。

(2)数据量大,根据需要可传输除识别信息外的目标的身份信息、运行状态等。

(3)信息处理速度快,在某些应用场合可以达到几十个微秒。

(4)保密性高,未经允许几乎不能复制与修改数据。

(5)识别距离远,数据载体与阅读器之间最远距离可以达到数十米。

(6)具有很强的环境适应性,抗干扰能力强,可在全天候下使用,几乎不受污染与潮湿的影响,同时还避免了机械上的磨损。

(7)一种系统可以满足多用途的要求,可以实现多目标识别、运动目标识别。

(8)系统可靠性高,操作方便快捷。

2.4.3　RFID 系统组成

典型的 RFID 系统主要由阅读器、电子标签、RFID 中间件和应用系统软件四部分构成,如图 2-53 所示。下面我们对系统的各个组成部分分别做介绍。

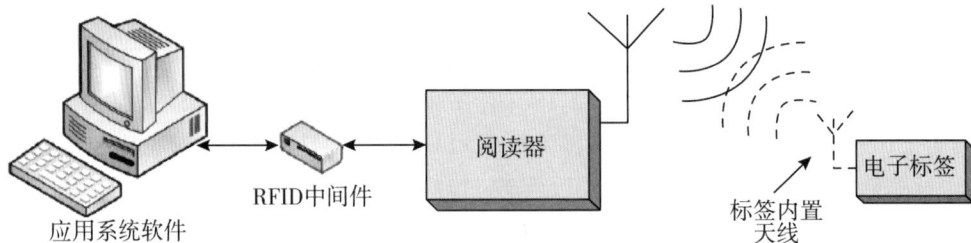

图 2-53　RFID 系统构成

1.阅读器

阅读器又称读头、读写器等,它在 RFID 系统中扮演着重要的角色,阅读器主要负责与电子标签的双向通信,同时接受来自主机系统的控制指令。阅读器的频率决定了 RFID 系统工作的频段,其功率决定了射频识别的有效距离。

阅读器根据使用的结构和技术不同可以是读或读/写装置,是 RFID 系统信息控制和处理中心。阅读器通常由射频接口模块、逻辑控制单元和天线三部分组成。

（1）射频接口模块：产生高频发射能量，激活电子标签并为其提供能量；对发射信号进行调制，用于将数据传输给电子标签；接收并调制来自电子标签的射频信号。在射频接口中有两个分隔开的信号通道，分别用于来往于电子标签与阅读器两个方向的数据传输。传送往电子标签的数据通过发射器分支通道，而来自电子标签的数据则通过接收器分支通道接收。

（2）逻辑控制单元也称为读写模块，完成下述任务：与应用系统软件进行通信，并执行从应用系统软件发送来的指令；控制与电子标签的通信过程；信号的编码与解码；对阅读器和标签之间传输的数据进行加密和解密；执行防冲突算法；对阅读器和标签之间的身份进行验证。

（3）天线：是一种能将接收到的电磁波转换为电流信号，或者将电流信号转换成电磁波的装置。在 RFID 系统中阅读器必须通过天线来发射能量，形成电磁场，通过电磁场来对电子标签进行识别，可以说阅读器上的天线所形成的电磁场范围就是阅读器的可读区域。

2.电子标签

电子标签（Electronic Tag），也称作智能标签（Smart Label），是指由 IC 芯片和无线通信天线组成的超微型的小标签，其内置的射频天线用于和阅读器进行通信。系统工作时，阅读器发出查询（能量）信号，电子标签（无源）收到查询（能量）信号后将其中一部分整流为直流电源供电子标签内的电路工作，另一部分能量信号被电子标签内保存的数据信息调制后反射回阅读器。

电子标签是射频识别系统真正的数据载体，根据其应用场合的不同表现为不同的应用形态，如在动物跟踪和追踪领域中称为动物标签或动物追踪标签、电子狗牌；在不停车收费或车辆出入管理等车辆自动识别领域中称为车辆远距离 IC 卡、车辆远距离射频卡或电子牌照；在访问控制领域中称为门禁卡或一卡通。电子标签的内部结构如图 2-54 所示。

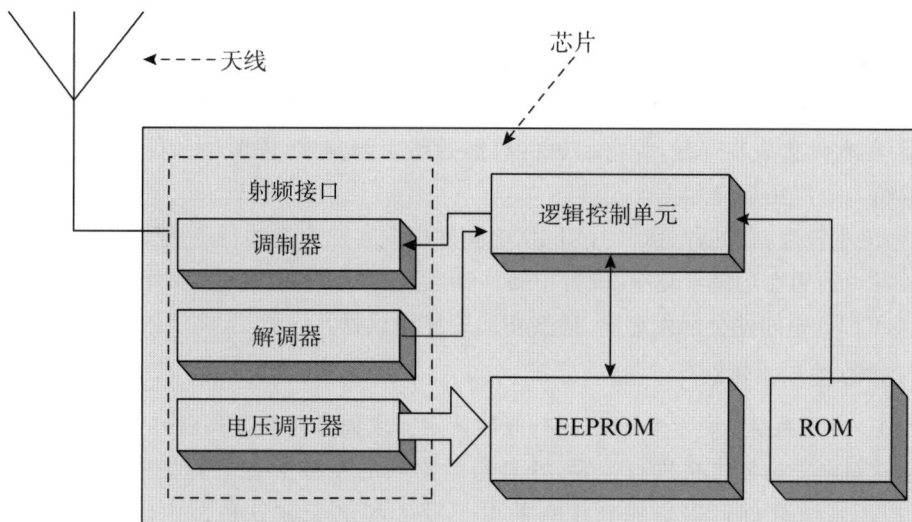

图 2-54　电子标签内部结构

各模块功能如下所述：

(1)天线：用来接收由阅读器送过来的信号，并把所要求的数据送回给阅读器。

(2)电压调节器：把由标签阅读器送过来的射频信号转换成 DC 电源，并经大电容储存能量，再经稳压电路以提供稳定的电源。

(3)调制器：逻辑控制电路所送出的数据经调制电路调制后加载到天线送给阅读器。

(4)解调器：把载波去除以取出真正的调制信号。

(5)逻辑控制单元：用来译码阅读器所送过来的信号，并依其要求回送数据给阅读器。

(6)存储单元：包括 EEPROM 与 ROM，作为系统运行及存放识别数据的位置。

3.RFID 中间件

中间件是一种独立的系统软件或服务程序，分布式应用软件借助这种软件在不同的技术之间共享资源。中间件位于客户机服务器的操作系统之上，管理计算资源和网络通信，扮演电子标签和应用程序之间的中介角色。从应用程序端使用中间件所提供的一组通用的应用程序接口(API)，即能连到 RFID 阅读器，读取电子标签数据。这样一来，即使存储电子标签信息的数据库软件或后端应用程序增加或改由其他软件取代，或者 RFID 阅读器种类增加等情况发生时，应用端无须修改也能处理，解决了多对多连接的维护复杂性问题。

RFID 中间件主要包括以下四个功能：

(1)阅读器协调控制：终端用户可以通过 RFID 中间件接口直接配置、监控以及发送指令给阅读器。例如，终端用户可以配置阅读器，使得当频率冲突发生时，阅读器自动关闭。一些 RFID 中间件开发商还提供了支持阅读器即插即用的功能，使得终端用户新添加不同类型的阅读器时不需要增加额外的程序代码。

(2)数据过滤与处理：当标签信息传输发生错误或有冗余数据产生时，RFID 中间件可以通过一定的算法纠正错误并过滤掉冗余数据。RFID 中间件可以避免不同的阅读器读取同一电子标签的冲突，确保了高于阅读器水平的数据准确性。

(3)数据路由与集成：RFID 中间件能够决定采集到的数据传递给哪一个应用。RFID 中间件可以与企业现有的企业资源计划(ERP)、客户关系管理(CRM)、仓储管理系统(WMS)等软件集成在一起，为它们提供数据的路由与集成，同时中间件还可以保存数据分批地给各个应用提交数据。

(4)进程管理：在进程管理中，RFID 中间件根据客户定制的任务负责数据的监控与事件的触发。例如在仓储管理中，设置中间件来监控货品库存的数量，当库存量低于设置的标准时，RFID 中间件会触发事件，通知相应的应用软件。

4.RFID 应用系统软件

RFID 应用系统软件是针对不同行业的特定需求而开发的应用软件，它可以有效地控制阅读器对电子标签信息进行读写，并且对收集到的目标信息进行集中的统计与处理。RFID 应用系统软件可以集成到现有的电子商务和电子政务平台中，与企业资源计划(ERP)、客户关系管理(CRM)以及供应链管理(SCM)等系统结合起来，从而提高生产效率。

2.4.4 RFID 系统工作原理

RFID 系统的基本工作原理是:阅读器通过发射天线发送特定频率下的射频信号,当电子标签进入有效工作区时,即由电磁感应产生感应电流,获得能量被激活工作,电子标签将自身编码信息通过内置射频天线发送出去;阅读器接收天线接收到从电子标签发来的调制信号,经天线调节器传送到阅读器信号处理模块,并经解调和解码后将有效信号送至后台主机进行相关处理;主机系统根据运算识别该电子标签的身份,针对不同的设定做出相应的处理,最终发出指令信号控制阅读器完成不同的读写操作。

从电子标签到阅读器之间的通信和能量感应方式分析,可以分为两类系统:电感耦合(Inductive Coupling)系统和电磁反向散射耦合(Backscatter Coupling)系统。电感耦合通过空间高频交变磁场实现耦合,依据的是电磁感应定律;电磁反向散射耦合为雷达原理模型,发射出去的电磁波碰到目标后反射,同时携带回目标信息,依据的是电磁波的空间传播规律。

电感耦合方式一般适合于中、低频近距离射频识别系统,典型的工作频率有:125kHz、225kHz 和 13.56MHz。利用电感耦合方式的识别系统工作距离一般小于 1m,典型的作用距离为 10～20cm。

电磁反向散射耦合方式一般适用于高频、微波工作的远距离射频识别系统,典型的工作频率有:433MHz、915MHz、2.45GHz 和 5.8GHz。识别作用距离大于 1m,其典型的作用距离为 4～6m。

1.电感耦合系统工作原理

RFID 的电感耦合工作方式对应于 ISO/IEC14443 协议。电感耦合电子标签是由一个电子数据作载体,通常是由单个微芯片以及用作天线用的大面积的线圈等组成。系统工作原理如图 2-55 所示,电感耦合方式的电子标签几乎都是无源工作的,在标签中的微芯片工作所需的全部能量由阅读器发送的感应电磁能提供。高频的强电磁场由阅读器的天线线圈产生,并穿越线圈横截面和线圈的周围空间,以使附近的电子标签产生电磁感应。因为使用的频率范围($f < 135kHz$ 时,$\lambda > 2222m$,$f = 13.56MHz$ 时,$\lambda = 22.1m$)内的波长比阅读器天线和电子标签天线之间的距离大好多倍(对于电感耦合工作方式的 RFID 系统的阅读器天线和电子标签天线之间的距离不超过 10cm),可以把电子标签到天线间的电磁场当作简单的交变磁场考虑。

(1)能量供应:阅读器天线线圈发射磁场,小部分磁力线穿过有一定距离的电子标签天线线圈。通过电磁感应在电子标签的天线线圈上产生一个电压 U,将其整流后作为微芯片的工作电源。电容器 C_r 与阅读器天线线圈并联,与发射天线线圈的电感一起形成并联谐振振荡回路,频率与阅读器发射频率相符,该回路的谐振使得阅读器的天线线圈产生较大的电流,可用于产生供远距离电子标签工作所需要的场强。电子标签的天线线圈和电容器 C_1 构成振荡回路,调谐到阅读器的发射频率。通过该回路的谐振,电子标签线圈上的电压 U 达到最大值。这两个线圈的结构也可以解释作变压器耦合机理,即两个线圈之间只存在弱耦合。阅读器的天线线圈与电子标签天线线圈之间的功率传输效率与工作

频率 f、电子标签线圈的匝数 n、被电子标签线圈包围的面积 A、两个线圈的相对角度以及它们之间的距离是呈一定关系的。随着频率的增加,所需的电子标签线圈的电感,表现为线圈匝数 n 的减少(135kHz:100～10000 匝,13.56MHz:3～10 匝)。因为电子标签中的感应电压是与频率成比例的,在较高频率的情况下,线圈匝数变少对功率传输效率几乎没有什么影响。

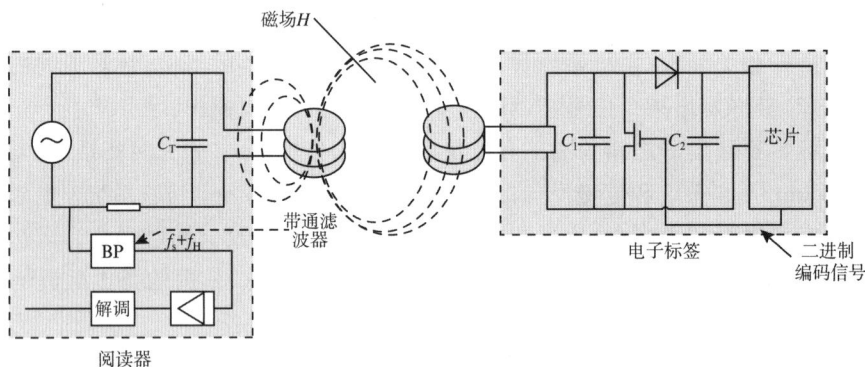

图 2-55 电感耦合系统工作原理

因为电感耦合系统的效率不高,所以只适用于低电流电路。只有功耗极低的只读电子标签(小于 135kHz)可用于 1m 以上的距离。具有写入功能和复杂安全算法的电子标签的功率消耗较大,因而一般的作用距离为 15cm。

(2)数据传输:电子标签与阅读器的数据传输采用负载调制,电感耦合是一种变压器耦合,即作为初级线圈的阅读器和作为次级线圈的电子标签之间的耦合。只要线圈之间的距离不超过 0.16λ,电子标签处于发送天线的近场范围内,变压器耦合就有效。如果把谐振的电子标签放入阅读器天线的交变磁场中,那么电子标签就可以从磁场获得能量。电子标签天线上的负载电阻的接通和断开促使阅读器天线上的电压发生变化,实现了用电子标签对天线电压进行振幅调制。而通过数据控制负载电压的接通和断开,这些数据就可以从标签传输到阅读器了。同时,为了在阅读器中回收数据,需要对在阅读器天线上测得的电压进行整流,即对经过振幅调制的信号进行解调。

另外,由于阅读器天线和电子标签天线之间的耦合很弱,阅读器天线上有用信号的电压波动比阅读器的输出电压小。在实践中,对 13.56MHz 的系统,天线电压(谐振时电压),只能得到大约 10mV 的有用信号。检测这些小电压的变化很不方便,所以可以采用天线电压振幅调制所产生的调制波边带。如果电子标签的附加负载电阻以很高的时钟频率 f_H 接通或断开,那么在阅读器发送频率 $f_s \pm f_H$($f_H < f_s$)的距离上将产生两条谱线,这样该信号就容易检测了,这种调制方式也称为副载波调制。而数据传输是在数据流中通过振幅键控(ASK)、频移键控(FSK)或相移键控(PSK)调制来完成的。

2.电磁反向散射系统工作原理

电磁波从天线向周围空间发射,会遇到不同的目标。到达目标的电磁能量的一部分被目标所吸收,另外部分以不同的强度散射到各个方向上。反射能量的一部分最终会返回发射天线,称为回波。在雷达技术中,用这种反射波测量目标的距离和方位。对 RFID

系统来说,可以采用电磁反向散射耦合的工作方式,利用电磁波反射完成从电子标签到阅读器的数据传输。这一般应用于 915MHz、2.45GHz 或更高频率的系统中。RFID 系统的电磁反向散射耦合工作方式对应于 ISO/IEC15693 协议,其系统工作原理如图 2-56 所示。

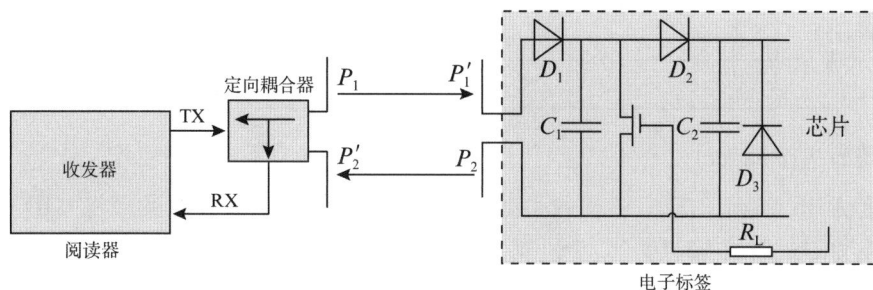

图 2-56　电磁反向散射系统工作原理

从阅读器天线发射出来的功率 P_1 经过自由空间的衰减后,其中的一小部分到达电子标签的天线。到达电子标签的功率作为高频电压在天线接口处使用,经二极管 D_1 和 D_2 整流后,可作为操作电压去改变芯片的工作方式。另外,到达电子标签的功率 P_1' 的一部分被天线反射,反射功率为 P_2,其返回能量为

$$P_2 = S\sigma = \frac{P_1 G}{4\pi R^2}\sigma \tag{2-28}$$

式中,S 是阅读器到达电子标签处的功率密度,σ 是电子标签的散射截面,P_1 是阅读器的发射功率,G 是发射天线的增益,R 是阅读器到电子标签之间的距离。

天线的反射性能会受连接到天线的负载变化的影响。为了从电子标签到阅读器传输数据,与天线并联的附加负载电阻 R_L 的接通和断开要和传输的数据流一致,从而完成对由电子标签反射的功率 P_2 振幅的调制。

由电子标签反射的功率 P_2 在空间自由辐射,其中的一部分被阅读器天线接收。反射信号以"相反的方向"进入阅读器的天线连接处,被定向耦合器解耦后,送到阅读器的接收入口,从而完成了阅读器与电子标签之间的数据传输。

2.4.5　RFID 中的产品电子代码体系结构

产品电子代码(Electronic Product Code,EPC)技术的核心思想是为每一个产品提供全球唯一的电子标识符(EPC):通过 RFID 技术完成数据的自动采集;电子标签上只存储 EPC 编码,而对应于 EPC 编码的解析通过与互联网相连的服务器来完成。将 EPC 编码与射频识别技术、互联网技术、无线通信技术、数据库技术相结合,可以构造成为 EPC 网络,使 RFID 技术在产品跟踪领域的应用更具实际可操作性。

当 EPC 标签被制造商附着到产品上,EPC 的生命周期由此开始,制造商在系统中记录产品信息(如生产日期、生产厂家、原料、产品说明、有效期等),并在数据库中建立产品和 EPC 编码的关联。

借用 EPC 架构,需要对 RFID 标签的内容按 EPC 标准进行定义与分配。如采用

EPC 体系编码规则 GID-96（通用识别代码编码）方式,代码总长度为 96bits,分为四段,见表 2-1。

表 2-1　GID-96 编码

编码头 （Header）	通用管理者代码 （General Manager Number）	物件类别码 （Object Class）	序列号 （Serial Number）
8 bits	28 bits	24 bits	36 bits

1.编码头（Header）

长度为 8bits,标识 EPC 代码的类型、长度、结构等信息。EPC 体系中将 GID-96 编码方式分配为二进制的 00110000,十进制数值为 48,以标识该编码格式为 GID-96。

2.通用管理者代码（General Manager Number）

标识企业、管理者或组织的代码段,长度为 28bits,代码内容由供应链物流跟踪系统统一分配。

3.物件类别码（Object Class）

用以区分不同种类的对象,长度为 24bits,这里所谓的类别可以是产品、零件、包装箱或者交通工具等。

4.序列号（Serial Number）

最后的 36bits,用来唯一地标识相同种类的不同对象。

因此,利用容量为 96bits 的 RFID 标签,以 GID－96 标准进行编码,系统就可以唯一地标识在系统中的对象。

思考题

1.简述传感器的原理及组成。

2.传感器性能指标有哪些?

3.传感器按被测量分类可分为哪几类? 常用测温传感器有哪些?

4.典型的力敏元件与力学传感器有哪些?

5.典型的光敏元件与光电传感器有哪些?

6.超声波反射式测距原理是什么?

7.无线传感器网络有什么特点?

8.简述无线传感器网络通信协议。

9.举例说明无线传感器网络的应用场景。

CHAPTER ③

第3章

物联网通信技术

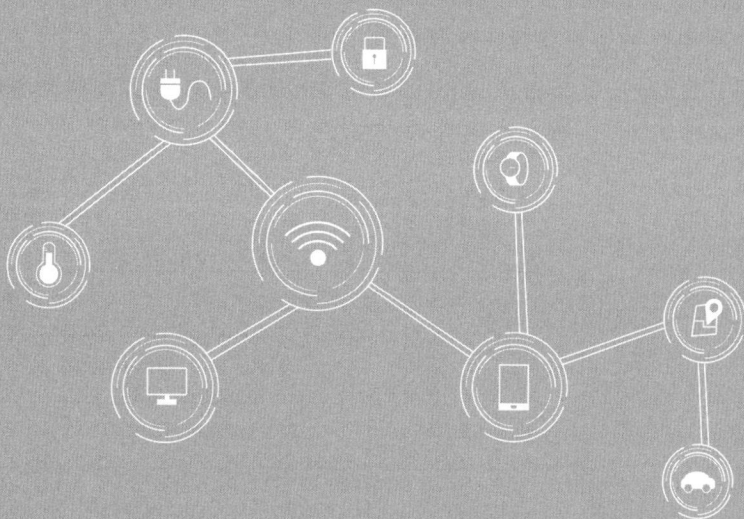

3.1 工业物联网总线与组网

3.1.1 PROFIBUS 现场总线与 IO-Link

工业物联网总线与组网

1.总线概述

PROFIBUS 是一种国际性的开放式现场总线标准,是唯一的全集成 H1(过程)和 H2(工厂自动化)现场总线解决方案。它不依赖于产品制造商,不同厂商生产的设备无须对其接口进行特别调整就可通信,因此,它被广泛应用于制造加工、楼宇和过程自动化等自动控制领域。它包括 3 个兼容版本,Profibus-DP(H2)、Profibus-FMS、Profibus-PA(H1)。DP 是经过优化的高速、廉价的通信接口,专为自动控制系统和设备级分散 I/O 之间通信设计,可取代 24V 或 0～20mA 并行信号线,也可用于分布式控制系统的高速数据传输。FMS 用于车间级通用性中等传输速度的循环和非循环通信,适用于传感器、执行器、PLC 等一般自动控制系统。PA 是专为过程自动化设计的标准本质安全传输技术,满足 IEC1158-2 中规定的通信规程,适用于安全性要求高以及由总线供电的场合。PROFIBUS 可使分散式数字化控制器从现场底层到车间级网络化,总线系统可分为主站和从站,主站决定总线的数据通信,从站仅对接收到的信息给予确认或当主站发出请求时向它发送信息。

2.PROFIBUS 的协议结构及存取协议

PROFIBUS 的协议结构是以 ISO 7498 国际标准化开发式互联网络(OSI)作为参考模型,具体结构如图 3-1 所示。

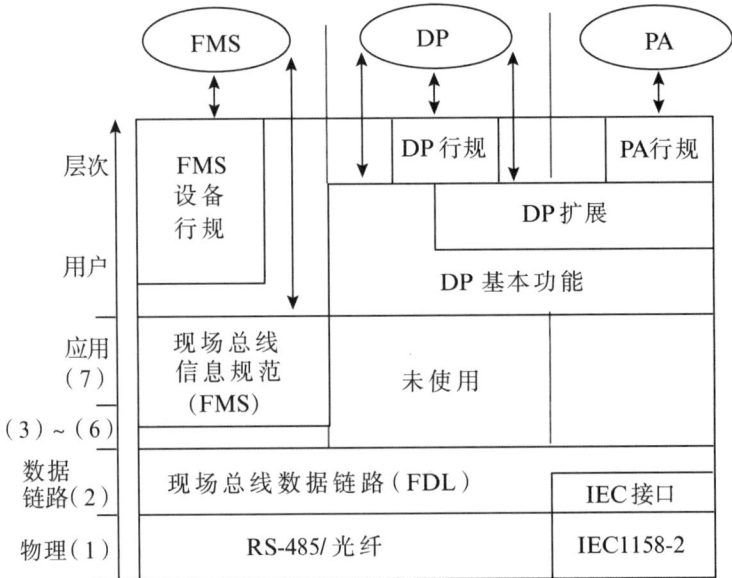

图 3-1 PROFIBUS 协议结构

PROFIBUS-DP 使用了第 1、2 层和用户接口,这样确保了数据传输快速和有效地进行,直接数据链路映像(DDLM)使用户接口易于进入第 2 层。PROFIBUS-FMS 对第 1、2、7 层均加以定义。应用层包括现场总线信息规范(FMS)和底层接口(LLI)。FMS 包括了应用协议并向用户提供可广泛选用的通信服务;LLI 协调不同通信关系并保证 FMS 不依赖设备访问数据链路层。数据链路层提供总线访问控制并保证数据的可靠性。PROFIBUS-PA 的数据传输采用扩展的 PROFIBUS-DP 协议,另外还使用了 PA 行规。这种传输技术可确保其安全性并可通过总线为现场设备供电。

三种 PROFIBUS(DP、FMS 和 PA)均使用一致的总线存取协议,该协议是通过 OSI 参考模型的第 2 层来实现的,它包括数据的可靠性以及传输协议和报文的处理。其总线存取协议如图 3-2 所示。

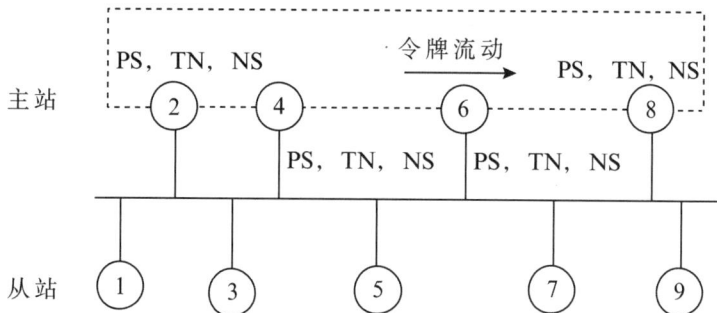

图 3-2 PROFIBUS 总线存取协议

在 PROFIBUS 中,第 2 层称为现场总线数据链路层(FDL),介质存取控制(MAC)具体控制数据传输的程序。MAC 必须确保在任一时刻只能有一个站点发送数据,PROFIBUS 总线存取协议包括主站之间的令牌传递方式和主站与从站之间的主从方式。在图 3-2 中,首先由 PROFIBUS 总线上的主站(不一定全部)组成逻辑环,让一个令牌在逻辑环中按一定方向依次流动。凡获得令牌的站就获得了总线的控制权,并获得批准的令牌持有时间,在这段时间内,该站就成为整个网络的主站,执行主站工作,可依照主—从关系表与所有从站通信,也可依照主—主关系表与所有主站通信,这就是所谓令牌控制主站浮动。根据这一定义,总线有三种控制方式:$N:M$ 方式(总线共有 M 个站,其中 N 个主站,$N<M$);$N:N$ 方式(共 N 个站,且都为主站);$1:N$ 方式(共 N 个站,1 个主站)。图 3-2 中,PS 为前站地址,TS 为本站地址,NS 为下站地址。

令牌环是所有主站的组织链,按照它们的地址构成逻辑环。在这个环中,令牌(总线存取权)在规定的时间内按照次序(地址的升序)在各主站中依次传递。在总线系统初建时,主站介质存取控制制定总线上的站点分配并建立逻辑环。在总线运行期间,断电或损坏的主站必须从环中删除,新上电的主站必须加入逻辑环。总线存取控制保证令牌按地址升序依次在各主站间传送,各主站的令牌保持时间长短取决于该令牌配置的循环时间。另外,PROFIBUS 介质存取控制还可监测传输介质及收发器是否有故障,检查站点地址是否出错(如地址重复)以及令牌错误(如多个令牌或令牌丢失)。下面重点介绍令牌在逻辑环中的传递和逻辑环的维护。

（1）令牌的传递

在逻辑环中的每一个站内都存放着一张 LAS 表，在 LAS 表中列出 PS、TS、NS。在正常情况下，每一个站都按 LAS 表进行令牌传递。对于具体某个站而言，令牌一定是从它的 PS 中传来，传到它的 NS 中去，图 3-2 中各站的 LAS 表如表 3-1 所示。

当一个站把令牌传递给自己的下一个站后，它还应当监听一个时间片（Slot time），看下一站是否收到令牌。当下一站收到令牌，无论是发送数据还是再向它的下一站传递令牌，都将在帧的 SA 段填入监听站的 NS。若监听不到则再次向自己的 NS 发令牌，若连试两次仍收不到 SA 等于自己 NS 的帧，则表明自己的下一站 NS 出了故障。于是此站应向下下一站传递令牌。若找到新的下一站，则令牌绕过故障站继续流动；若失败，则再向下找一站。如果一直没有找到下一站，则表明现有令牌持有站是逻辑环上唯一的站，必须重新建立逻辑环。

表 3-1　PROFIBUS 的 LAS 表

TS	2		PS	2			2		NS	2
NS	4		TS	4		PS	4			4
	6		NS	6		TS	6		PS	6
PS	8			8		NS	8		TS	8
结束			结束			结束			结束	

站 2 LAS 表　　　　站 4 LAS 表　　　　站 6 LAS 表　　　　站 8 LAS 表

（2）逻辑环的建立

PROFIBUS 协议首先人为设定逻辑环中地址最小的主站为环首，环首首先自己给自己发一令牌帧，这一特殊的令牌帧用来通知其他主站要开始建立逻辑环了，然后环首用"Request FDL Status"，按地址增大顺序发给自己的下一站。若下一站用"Not Ready"或者"Passive"应答，则环首把此站地址登记到 GAPL 表中；若下一站用"Ready for the Logical ring"应答，则环首把此站地址登记到 LAS 表中，这样逻辑环就建立起来了。

（3）站的增减

在逻辑环上的站，必须在 LAS 表上登记增加的新站或者删去退出的站，同时 LAS 表随着站的增减而变化。在逻辑环上从本站到自己的下站这段地址空间叫 GAP。GAP 的状态表叫 GAPL 表。逻辑环上的每个站都要对自己的 GAP 进行检查，如果主站退出逻辑环，则相应的 GAPL 表应相应修改。例如图 3-2 中主站 4 退出逻辑环，则站 2 的 GAPL 表变成表 3-2 的形式。逻辑环中主站的增减是通过周期性询问 GAP 后，对 LAS 以及 GAPL 表修改实现的。

表 3-2　站 2 的 GAPL 表

3	Passive
4	——?——
5	Passive
	结束

（4）主从方式的优先级调度

在 PROFIBUS 总线协议中，一旦某主站获得了令牌，它就按主从方式控制和管理全网，并按优先级进行调度。首先进行逻辑环维护，这段时间不计入令牌持有时间。然后处理高优先级任务，最后处理低优先级任务。高优先级服务即使超过了令牌持有时间，也应全部处理完。在处理完高优先级任务后，再根据所剩的令牌持有时间对低优先级任务进行调度。优先级的高低是由主站提出通信要求，用户可进行选择的，选择高服务优先级，则该任务为高优先级任务；反之为低优先级任务。这类由主站随机提出的通信任务，采用非周期发送请求方式传输数据。通信任务是由用户预先在每个主站中输入一张轮询表（Polling list），该表定义了此主站获得令牌后应轮询的从站及其他主站，并规定此主站与轮询表中各站按周期发送/请求方式传输数据。对于这类任务，PROFIBUS 一律按低优先级任务调度，即当处理完高优先级任务后，如果剩有令牌持有时间，则安排轮询表规定的任务，按照轮询表规定的顺序，在令牌持有时间内，采用周期发送/请求方式向各站发送数据，并要求立即给予带数据的应答。

3.DL 帧的组成结构

PROFIBUS 协议结构中 FDL 帧由异步格式的字符组成，字符格式为 11 位，即一个起始位，8 个数据位，一个偶校验位，一个停止位，其组成结构如图 3-3 所示。

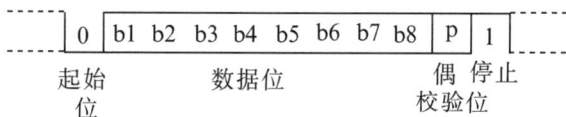

图 3-3　异步格式的字符组成

FDL 帧的格式总共有三种：①不带数据且长度固定的帧，它包括请求帧、应答帧、简短应答帧。②带数据且长度固定的帧，它包括发送/请求帧、响应帧。③数据段长度可变的帧。本文重点介绍这种帧的结构。它包括三种帧：

发送/请求帧，其结构如下所示，其中 $L=4\sim249$bit

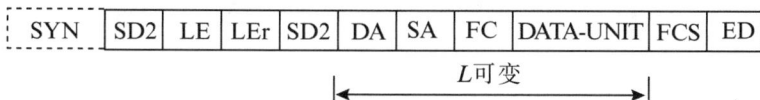

响应帧，其结构如下：

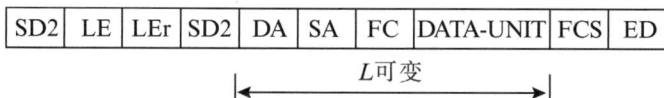

令牌帧,其结构如下:

SYN	SD4	DA	SA

上述帧结构中,SYN 为同步字段,只在请求帧和令牌帧前出现,不允许在字符之间出现;SD2 为开始界定符,10H;SD4 为开始界定符,DCH;LE 和 LEr 都表示长度占一个字节,它是 DA＋SA＋FC＋DATA－UNIT 的字节数的总和;FCS 校验段,占一个字节;DA 为目的站地址,SA 为源站地址;DA 和 SA 各占一个字节,其格式如下:

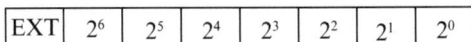

EXT	2^6	2^5	2^4	2^3	2^2	2^1	2^0

地址中 EXT 为扩展位,EXT＝0 表示不扩展,EXT＝1 表示地址扩展,扩展形式如下:

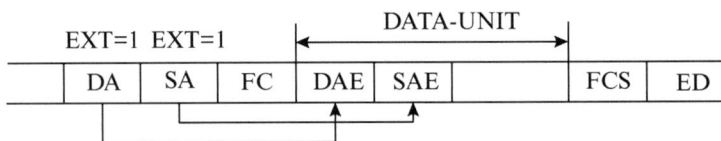

当 DA 的 EXT＝1 时,其扩展地址为 DAE;当 SA 的 EXT＝1 时,其扩展地址为 SAE。DAE 和 SAE 的格式如下:

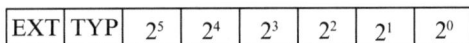

EXT	TYP	2^5	2^4	2^3	2^2	2^1	2^0

其中 EXT 为附加地址扩展标示符;TYP＝0 时,DAE 和 SAE 为服务访问点地址 SSAP 及 DSAP;当 TYP＝1 时,DAE 和 SAE 为带桥的多级总线段地址。当 TYP＝0 时,令牌持有站与其下一站的连接如图 3-4 所示。DAE 中的 DSAP 为目的服务访问站地址,SAE 中的 SSAP 为源服务访问站(即令牌持有站)地址,DA 为目的站地址,SA 为源站地址,组成两级地址,并建立连接,为数据传输服务。

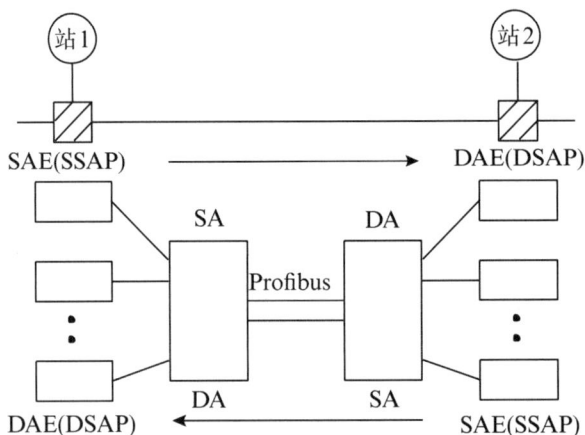

图 3-4 两个主站连接的建立

FC 帧控制段,帧控制段是最关键的字段,其格式如下:

b8	b7	b6	b5	b4	b3	b2	b1
Res	帧类型	FCB	FCV	功	能		码
		Stn类型					

其中 b8 为 Res,表示预留位;b7 为帧类型,b7＝1 表示发送/请求帧,b7＝0 表示响应帧;此时 b6b5 作 Stn 类型,即表示站类型及 FDL 状态,如 b6b5＝00,表示从站;b6b5＝01 表示主站未准备好;b6b5＝10 表示主站准备进入逻辑环;b6b5＝11 表示该站已是逻辑环上的主站。当 b7＝1 时,b6b5 表示 FCB 与 FCV,FCB 位为帧计数位,0/1 交错。FCV＝1 表示帧计数位有效。FCB 位与 FCV 位联合使用以防帧丢失或帧重叠。

4 IO-Link 与车间级监控

IO-Link 是一个动态的新开放协议标准,在点对点串口通信中获得更大应用。它是 2008 年由西门子研发并开始投用。它的目标是工业 4.0 智能化生产,特别适合与执行器和传感器的通信,见图 3-5,可实现现场设备到车间级监控的分散式数字控制和现场通信网络,从而实现工厂综合自动化和现场设备智能化。

每一个 IO-Link 设备都要连接到 IO-Link 主管的一个通道上,因此,IO-Link 是一种点对点的通信协议,而不是一种总线协议。IO-Link 设备分为传感器和执行器两种:传感器通常是 M12 的四针接口;执行器通常是 M12 的五针接口。

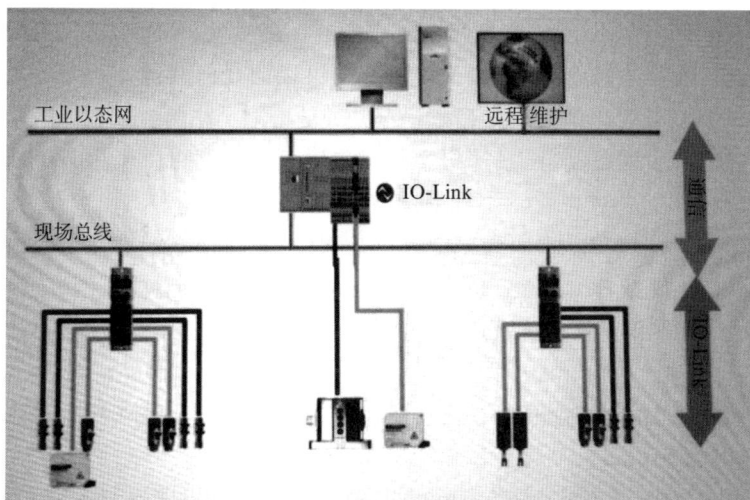

图 3-5　智能工厂车间级监控

PLC 和传感器制造商联合在一起组成国际联盟共同推进 IO-Link 通信。实际上,小型网络更适合驱动智能工厂。在大多数 IO-Link 工厂网络架构中,数据将从智能设备流出,通过 IO-Link 到 PLC。因此,制造商必须解决的一个大问题是,他们如何获得主动的诊断数据,并在空闲时间进行维护管理和安排维修以防止停机。

3.1.2　CAN 总线

CAN(Controller Area Network)是 ISO 国际标准化的串行通信协议。早期源于汽车行业对安全性、舒适性、低成本等的要求,各种各样的电子控制系统被开发了出来。各系统之间通信所用的数据类型及对可靠性的要求不尽相同,由多条总线构成的情况很多,线束的数量也随之增加。

为"减少线束的数量,通过多个 LAN 进行大量数据的高速通信"的需要,1986 年德国电气商 Bosch 公司开发出面向汽车的 CAN 通信协议。此后，CAN 通过 ISO 11898 及 ISO 11519 进行了标准化。

1.CAN 总线工作原理

CAN 总线使用串行数据传输方式，且总线协议支持多主控制器。当 CAN 总线上的一个节点(站)发送数据时，它以报文形式广播给网络中所有节点。

每组报文开头的 11 位字符为标识符，定义了报文的优先级，这种报文格式称为面向内容的编址方案。在同一系统中标识符是唯一的，不可能有两个站发送具有相同标识符的报文。当几个站同时竞争总线读取时，这种配置就十分重要了。

当一个站要向其他站发送数据时，该站的 CPU 将要发送的数据和自己的标识符传送给本站的 CAN 芯片，并处于准备状态；当它收到总线分配时，转为发送报文状态。

CAN 芯片将数据根据协议组织成一定的报文格式发出，这时网上的其他站处于接收状态。每个处于接收状态的站对接收到的报文进行检测，判断这些报文是否是发给自己的，以确定是否接收它。

2.CAN 的主要特点

(1)数据通信没有主从之分，任意一个节点都可以向任何其他(一个或多个)节点发起数据通信，靠各个节点信息优先级先后顺序来决定通信次序。

(2)支持时间触发通信功能，发送报文的优先级可软件配置。多个节点同时发起通信时，优先级低的避让优先级高的，不会对通信线路造成拥塞。

(3)CAN 是一种多主总线，通信介质可以是双绞线、同轴电缆或光导纤维。通信距离最远可达 10km(速率低于 5Kbps)，速率可达到 1Mbps(通信距离小于 40m)。

(4)CAN 总线采用了多主竞争式总线结构，具有多主站运行和分散仲裁的串行总线以及广播通信的特点。

(5)FIFO(First Input First Output)，即先进先出队列，溢出处理方式可配置。

3.CAN 总线的拓扑结构

CAN 总线的拓扑结构如图 3-6 所示。

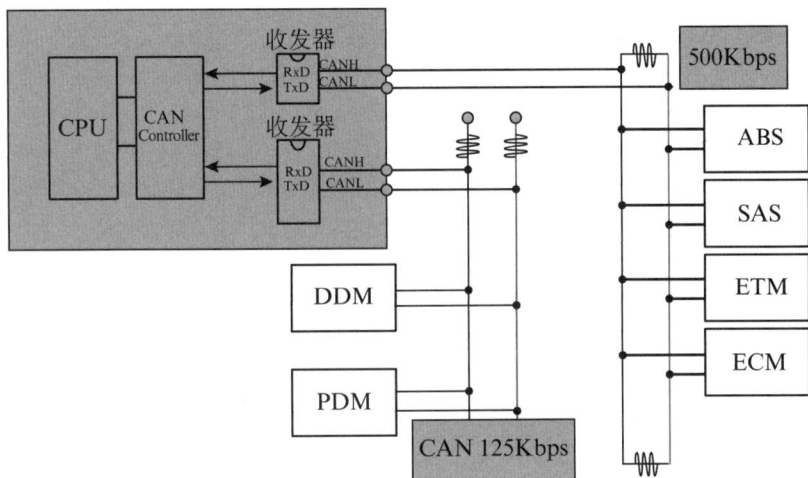

图 3-6　CAN 总线的拓扑结构

4. CAN 总线协议

CAN 总线的物理层是将 ECU 连接至总线的驱动电路。ECU 的总数将受限于总线上的电气负荷。物理层定义了物理数据在总线上各节点间的传输过程，主要是连接介质、线路电气特性、数据的编码/解码、位定时和同步的实施标准。

（1）总线竞争的原则

BOSCH CAN 基本上没有对物理层进行定义，但基于 CAN 的 ISO 标准对物理层进行了定义。设计一个 CAN 系统时，物理层具有很大的选择余地，但必须保证 CAN 协议中媒体访问层非破坏性位仲裁的要求，即出现总线竞争时，具有较高优先权的报文获取总线竞争的原则，所以要求物理层必须支持 CAN 总线中隐性位和显性位的状态特征。在没有发送显性位时，总线处于隐性状态；当有一个或多个节点发送显性位，显性位覆盖隐性位，使总线处于显性状态。

在此基础上，物理层主要取决于传输速度的要求。在 CAN 中，物理层从结构上可分为三层：分别是物理信号（Physical Layer Signaling，PLS）层、物理介质附件（Physical Media Attachment，PMA）层和介质从属接口（Media Dependent：Inter-face，MDI）层。其中 PLS 连同数据链路层功能由 CAN 控制器完成，PMA 层功能由 CAN 收发器完成，MDI 层定义了电缆和连接器的特性。目前也有支持 CAN 的微处理器内部集成了 CAN 控制器和收发器电路，如 MC68HC908GZl6。PMA 和 MDI 两层有很多不同的国际或国家或行业标准，也可自行定义。

（2）节点数量

CAN 网络上的节点不分主从，任一节点均可在任意时刻主动地向网络上其他节点发送信息，通信方式灵活，利用这一特点可方便地构成多机备份系统，CAN 只需通过报文滤波即可实现点对点、一点对多点及全局广播等几种方式传送接收数据，无须专门的"调度"。CAN 上的节点数主要决定于总线驱动电路，目前可达 110 个；报文标识符可达 2032 种（CAN2.0A），而扩展标准（CAN2.0B）的报文标识符几乎不受限制。

（3）CAN 的数据链路层

CAN 的数据链路层是其核心内容，其中逻辑链路控制（Logical Link control，LLC）完成过滤、过载通知和管理恢复等功能，媒体访问控制（Medium Access control，MAC）子层完成数据打包/解包、帧编码、媒体访问管理、错误检测、错误信令、应答、串并转换等功能。这些功能都是围绕信息帧传送过程展开的。

5. CAN 应用领域

CAN 总线适用于大数据量短距离或者长距离小数据量通信，实时性要求比较高，适合多主多从或者各个节点平等的现场中使用。目前被广泛应用于工业自动化、船舶、医疗设备、工业设备等领域。

3.1.3 TCP/IP 及工业以太网

网络中的计算机与终端间要想正确地传送信息和数据，就必须在数据传输的顺序、数据的格式及内容等方面有一个约定或规则,这种约定或规则称作协议。

大多数的计算机网络都采用层次式结构,即将一个计算机网络分为若干层次,处在高层次的系统仅是利用较低层次的系统提供的接口和功能,不需要了解低层实现该功能所采用的算法和协议;较低层次也仅是使用从高层系统传送来的参数,这就是层次间的无关性。因为有了这种无关性,层次间的每个模块可以用一个新的模块取代,只要新的模块与旧的模块具有相同的功能和接口,即使它们使用的算法和协议都不一样也不影响。

分层优点:①人们可以很容易地讨论和学习协议的规范细节。②层间的标准接口方便了工程模块化。③创建了一个更好的互连环境。④降低了复杂度,使程序更容易修改,产品开发的速度更快。⑤每层利用紧邻的下层服务,更容易记住各层的功能。

1.OSI 模型

国际标准化组织 ISO 于 1981 年正式推荐了一个网络系统结构——七层参考模型,叫作开放系统互连模型(Open System Interconnection,OSI)。由于这个标准模型的建立,使得各种计算机网络向它靠拢,大大推动了网络通信的发展。

OSI 是一个开放性的通信系统互连参考模型,见图 3-7,它是一个定义得非常好的协议规范。OSI 模型有 7 层结构,每层都可以有几个子层。OSI 从上到下分别是 7 应用层、6 表示层、5 会话层、4 传输层、3 网络层、2 数据链路层、1 物理层;其中高层(即 7、6、5、4 层)定义了应用程序的功能,下面 3 层(即 3、2、1 层)主要面向通过网络的端到端,点到点的数据流。

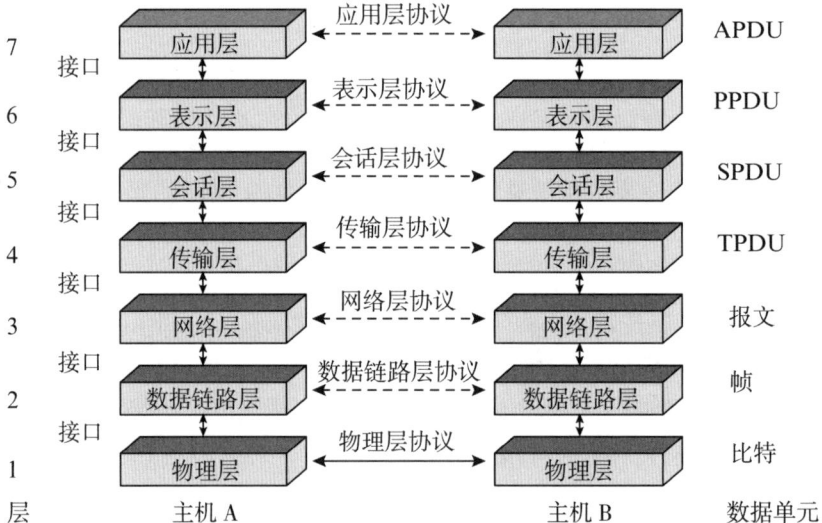

图 3-7 OSI 模型七层协议

(1)物理层:OSI 的物理层规范是有关传输介质的特性,这些规范通常也参考了其他组织制定的标准。连接头、帧、帧的使用、电流、编码及光调制等都属于各种物理层规范中的内容。物理层常用多个规范完成对所有细节的定义。示例:Rj45、802.3 等。

(2)数据链路层:它定义了在单个链路上如何传输数据。这些协议与被讨论的各种介质有关。示例:ATM、FDDI 等。

（3）网络层：这层对端到端的包传输进行定义，它定义了能够标识所有节点的逻辑地址，还定义了路由实现的方式和学习的方式。为了适应最大传输单元长度小于包长度的传输介质，网络层还定义了如何将一个包分解成更小的包的分段方法。示例：IP、PX 等。

（4）传输层：这层的功能包括是选择差错恢复协议还是无差错恢复协议，及在同一主机上对不同应用的数据流的输入进行复用，还包括对收到的顺序不对的数据包进行重新排序。示例：TCP、UDP、SPX。

（5）会话层：它定义了如何开始、控制和结束一个会话，包括对多个双向消息的控制和管理，以便在只完成连续消息的一部分时可以通知应用，从而使表示层看到的数据是连续的，在某些情况下，如果表示层收到了所有的数据，则用数据代表表示层。示例：RPC、SQL 等。

（6）表示层：这一层的主要功能是定义数据格式及加密。例如，FTP 允许你选择以二进制或 ASCII 格式传输。如果选择二进制，那么发送方和接收方不改变文件的内容。如果选择 ASCII 格式，发送方将把文本从发送方的字符集转换成标准的 ASCII 后发送数据。在接收方将标准的 ASCII 转换成接收方计算机的字符集。示例：加密、ASCII 等。

（7）应用层：与其他计算机进行通信的一个应用，它是对应于应用程序的通信服务。例如，一个没有通信功能的字处理程序就不能执行通信的代码，从事字处理工作的程序员也不关心 OSI 的第 7 层。但是，如果添加了一个传输文件的选项，那么字处理器的程序就需要实现 OSI 的第 7 层。示例：TELNET、HTTP、FTP、NFS、SMTP 等。

2. TCP/IP 模型

TCP/IP 传输协议，即传输控制/网络协议，也叫作网络通信协议。它是在网络的使用中的最基本的通信协议。TCP/IP 传输协议对互联网中各部分进行通信的标准和方法进行了规定。并且 TCP/IP 传输协议是保证网络数据信息及时、完整传输的两个重要的协议。TCP/IP 传输协议严格来说是一个四层的体系结构，应用层、传输层、网络层和数据链路层都包含其中。

TCP/IP 协议是 Internet 最基本的协议，见图 3-8，其中应用层的主要协议有 Telnet、FTP、SMTP 等，是用来接收来自传输层的数据或者按不同应用要求与方式将数据传输至传输层；传输层的主要协议有 UDP、TCP，是使用者使用平台和计算机信息网内部数据结合的通道，可以实现数据传输与数据共享；网络层的主要协议有 ICMP、IP、IGMP，主要负责网络中数据包的传送等；而网络访问层，也叫网络接口层或数据链路层，主要协议有 ARP、RARP，主要功能是提供链路管理错误检测、对不同通信媒介有关信息细节问题进行有效处理等。

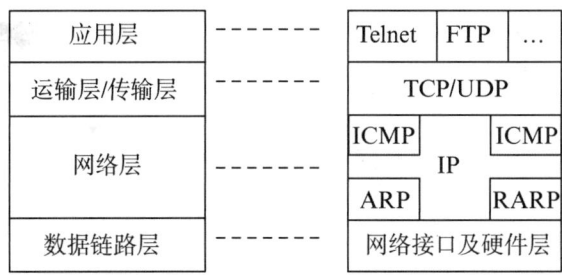

图 3-8　TCP/IP 模型

在网络通信的过程中,将发出数据的主机称为源主机,接收数据的主机称为目的主机。当源主机发出数据时,数据在源主机中从上层向下层传送。源主机中的应用进程先将数据交给应用层,应用层加上必要的控制信息就成了报文流,向下传给传输层。传输层将收到的数据单元加上本层的控制信息,形成报文段、数据报,再交给网际层。网际层加上本层的控制信息,形成 IP 数据报,传给网络接口层。网络接口层将网际层交下来的 IP 数据报组装成帧,并以比特流的形式传给网络硬件(即物理层),数据就离开源主机。

(1)链路层:以太网协议规定,接入网络的设备都必须安装网络适配器,即网卡,数据包必须是从一块网卡传送到另一块网卡。而网卡地址就是数据包的发送地址和接收地址,有了 MAC 地址以后,以太网采用广播形式,把数据包发给该子网内所有主机,子网内每台主机在接收到这个包以后,都会读取首部里的目标 MAC 地址,然后和自己的 MAC 地址进行对比,如果相同就做下一步处理,如果不同,就丢弃这个包。

所以链路层的主要工作就是对电信号进行分组并形成具有特定意义的数据帧,然后以广播的形式通过物理介质发送给接收方。

(2)网络层

①IP 协议。网络层引入了 IP 协议,制定了一套新地址,使得我们能够区分两台主机是否同属一个网络,这套地址就是网络地址,也就是所谓的 IP 地址。IP 协议将这个 32 位的地址分为两部分,前面部分代表网络地址,后面部分表示该主机在局域网中的地址。如果两个 IP 地址在同一个子网内,则网络地址一定相同。为了判断 IP 地址中的网络地址,IP 协议还引入了子网掩码,IP 地址和子网掩码通过按位与运算后就可以得到网络地址。

②ARP 协议。即地址解析协议,是根据 IP 地址获取 MAC 地址的一个网络层协议。其工作原理如下:ARP 首先会发起一个请求数据包,数据包的首部包含了目标主机的 IP 地址,然后这个数据包会在链路层进行再次包装,生成以太网数据包,最终由以太网广播给子网内的所有主机,每一台主机都会接收到这个数据包,并取出标头里的 IP 地址,然后和自己的 IP 地址进行比较,如果相同就返回自己的 MAC 地址,如果不同就丢弃该数据包。ARP 接收返回消息,以此确定目标机的 MAC 地址;与此同时,ARP 还会将返回的 MAC 地址与对应的 IP 地址存入本机 ARP 缓存中并保留一定时间,下次请求时直接查询 ARP 缓存以节约资源。

③路由协议。首先通过 IP 协议来判断两台主机是否在同一个子网中,如果在同一个子网,就通过 ARP 协议查询对应的 MAC 地址,然后以广播的形式向该子网内的主机发送数据包;如果不在同一个子网,以太网会将该数据包转发给本子网的网关进行路由。网关是互联网上子网与子网之间的桥梁,所以网关会进行多次转发,最终将该数据包转发到目标 IP 所在的子网中,然后通过 ARP 获取目标机 MAC,最终也是通过广播形式将数据包发送给接收方。而完成这个路由协议的物理设备就是路由器,路由器扮演着交通枢纽的角色,它会根据信道情况,选择并设定路由,以最佳路径来转发数据包。

所以,网络层的主要工作是定义网络地址、区分网段、子网内 MAC 寻址、对于不同子网的数据包进行路由。

（3）传输层

链路层定义了主机的身份，即 MAC 地址，而网络层定义了 IP 地址，明确了主机所在的网段，有了这两个地址，数据包就从可以从一个主机发送到另一台主机。但实际上数据包是从一个主机的某个应用程序发出，然后由对方主机的应用程序接收。而每台电脑都有可能同时运行着很多个应用程序，所以当数据包被发送到主机上以后，就无法确定哪个应用程序要接收这个包。因此，为了给每个应用程序标识身份，传输层引入了 UDP 协议来解决这个问题。

①UDP 协议。UDP 协议定义了端口，同一个主机上的每个应用程序都需要指定唯一的端口号，并且规定网络中传输的数据包必须加上端口信息，当数据包到达主机以后，就可以根据端口号找到对应的应用程序了。UDP 协议比较简单，实现容易，但它没有确认机制，数据包一旦发出，无法知道对方是否收到，因此可靠性较差，为了解决这个问题，提高网络可靠性，TCP 协议就诞生了。

②TCP 协议。TCP 即传输控制协议，是一种面向连接的、可靠的、基于字节流的通信协议。简单来说，TCP 就是有确认机制的 UDP 协议，每发出一个数据包都要求确认，如果有一个数据包丢失，就收不到确认，发送方就必须重发这个数据包。为了保证传输的可靠性，TCP 协议在 UDP 基础之上建立了三次对话的确认机制，即在正式收发数据前，必须和对方建立可靠的连接。TCP 数据包和 UDP 一样，都是由首部和数据两部分组成，唯一不同的是，TCP 数据包没有长度限制，理论上可以无限长，但是为了保证网络的效率，通常 TCP 数据包的长度不会超过 IP 数据包的长度，以确保单个 TCP 数据包不必再分割。

传输层的主要工作是定义端口，标识应用程序身份，实现端口到端口的通信，TCP 协议可以保证数据传输的可靠性。

（4）应用层

理论上讲，有了以上三层协议的支持，数据已经可以从一个主机上的应用程序传输到另一台主机的应用程序了，但此时传过来的数据是字节流，不能很好地被程序识别，操作性差，因此，应用层定义了各种各样的协议来规范数据格式，常见的有 http、ftp、smtp 等。在请求 Header 中，分别定义了请求数据格式 Accept 和响应数据格式 Content-Type，有了这个规范以后，当对方接收到请求以后就知道该用什么格式来解析，然后对请求进行处理，最后按照请求方要求的格式将数据返回，请求端接收到响应后，就按照规定的格式进行解读。所以应用层的主要工作就是定义数据格式并按照对应的格式解读数据。

3.工业以太网技术

现场总线一般应用于低速的大规模联网，常用的硬件接口为 POWERBUS、RS485、CAN 等，常用的软件为 MODBUS 或者自拟的简单应答轮训式，联网成本低。工业以太网一般用 TCP/IP 协议，常见的硬件接口为网口，联网成本高。

简单来说，现场总线也就是最接近生产工具（机床、电机等）的控制设备，这些设备的控制通常是由继电器、PLC 和变频器等来控制的，它们通常走的协议是 232、485 和 CC-Link 等。而工业以太网则是一种传输数据的方式。即现场总线主要是用于控制，以太网只是为了传输数据。

如果要把现场总线的数据进行分析或人工干预的话,那么在现场总线与工业以太网之间加一个网关(通常是一个串口服务器之类的物品),这样现场总线的数据就可以进入以太网了,然后就可以和电脑进行通信了。

工业以太网就是用在工业上的以太网,总的来说,以太网是使用 TCP/IP 协议的。

在现场总线协议当中,为了提高传输效率,一般只定义七层协议中的物理层、数据链层和应用层。为与以太网融合,通常在数据包前加入 IP 地址,并通过 TCP 来进行数据传输。其实以太网就是现场总线,就好比总线的各种协议一样。工业以太网拥有的优势是:

(1)可以满足控制系统各个层次的要求,使企业信息网络与控制网络得以统一。

(2)设备成本下降,以太网卡的价格是总线网络接口卡的 1/10。

(3)以太网很容易和 Internet 集成;

采用以太网作为现场总线,拥有速度快、开发技术支持广泛(如 Java、VC、VB 等)、硬件升级范围广而且价格低廉的优势。

3.2 短距离无线通信技术

3.2.1 蓝牙技术

1. 蓝牙技术概述

蓝牙是一种支持设备短距离通信(一般是 10m 之内)的无线电技术。它能在包括移动电话、PDA、无线耳机、笔记本电脑及相关外设等众多设备之间进行无线信息交换。蓝牙的标准是 IEEE 802.15,工作在 2.4GHz 频带,带宽为 1Mb/s。

"蓝牙"(Blue tooth)原是一位在 10 世纪统一丹麦的国王,用他的名字来命名这种新的技术标准,含有将四分五裂的局面统一起来的意思。蓝牙技术使用高速跳频(Frequency Hopping,FH)和时分多址(Time Division Multiple Access,TDMA)等先进技术,在近距离内最廉价地将几台数字化设备(各种移动设备、固定通信设备、计算机及其终端设备、各种数字数据系统,如数字照相机、数字摄像机等,甚至各种家用电器、自动化设备)呈网状链接起来。蓝牙技术将是网络中各种外围设备接口的统一桥梁,它消除了设备之间的连线,取而代之以无线连接。

2. 蓝牙系统组成及工作原理

(1)蓝牙系统组成

蓝牙系统由天线单元、链路控制(硬件)单元、链路管理(软件)单元和软件结构(协议栈)4 个单元组成。蓝牙系统各单元的连接关系如图 3-9 所示。

①天线单元。蓝牙天线体积十分小巧、重量轻,属于微带天线。空中接口是建立在天线为 0dBm 的基础上的,遵从美国联邦通信委员会(FCC)有关 0dBm 的电平的 ISM 频段

的标准。

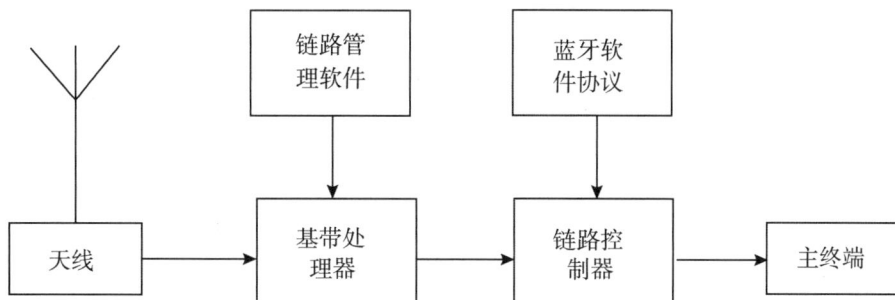

图 3-9 蓝牙系统各单元的连接关系

②链路控制(硬件)单元。链路控制(硬件)单元描述了硬件—基带链路控制器的数字信号处理规范。蓝牙产品的链路控制硬件包括链路控制器、基带处理器和射频传输/接收器3个集成器件,此外还使用了3~5个单独调谐元件。链路控制器负责处理基带协议和一些其他低层常规协议,蓝牙基带协议是电路交换和分组交换的结合,采用时分双工实现全双工传输。

③链路管理(软件)单元。链路管理器(LM)软件模块设计了链路的数据设置、鉴权、链路硬件配置和其他一些协议。它能够发现其他远端 LM,并通过链路管理协议(LMP)与之通信。

④软件结构(协议栈)。蓝牙的软件结构(协议栈)单元是一个独立的操作系统,不与任何操作系统捆绑。它必须符合已经制定好的蓝牙规范。蓝牙规范是为个人区域内的无线通信制定的协议,它包括两部分:第一部分为核心(Core)部分,用以规定诸如射频、基带、连接管理、业务搜寻、传输层及与不同通信协议间的互用、互操作性等组件;第二部分为协议子集(Profile)部分,用以规定不同蓝牙应用(也称使用模式)所需的协议和过程。

蓝牙规范的协议栈仍采用分层结构,分别完成数据流的过滤和传输、跳频和数据帧传输、连接的建立和释放、链路的控制、数据的拆装、业务质量(QoS)、协议的复用和分用等功能。在设计协议栈,特别是高层协议时的原则就是最大限度地重用现存的协议,而且其高层应用协议(协议栈的垂直层)都使用公共的数据链和物理层。

(2)蓝牙的工作原理

①蓝牙通信的主从关系。蓝牙技术规定每一对设备之间,必须一个为主角色,另一个为从角色,才能进行通信。通信时,必须由主端进行查找,发起配对,建立连接成功后,双方即可收发数据。理论上,一个蓝牙主端设备可同时与7个蓝牙从端设备进行通信。一个具备蓝牙通信功能的设备,可以在两个角色间切换,平时工作在从模式,等待其他主设备来连接,需要时,转换为主模式,向其他设备发起呼叫。一个蓝牙设备以主模式发起呼叫时,需要知道对方的蓝牙地址、配对密码等信息,配对完成后,可以直接发起呼叫。

②蓝牙的呼叫过程。蓝牙主端设备发起呼叫,首先是查找,找出处于可被查找状态的蓝牙设备。主端设备找到从端蓝牙设备后,与从端蓝牙设备进行配对,此时需要输入从端设备的 PIN 码,也有设备不需要输入 PIN 码。配对完成后,从端蓝牙设备会记录主端设备的信任信息,此时主端即可向从端设备发起呼叫,已配对的设备在下次呼叫时,不再需

要重新配对。已配对的设备,作为从端的蓝牙耳机也可以发起建链请求,但做数据通信的蓝牙模块一般不发起呼叫。链路建立成功后,主从两端之间即可进行双向的数据或语音通信。在通信状态下,主端和从端设备都可以发起断链,断开蓝牙链路。

③蓝牙一对一的串口数据传输应用。在蓝牙数据传输应用中,一对一串口数据通信是最常见的应用之一,蓝牙设备在出厂前即提前设好两个蓝牙设备之间的配对信息,主端预存有从端设备的 PIN 码、地址等,两端设备加电即自动建链,透明串口传输,无须外围电路干预。一对一应用中从端设备可以设为两种类型:一是静默状态,即只能与指定的主端通信,不被别的蓝牙设备查找;二是开发状态,即可被指定主端查找,也可被别的蓝牙设备查找建链。

3.蓝牙的协议栈

按照各层协议在整个蓝牙协议体系中所处的位置,蓝牙协议可分为底层协议、中间层议和高层协议三大类,如图 3-10 所示。

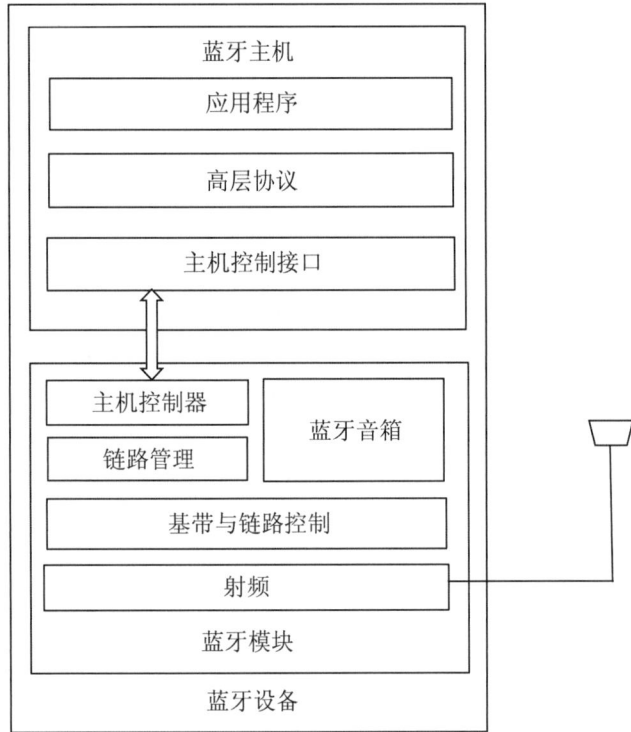

图 3-10 蓝牙的体系结构

(1)蓝牙底层协议

蓝牙底层协议实现蓝牙信息数据流的传输链路,是蓝牙协议体系的基础,它包括射频协议、基带协议、链路管理协议和主机控制器接口协议。

①射频协议。蓝牙射频协议处于蓝牙协议栈的最底层,主要包括频段与信道安排、发射机特性和接收机特性等,用于规范物理层无线传输技术,实现空中数据的收发。在信道安排上系统采用跳频扩频技术,抗干扰能力强、保密性好。蓝牙技术联盟制定了两套跳频

方案：一是分配 79 个跳频信道，每个频道的带宽为 1MHz；二是 23 信道的分配方案，1.2 版本以后的蓝牙规范目前已经不再推荐使用第二套方案。

②基带协议。基带层在蓝牙协议中位于蓝牙射频层之上，与射频层一起构成了蓝牙的物理层。基带层提供了异步无连接（ACL）链路和面向同步连接（SCO）链路两种不同的物理链路，负责跳频和蓝牙数据及信息帧的传输，且对所有类型的数据包提供了不同层次的前向纠错码（FEC）或循环冗余度差错校验（CRC），基带层的主要功能有以下几个。

（a）链路控制，比如承载链路连接和功率控制这类链路级路由。

（b）管理物理链路、SCO 链路和 ACL 链路。

（c）定义基带分组格式和分组类型，其中 SCO 分组有 HV1、HV2、HV3 和 DV 等类型，而 ACL 分组有 DM1、DH1、DM3、DH3、DM5、DH5、AUX11 等类型。

（d）流量控制，通过 STOP 和 GO 指令来实现。

（e）采用 13 比例前向纠错码、23 比例前向纠错码及数据的自动重复请求（ARQ）方案实现纠错功能。

（f）处理数据包、寻呼、查询接入和查询蓝牙设备。

③链路管理协议。链路管理协议（LMP）是蓝牙协议栈中的一个数据链路层协议。链路管理协议层负责两个或多个设备链路的建立、拆除及链路的安全和控制，如鉴权和加密、控制和协商基带包的大小等。

链路管理协议执行链路设置、认证、链路配置和其他协议。链路管理器（LM）发现其他远程链路管理器，并与它们通过链路管理协议进行通信。

④主机控制器接口协议。主机控制器接口协议位于蓝牙系统的逻辑链路控制与适配协议层和链路管理协议层之间。主机控制器接口为上层协议提供了进入链路管理器的统一接口和进入基带的统一方式。

蓝牙主机控制器接口由基带控制器、连接管理器、控制和事件寄存器等组成。它是蓝牙协议中软硬件之间的接口，提供了一个调用下层基带层、链路管理器、状态和控制寄存器等硬件的统一命令。上下两个模块接口之间的消息和数据的传递必须通过主机控制器接口的解释才能进行。

（2）蓝牙中间层协议

蓝牙中间层协议完成数据帧的分解与重组、服务质量控制、组提取等功能，为上层应用提供服务，并提供与底层协议的接口。此部分包括逻辑链路控制与适配协议、串口仿真协议、电话控制协议和服务发现协议。

①逻辑链路控制与适配协议（L2CAP）。逻辑链路控制与适配协议（L2CAP）是蓝牙系统中的核心协议，是基带的高层协议，可以认为它与链路管理协议（LMP）并行工作。L2CAP 为高层提供数据服务，允许高层和应用层协议收发大小为 64KB 的 L2CAP 数据包。

L2CAP 只支持面向无连接的异步传输（ACL），不支持面向连接的同步传输（SCO）。L2CAP 采用了多路技术、分割和重组技术、组提取技术，主要提供协议复用、分段和重组、认证服务质量、组管理等功能。

②串口仿真协议(RFCOMM)。串口仿真协议(或称线缆替换协议)位于 L2CAP 协议层和应用层协议之间,基于 ETSI 标准 TS07.10。在 L2CAP 协议层之上实现了仿真 9 针 RS-232 串口的功能,可实现设备间的串行通信,从而对现有使用串行线接口的应用提供了支持。

③电话控制协议(TCS)。电话控制协议(TCS)位于蓝牙协议栈的 L2CAP 层之上,包括电话控制规范二进制(TCS BIN)协议和一套电话控制命令(AT Commands)。其中,TCS BIN 定义了在蓝牙设备间建立语音和数据呼叫所需的呼叫控制信令;AT Commands 则是一套可在多使用模式下用于控制移动电话和调制解调器的命令,它是蓝牙技术联盟在 ITU-TQ.931 的基础上开发而成的。

TCS 层不仅支持电话功能(包括呼叫控制和分组管理),同样可以用来建立数据呼叫,呼叫的内容在 L2CAP 上以标准数据包形式运载。TCS 是一个基 ITU-T Q.931 建议的采用面向比特的协议,它定义了用于蓝牙设备之间建立语音和数据呼叫的控制信令,并负责处理蓝牙设备组的移动管理过程。

④服务发现协议(SDP)。服务发现协议(SDP)是所有应用模型的基础,是蓝牙技术框架中至关重要的协议。SDP 是一个基于客户/服务器结构的协议,它工作在 L2CAP 之上,为上层应用程序提供一种机制来发现可用的服务及其属性,而服务属性包括服务的类型及该服务所需的机制或协议信息。在蓝牙无线通信系统中,建立在蓝牙链路上的任何两个或多个设备随时都有可能开始通信,仅仅是静态设置是不够的。蓝牙服务发现协议则确定了这些业务位置的动态方式,可以动态地查询到设备信息和服务类型,从而建立起一条对应所需服务的通信信道。

(3)蓝牙高层协议

蓝牙高层协议包括对象交换协议、无线应用协议和音频协议。高端应用层位于蓝牙协议栈的最上方,由选用协议层组成。

选用协议层中的 PPP 是点到点协议,由封装、链路控制协议、网络控制协议组成,定义了串行点到点链路应当如何传输互联网协议数据,它主要用于 LAN 接入、拨号网络及传真等应用规范。TCP/IP(传输控制协议/网间协议)、UDP(用户数据报协议)是已有的协议,它们定义了互联网与网络相关的通信,以及其他类型计算机设备和外围设备之间的通信。

蓝牙采用或共享这些已有的协议去实现与连接互联网的设备通信,这样,既可以提高效率,又可以在一定程度上保证蓝牙技术和其他通信技术的互操作性。无线应用环境(WAE)提供用于 WAP 电话和个人数字助理(PDA)所需的各种应用软件。

①对象交换协议(OBEX)。对象交换协议(OBEX)是由红外数据协会制定的用于红外数据链路上数据对象交换的会话层协议。蓝牙技术联盟采纳了该协议,使得原来基于红外链路的 OBEX 应用有可能方便地移植到蓝牙上或在两者之间进行切换。OBEX 是一种高效的二进制协议。采用简单和自发的方式来交换对象,采用客户/服务器模式提供与 HTTP(超文本传输协议)相同的基本功能。它只定义传输对象,而不指定特定的传输数据类型,可以是从文件到商业电子贺卡、从命令到数据库等任何类型,从而具有很好的

平台独立性。

②无线应用协议(WAP)。无线应用协议(WAP)由无线应用协议论坛制定,是由移动电话类的设备使用的无线网络定义的协议,它支持移动电话浏览网页、收取电子邮件和其他基于互联网的协议。WAP 融合了各种广域无线网技术,其目的是将互联网内容和电话债券的业务传送到数字蜂窝电话及其他无线终端上。选用 WAP 可以充分利用为无线应用环境开发的高层应用软件。

③音频协议。蓝牙音频是通过在基带上直接传输面向同步连接(SCO)分组实现的。蓝牙技术联盟并没有以规范的形式给出此部分,可以视为蓝牙协议体系中的一个直接面向应用的层次。

4.蓝牙系统的功能模块

蓝牙系统的基本功能模块如图 3-9 所示。它的功能模块包括天线单元、链路控制器、链路管理、软件功能。

(1)无线技术规范

蓝牙天线属于微带天线,蓝牙无线接口是基于常规无线发射功率 0dBm 设计的,符合美国联邦通信委员会(FCC)的 ISM 频段的规定。扩展频谱技术的应用使得功率可增至100dBm,可满足不同国家的需要。在日本、西班牙、法国,由于当地规定的频段相对较窄,可用内部软件来转换实现。

(2)基带技术规范

基带描述了设备的数字信号处理部分,即蓝牙链路控制器,它完成基带协议和其他底层的链路规程。主要包括以下几个方面:

①网络连接的建立。

②链路类型和分组类型。链路类型决定了哪种分组模式能在特定的链路上使用,蓝牙基带技术支持两种链路类型:即同步面向连接类型 SCO(主要用于语音)和异步非连接类型 ACL(主要用于分组数据)。

③纠错。基带控制器采用 3 种纠错方式:$\frac{1}{3}$ 速率前向纠错编码(FEC)、$\frac{2}{3}$ 速率前向纠错编码(FEC)、对数据的自动请求重传(ACL)。

④鉴权和加密。蓝牙基带部分在物理层为用户提供保护和信息保密机制。鉴权基于"请求—响应"运算法则。鉴权是蓝牙系统中的关键部分,它允许用户为个人的蓝牙设备建立一个信任域,比如只允许自己的笔记本电脑通过自己的移动电话通信。加密被用来保护连接的个人信息。密钥由程序的高层来管理。网络传送协议和应用程序可以为用户提供一个较强的安全机制。

(3)链路管理协议

链路管理(LM)软件模块携带了链路的数据设置、鉴权、链路硬件配置和其他一些协议。LM 能够发现其他远端 LM 并通过 LMP(链路管理协议)与之通信。LM 模块提供如下服务:

①发送和接收数据。

②请求名称。

③链路地址查询。

④建立连接。

⑤鉴权。

⑥链路模式协商和建立。

⑦决定帧的类型。

⑧将设备设为 sniff 模式。master 只能有规律地在特定的时隙发送数据。

⑨将设备设为 hold 模式。工作在 hold 模式的设备为了节能在一个较长的周期内停止接收数据,平均每周期激活一次链路,参数由 LM 定义,链路控制器(LC)具体操作控制。

⑩当设备不需要传送或接收数据但仍需保持同步时将设备设为暂停模式。处于暂停模式的设备周期性地激活并跟踪同步,同时检查 page 消息。

⑪建立网络连接。

(4)软件(协议)单元

蓝牙基带协议结合电路开关和分组交换机,适用于语音和数据传输。Bluetooth 软件构架规范要求与 Bluetooth 相顺从的设备支持基本水平的互操作性。这种顺从水平由不同的应用来决定。

蓝牙设备需要支持一些基本互操作特性要求。对某些设备,这种要求涉及无线模块、空中协议以及应用层协议和对象交换格式。Bluetooth 1.0 标准由两个文件组成。一个叫 Foundation Core,它规定的是设计标准。另一个叫 Foundation Profile,它规定的是相互运作性准则。蓝牙设备必须能够彼此识别并装载与之相应的软件以支持设备更高层次的性能。

蓝牙的软件(协议)单元是一个独立的操作系统,它不与任何操作系统捆绑,软件(协议)结构需有如下功能:

①设置及故障诊断工具。

②能自动识别其他设备。

③取代电缆连接。

④与外设通信。

⑤音频通信与呼叫控制。

⑥商用卡的交易与号簿网络协议。

3.2.2 ZigBee 技术

1. ZigBee 技术概述

ZigBee 这个名字的灵感来源于蜂群的交流方式:蜜蜂通过 Z 字形飞行来通知发现的食物的位置、距离和方向等信息。ZigBee 联盟便以此作为这个新一代无线通信技术的名称。

简单地说,ZigBee 是一种高可靠的无线数传网络,类似于 CDMA 和 GSM 网络。

ZigBee 数传模块类似于移动网络基站。通信距离从标准的 75m 到几百米、几公里,并且支持无线扩展。

2.协议栈

完整的 ZigBee 协议栈自上而下由应用层、应用汇聚层、网络层、数据链路层和物理层组成。以下为各层在 ZigBee 结构中的作用。

(1)物理层

作为 ZigBee 协议结构的最底层,提供了最基础的服务,为上一层 MAC 层提供了服务,如数据的接口等。同时也起到了与现实(物理)世界交互的作用。

(2)MAC 层

负责不同设备之间无线数据链路的建立、维护、结束,确认的数据传送和接收。

(3)网络/安全层

保证了数据的传输和完整性,同时可对数据进行加密。

(4)应用/支持层

根据设计目的和需求使多个器件之间进行通信。

其中,ZigBee 协议架构最具特色的两项是功耗以及自组网。

3.ZigBee 技术特点

ZigBee 是一种无线连接,可工作在 2.4GHz(全球流行)、868MHz(欧洲流行)和 915 MHz(美国流行)3 个频段上,分别具有最高 250kbit/s、20kbit/s 和 40kbit/s 的传输速率,它的传输距离在 10~75m 的范围内,但可以继续增加。作为一种无线通信技术,ZigBee 具有如下特点。

(1)低功耗

由于 ZigBee 的传输速率低,发射功率仅为 1mW,而且采用了休眠模式,功耗低,因此 ZigBee 设备非常省电。据估算,ZigBee 设备仅靠两节 5 号电池就可以维持长达 6 个月到 2 年左右的使用时间,这是其他无线设备望尘莫及的。

(2)成本低

ZigBee 模块的初始成本在 6 美元左右,估计很快就能降到 1.5~2.5 美元,并且 ZigBee 协议是免专利费的。低成本对于 ZigBee 也是一个关键的因素。

(3)时延短

通信时延和从休眠状态激活的时延都非常短,典型的搜索设备时延 30ms,休眠激活的时延是 15ms,活动设备信道接入的时延为 15ms。因此,ZigBee 技术适用于对时延要求苛刻的无线控制(如工业控制场合等)应用。

(4)网络容量大

一个星型结构的 ZigBee 网络最多可以容纳 254 个从设备和一个主设备,一个区域内可以同时存在最多 100 个 ZigBee 网络,而且网络组成灵活。

(5)可靠

采取了碰撞避免策略,同时为需要固定带宽的通信业务预留了专用时隙,避开了发送数据的竞争和冲突。MAC层采用了完全确认的数据传输模式,每个发送的数据包都必须等待接收方的确认信息。如果传输过程中出现问题,还可以进行重发。

（6）安全

ZigBee提供了基于循环冗余校验(CRC)的数据包完整性检查功能,支持鉴权和认证,采用了 AES-128 的加密算法,各个应用可以灵活确定其安全属性。

4.网络结构及组网技术

ZigBee是一个由至多65535个无线数传模块组成的一个无线数传网络平台,在整个网络范围内,每一个 ZigBee 网络数传模块之间可以相互通信,每个网络节点间的距离可以从标准的 75m 无限扩展。

与移动通信的 CDMA 网或 GSM 网不同的是,ZigBee 网络主要是为工业现场自动化控制数据传输而建立,因而,它必须具有简单、使用方便、工作可靠、价格低的特点。而移动通信网主要是为语音通信而建立,每个基站价值一般都在百万元人民币以上,而每个ZigBee"基站"却不到 1000 元人民币。

每个 ZigBee 网络节点不仅本身可以作为监控对象,例如利用其所连接的传感器直接进行数据采集和监控,还可以自动中转别的网络节点传过来的数据资料。除此之外,每一个 ZigBee 网络节点(FFD)还可在自己信号覆盖的范围内,和多个不承担网络信息中转任务的孤立的子节点(RFD)无线连接,如图 3-11 所示。

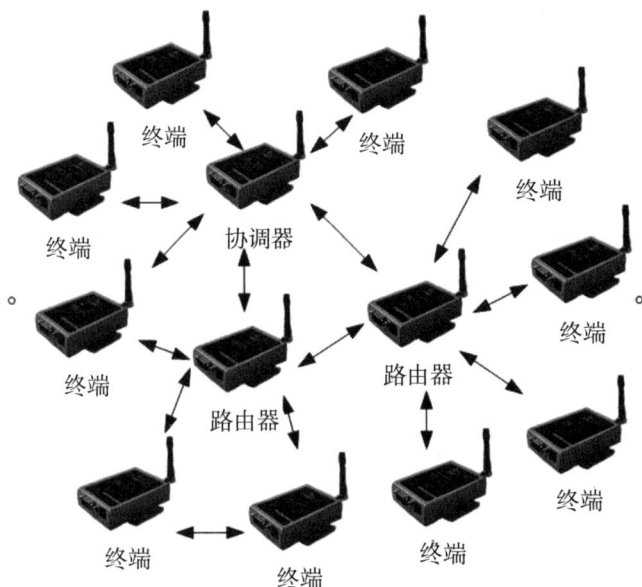

图 3-11　ZigBee 网络

（1）应用设计

①采用高性能工业级 ZigBee 芯片。

②低功耗设计,支持多级休眠和唤醒模式,最大限度降低功耗。

③电源输入(DC 2.0～3.6V)。

（2）稳定可靠

①WDT 看门狗设计，保证系统稳定。

②提供 TTL 串行接口，SPI 接口。

③天线接口防雷保护（可选）。

（3）标准易用

①采用 2.0 的 SMA 与 DIP 接口，特别适合于不同用户的应用需求。

②提供 TTL 接口，可直接连接相同电压的 TTL 串口设备。

③智能型数据模块，上电即可进入数据传输状态。

④使用方便、灵活，有多种工作模式可选。

⑤方便的系统配置和维护接口。

⑥支持串口软件升级和远程维护。

（4）功能强大

①支持 ZigBee 无线短距离数据传输功能。

②具备中继路由和终端设备功能。

③支持点对点、点对多点、对等和 Mesh 网络。

④网络容量大：65535 个节点。

⑤节点类型灵活：中心节点、路由节点、终端节点可任意设置。

⑥发送模式灵活：广播发送或目标地址发送模式可选。

⑦通信距离远。

⑧提供 6 路 I/O，可实现 6 路数字量输入输出；兼容 6 路脉冲输出、3 路模拟量输入、3 路脉冲计数功能。

5. 应用实例

ZigBee 模块是一种物联网无线数据终端，利用 ZigBee 网络为用户提供无线数据传输功能。该产品采用高性能的工业级 ZigBee 方案，提供 SMT 与 DIP 接口，可直接连接 TTL 接口设备，实现数据透明传输功能；低功耗设计，最低功耗小于 1mA；提供 6 路 I/O，可实现数字量输入输出、脉冲输出；其中有 3 路 I/O 还可实现模拟量采集、脉冲计数等功能。

该产品已广泛应用于物联网产业链中的 M2M 行业，如智能电网、智能交通、智能家居、金融、移动 POS 终端、供应链自动化、工业自动化、智能建筑、消防、公共安全、环境保护、气象、数字化医疗、遥感勘测、农业、林业、水务、煤矿、石化等领域。

3.2.3　Wi-Fi 技术

1. 概念及特点

无线网络是 IEEE 定义的无线网技术，1999 年，IEEE 官方定义 802.11 标准时，IEEE 选择并认定了 CSIRO 发明的无线网技术是世界上最好的无线网技术，因此 CSIRO 的无线网技术标准，就成了 2010 年 Wi-Fi 的核心技术标准。

一般架设无线网络的基本配备就是无线网卡及一台 AP,如此便能以无线的模式,配合既有的有线架构来分享网络资源,架设费用和复杂程度远低于传统的有线网络。如果只是几台电脑的对等网,也可不要 AP,只需要每台电脑配备无线网卡。AP 为 Access Point 的简称,一般翻译为"无线访问接入点"或"桥接器"。它主要在媒体存取控制层 MAC 中扮演无线工作站及有线局域网络的桥梁。有了 AP,就像一般有线网络的 Hub 一般,无线工作站可以快速且轻易地与网络相连。特别是对于宽带的使用,Wi-Fi 更显优势,有线宽带网络(ADSL、小区 LAN 等)到户后,连接到一个 AP,然后在电脑中安装一块无线网卡即可。普通的家庭有一个 AP 已经足够,甚至用户的邻里得到授权后,无须增加端口,也能以共享的方式上网。

具体的硬件设计应该和相关 Wi-Fi 模块咨询时,要考虑清楚以下方面。

(1)通信接口方面:2010 年基本是采用 USB 接口形式,也有少部分采用 PCIE 和 SDIO 接口形式,PCIE 的市场份额应该不大,多合一的价格昂贵,且实用性不强,集成的很多功能都不会被使用,存在浪费。

(2)供电方面:多数是用 5V 直接供电,有的也会利用主板设计中的电源共享,直接采用 3.3V 供电。

(3)天线的处理形式:可以有内置的 PCB 板载天线或者陶瓷天线;也可以通过 I−PEX 接头,连接天线延长线,然后让天线外置。

(4)规格尺寸方面:这个可以根据具体的设计要求,最小的有 nano 型号(可以直接做 nano 无线网卡);有的可以做到迷你型的 12×12 左右(通常是采用外置天线方式);通常是 25×12 左右的设计多点(基本是板载天线和陶瓷天线居多,也有外置天线接头)。

(5)跟主板连接的形式:可以通过 2.54 的排针来做插件连接(这种组装/维修方便)。

2. 网络协议

一个 Wi-Fi 联接点网络成员和结构站点(Station)是网络最基本的组成部分。

基本服务单元(Basic Service Set,BSS)是网络最基本的服务单元。最简单的服务单元可以只由两个站点组成。站点可以动态地联结(Associate)到基本服务单元中。

分配系统(Distribution System,DS)用于连接不同的基本服务单元。分配系统使用的媒介(Medium)逻辑上和基本服务单元使用的媒介是截然分开的,尽管它们物理上可能会是同一个媒介,例如同一个无线频段。

接入点(Access Point,AP)既有普通站点的身份,又有接入到分配系统的功能。

扩展服务单元(Extended Service Set,ESS)由分配系统和基本服务单元组合而成。这种组合是逻辑上的,并非物理上的——不同的基本服务单元物有可能在地理位置相去甚远。分配系统也可以使用各种各样的技术。

关口(Portal),也是一个逻辑成分。用于将无线局域网和有线局域网或其他网络联系起来。

媒介有三种,即站点使用的无线的媒介,分配系统使用的媒介,以及和无线局域网集成一起的其他局域网使用的媒介。物理上它们可能互相重叠。

IEEE 802.11 只负责在站点使用的无线的媒介上的寻址(Addressing)。分配系统和其他局域网的寻址不属无线局域网的范围。

IEEE 802.11 没有具体定义分配系统,只是定义了分配系统应该提供的服务(Service)。整个无线局域网定义了 9 种服务。5 种服务属于分配系统的任务,分别为联接(Association)、结束联接(Dissociation)、分配(Distribution)、集成(Integration)、再联接(Reassociation)。4 种服务属于站点的任务,分别为鉴权(Authentication)、结束鉴权(Deauthentication)、隐私(Privacy)、MAC 数据传输(MSDU delivery)。

3.2.4　超宽带(UWB)技术

1.超宽带技术概述

超宽带技术 UWB(Ultra Wide Band)是一种无线载波通信技术,即不采用正弦载波,而是利用纳秒级的非正弦波窄脉冲传输数据,因此,其所占的频谱范围很宽。UWB 是利用纳秒级窄脉冲发射无线信号的技术,适用于高速、近距离的无线个人通信。按照 FCC 的规定,从 3.1GHz 到 10.6GHz 之间的带宽频率为 UWB 所使用的频率范围。

从频域来看,超宽带有别于传统的窄带和宽带,它的频带更宽。窄带是指相对带宽(信号带宽与中心频率之比)小于 1%,相对带宽为 1%～25% 的被称为宽带,相对带宽大于 25%,而且中心频率大于 500MHz 的被称为超宽带。从时域上讲,超宽带系统有别于传统的通信系统,一般的通信系统是通过发送射频载波进行信号调制,而 UWB 是利用起、落点的时域脉冲(几十纳秒)直接实现调制。超宽带的传输把调制信息过程放在一个非常宽的频带上进行,而且以这一过程中所持续的时间来决定带宽所占据的频率范围。

2.超宽带 UWB 技术特点

UWB 是一种"特立独行"的无线通信技术,它将会为无线局域网 LAN 和个人局域网 PAN 的接口卡和接入技术带来低功耗、高带宽并且相对简单的无线通信技术。UWB 解决了困扰传统无线技术多年的有关传播方面的重大难题,具有对信道衰落不敏感、发射信号功率谱密度低、被截获的可能性低、系统复杂度低、厘米级的定位精度等优点。UWB 具有以下特点:

(1)抗干扰性能强

UWB 采用跳时扩频信号,系统具有较大的处理增益,在发射时将微弱的无线电脉冲信号分散在宽阔的频带中,输出功率甚至低于普通设备产生的噪声。接收时将信号能量还原出来,在解扩过程中产生扩频增益。因此,与 IEEE 802.11a、IEEE 802.11b 和蓝牙相比,在同等码速条件下,UWB 具有更强的抗干扰性。

(2)传输速率高

UWB 的数据速率可以达到几十 Mbit/s 到几百 Mbit/s,有望高于蓝牙 100 倍,也可以高于 IEEE 802.11a 和 IEEE802.11b。

(3)带宽极宽

UWB 使用的带宽在 1GHz 以上,高达几个 GHz。超宽带系统容量大,并且可以和目前的窄带通信系统同时工作且互不干扰。这在频率资源日益紧张的今天,开辟了一种新的时域无线电资源。

（4）消耗电能小

通常情况下，无线通信系统在通信时需要连续发射载波，因此要消耗一定电能。而UWB不使用载波，只是发出瞬间脉冲电波，也就是直接按 0 和 1 发送出去，并且在需要时才发送脉冲电波，所以消耗电能小。

（5）保密性好

UWB 保密性表现在两方面：一方面是采用跳时扩频，接收机只有已知发送端扩频码时才能解出发射数据；另一方面是系统的发射功率谱密度极低，用传统的接收机无法接收。

（6）发送功率非常小

UWB 系统发射功率非常小，通信设备只用小于 1mW 的发射功率就能实现通信。低发射功率大大延长系统电源的工作时间，还能减小电磁波辐射对人体的影响。这样，UWB 的应用面就广。

3.超宽带(UWB)技术的应用

UWB 技术具有系统复杂度低、发射信号功率谱密度低、对信道衰落不敏感、低截获能力、定位精度高等优点，尤其适用于室内等密集多径场所的高速无线接入，非常适用于建立一个高效的无线局域网(WLAN)或无线个域网(WPAN)。UWB 最具特色的应用将是视频消费娱乐方面的无线个人局域网(WPAN)。具有一定相容性和高速、低成本、低功耗的优点使得 UWB 较适合家庭无线通信的需求。现有的无线通信方式，802.11b 和蓝牙的速率太慢，不适合传输视频数据；54Mb/s 速率的 802.11a 标准可以处理视频数据，但费用昂贵，而 UWB 有可能在 10m 范围内，支持高达 110Mb/s 的数据传输率，不需要压缩数据，可以快速、简单、经济地完成视频数据处理。

超宽带系统同时具有无线通信和定位的功能，可方便地应用于智能交通系统中，为车辆防撞、电子牌照、电子驾照、智能收费、车内智能网络、测速、监视、分布式信息站等提供高性能、低成本的解决方案。UWB 也可应用在小范围、高分辨率、能够穿透墙壁、地面和身体的雷达和图像系统中，诸如军事、公安、消防、医疗、救援、测量、勘探和科研等领域，用作隐秘安全通信、救援应急通信、精确测距和定位、透地探测雷达、墙内和穿墙成像、监视和入侵检测、医用成像、储藏罐内容探测等。UWB 还可应用于传感器网络和智能环境，这种环境包括生活环境、生产环境、办公环境等，主要用于对各种对象(人和物)进行检测、识别、控制和通信。

3.3 移动通信技术

移动通信技术

3.3.1 移动通信技术概述

第一代移动通信系统(1G)是在 20 世纪 80 年代初提出的，它完成于 20 世纪 90 年代初,如 NMT 和 AMPS,NMT 于 1981 年投入运营。1G 主要基于蜂窝结构组网,直接使用模拟语音调制技术,传输速率约为 2.4kbit/s,其特点是业务量小、质量差、安全性差、没有加密和速度低。不同国家采用不同的工作系统。

第二代移动通信系统(2G)起源于 20 世纪 90 年代初期。欧洲电信标准协会在 1996 年提出了 GSM Phase 2＋,目的在于扩展和改进 GSM Phase 1 及 Phase 2 中原定的业务和性能。它主要包括 CMAEL(客户化应用移动网络增强逻辑)、S0(支持最佳路由)、立即计费、GSM 900/1800 双频段工作等内容,也包含了与全速率完全兼容的增强型话音编解码技术,使得话音质量得到了质的提升。半速率编解码器可使 GSM 系统的容量提升近一倍。

在 GSM Phase2＋阶段中,采用更密集的频率复用、多复用、多重复用结构技术,引入智能天线技术、双频段等技术,有效克服了随着业务量剧增所引发的 GSM 系统容量不足的缺陷;自适应语音编码(AMR)技术的应用,极大提高了系统通话质量;GPRS/EDGE 技术的引入,使 GSM 与计算机通信/Internet 有机相结合,数据传送速率可达 115/384kbit/s,从而使 GSM 功能得到不断增强,初步具备了支持多媒体业务的能力。

尽管 2G 技术在发展中不断得到完善,但随着用户规模和网络规模的不断扩大,频率资源已接近枯竭,语音质量不能达到用户满意的标准,数据通信速率太低,无法在真正意义上满足移动多媒体业务的需求。

第三代移动通信系统(3G),也称 IMT 2000,其最基本的特征是智能信号处理技术,智能信号处理单元将成为基本功能模块,支持话音和多媒体数据通信,它可以提供前两代产品不能提供的各种宽带信息业务,例如高速数据、慢速图像与电视图像等。如 WCDMA 的传输速率在用户静止时最大为 2Mbps,在用户高速移动时最大支持 144Kbps,占频带宽度 5MHz 左右。

但是,第一,第三代移动通信系统的通信标准有 WCDMA、CDMA2000 和 TD-SCDMA 三大分支,共同组成一个 IMT 2000 家庭,成员间存在相互兼容的问题,因此已有的移动通信系统不是真正意义上的个人通信和全球通信;第二,3G 的频谱利用率还比较低,不能充分地利用宝贵的频谱资源;第三,3G 支持的速率还不够高。这些不足点远远不能适应未来移动通信发展的需要,因此寻求一种既能解决现有问题,又能适应未来移动通信的需求的新技术(新一代移动通信:Next Generation Mobile Communication)是必要的。

3G 通信技术在我国的发展日新月异。2009 年 1 月 7 日,我国同时发放了三张 3G 牌照,即 TD-SCDMA、WCDMA、CDMA2000,标志着我国正式进入了 3G 时代。3G 网络运行的两年多时间里,在拉动我国 GDP 增长的同时,还为国内创造了大量的就业机会。从技术角度来分析,3G 移动通信网络相对于 2G 网络的优势在于更大的系统容量和更好的通信质量,且能够实现全球范围的无缝漫游,为通信用户提供包括语音、数据和多媒体等多种形式的通信服务。在国际移动通信领域,国际电联对 3G 网络有其最低的要求和标准,即在高速移动的地面物体上,3G 网络所能提供的数据业务为 64～144kb/s,要能够适应 500km/h 的移动环境。针对该标准,我国现行的 3 种 3G 网络中,WCDMA 和

CDMA2000 主要采用"软切换"技术,能够实现移动终端在时速 500km 时的正常通信,即能够实现与另一个新基站通信时,首先不中断与原基站的联系,而是在与新的基站连接好后,再中断与原基站的连接,这也是 3G 网络优于 2G 网络的一个突出特点;WCDMA 技术已经解决了高速运动物体的无缝覆盖问题;此外,TD-SCDMA 也对高铁通信的覆盖方案进行了研究。因此,3G 移动通信网络在技术层面上已经具有为高铁提供通信保障的基本条件,为我国高铁发展过程中移动通信问题的圆满解决奠定了坚实基础。

第四代移动通信系统(4G)是集 3G 与 WLAN 于一体并能够传输高质量视频图像以及图像传输质量与高清晰度电视不相上下的技术产品。4G 系统能够以 100Mbps 的速度下载,比拨号上网快 2000 倍,上传的速度也能达到 20Mbps,并能够满足几乎所有用户对于无线服务的要求。而在用户最为关注的价格方面,4G 与固定宽带网络在价格上不相上下,而且计费方式更加灵活机动,用户完全可以根据自身的需求确定所需的服务。此外,4G 可以在 DSL 和有线电视调制解调器没有覆盖的地方部署,然后再扩展到整个地区。很明显,4G 有着不可比拟的优越性。

4G 移动系统网络结构可分为三层:物理网络层、中间环节层、应用网络层。物理网络层提供接入和路由选择功能,它们由无线和核心网的结合格式完成。中间环节层的功能有 QoS 映射、地址变换和完全性管理等。物理网络层与中间环节层及其应用环境之间的接口是开放的,它使发展和提供新的应用及服务变得更为容易,如提供无缝高数据率的无线服务,并运行于多个频带。这一服务能自适应多个无线标准及多模终端能力,跨越多个运营者和服务,提供大范围服务。

第四代移动通信系统的关键技术包括信道传输,抗干扰性强的高速接入技术、调制和信息传输技术,高性能、小型化和低成本的自适应阵列智能天线,大容量、低成本的无线接口和光接口,系统管理资源,软件无线电、网络结构协议等。第四代移动通信系统主要是以正交频分复用(OFDM)为技术核心。OFDM 技术的特点是网络结构高度可扩展,具有良好的抗噪声性能和抗多信道干扰能力,可以提供无线数据技术质量更高(速率高、时延小)的服务和更好的性能价格比,能为 4G 无线网提供更好的方案。例如无线区域环路(WLL)、数字音讯广播(DAB)等,预计都采用 OFDM 技术。4G 移动通信对加速增长的宽带无线连接的需求提供技术上的回应,对跨越公众的和专用的、室内和室外的多种无线系统和网络保证提供无缝的服务。通过对最适合的可用网络提供用户所需的最佳服务,能应付基于因特网通信所期望的增长;增添新的频段使频谱资源大扩展;提供不同类型的通信接口;运用路由技术为主的网络架构;以傅里叶变换来发展硬件架构实现第四代网络架构。移动通信会向数据化、高速化、宽带化、频段更高化方向发展,移动数据、移动 IP 预计会成为未来移动网的主流业务。

第五代移动通信系统(5G)与 4G、3G、2G 不同的是,5G 并不是独立的、全新的无线接入技术,而是对现有无线接入技术(包括 2G、3G、4G 和 Wi-Fi)的技术演进,以及一些新增的补充性无线接入技术集成后解决方案的总称。从某种程度上讲,5G 将是一个真正意义上的融合网络,以融合和统一的标准,提供人与人、人与物以及物与物之间高速、安全和自由的联通。

5G 移动网络与早期的 2G、3G 和 4G 移动网络一样,是数字蜂窝网络,在这种网络中,供应商覆盖的服务区域被划分为许多被称为蜂窝的小地理区域。表示声音和图像的模拟信号在手机中被数字化,由模数转换器转换并作为比特流传输。蜂窝中的所有 5G 无线设备通过无线电波与蜂窝中的本地天线阵和低功率自动收发器(发射机和接收机)进行通信。收发器从公共频率池分配频道,这些频道在地理上分离的蜂窝中可以重复使用。本地天线通过高带宽光纤或无线回程连接与电话网络和互联网连接。与现有的手机一样,当用户从一个蜂窝穿越到另一个蜂窝时,他们的移动设备将自动"切换"到新蜂窝中的天线。

5G 网络的一个优点是,数据传输速率远远高于以前的蜂窝网络,最高可达 10Gbit/s,比当前的有线互联网要快,比先前的 4G LTE 蜂窝网络快 100 倍。另一个优点是较低的网络延迟(更快的响应时间),低于 1ms,而 4G 为 30~70ms。由于数据传输更快,5G 网络将不仅仅为手机提供服务,而且还将成为一般性的家庭和办公网络提供商,与有线网络提供商竞争。以前的蜂窝网络提供了适用于手机的低数据率互联网接入,但是一个手机发射塔不能经济地提供足够的带宽来满足家用计算机的一般互联网供应需求。

2019 年 6 月 6 日,工信部正式向中国电信、中国移动、中国联通、中国广电发放 5G 商用牌照,中国正式进入 5G 商用元年。

2019 年 9 月 10 日,中国华为公司在布达佩斯举行的国际电信联盟 2019 年世界电信展上发布《5G 应用立场白皮书》,展望了 5G 在多个领域的应用场景,并呼吁全球行业组织和监管机构积极推进标准协同、频谱到位,为 5G 商用部署和应用提供良好的资源保障与商业环境。

2019 年 10 月,5G 基站入网正式获得了工信部的开闸批准。工信部颁发了国内首个5G 无线电通信设备进网许可证,标志着 5G 基站设备将正式接入公用电信商用网络。

3.3.2　4G 网络中的几个关键技术

1. 正交频分复用技术

OFDM 即正交频分复用技术,实际上 OFDM 是 MCM(Multi-Carrier Modulation),多载波调制的一种。其主要原理是:将待传输的高速串行数据经串/并变换,变成在 N 个子信道上并行传输的低速数据流,再用 N 个相互正交的载波进行调制,然后叠加一起发送。接收端用相干载波进行相干接收,再经并/串变换恢复为原高速数据。

OFDM 技术有很多优点:可以消除或减小信号波形间的干扰,对多径衰落和多普勒频移不敏感,提高了频谱利用率;适合高速数据传输;抗衰落能力强;抗码间干扰(ISI)能力强。

2. 软件无线电

软件无线电(SDR)是将标准化、模块化的硬件功能单元经一通用硬件平台,利用软件加载方式来实现各类无线电通信系统的一种开放式结构的技术。其中心思想是,使宽带模数转换器(A/D)及数模转换器(D/A)等先进的模块尽可能地靠近射频天线的要求,尽可能多地用软件来定义无线功能。其软件系统包括各类无线信令规则与处理软件、信号流变换软件、调制解调算法软件、信道纠错编码软件、信源编码软件等。软件无线电技术主要涉及数字信号处理硬件(DSPH)、现场可编程器件(FPGA)、数字信号处理(DSP)等。

3.智能天线技术(SA)

智能天线定义为波束间没有切换的多波束或自适应阵列天线。智能天线具有抑制信号干扰、自动跟踪以及数字波束调节等智能功能,被认为是未来移动通信的关键技术。智能天线成形波束能在空间域内抑制交互干扰,增强特殊范围内的信号,这种技术既能改善信号质量又能增加传输容量。其基本原理是:在无线基站端使用天线阵和相干无线收发信机来实现射频信号的接收和发射。同时通过基带数字信号处理器,对各个天线链路上接收到的信号按一定算法进行合并,实现上行波束赋形。

目前,智能天线的工作方式主要有两种:全自适应方式和基于预多波束的波束切换方式。

4.多输入多输出(MIMO)技术

多输入多输出(MIMO)技术是指在基站和移动终端都有多个天线。MIMO 技术为系统提供空间复用增益和空间分集增益。空间复用是在接收端和发射端使用多副天线,充分利用空间传播中的多径分量,在同一频带上使用多个子信道发射信号,使容量随天线数量的增加而线性增加。空间分集有发射分集和接收分集两类。基于分集技术与信道编码技术的空时码可获得高的编码增益和分集增益,已成为该领域的研究热点。MIMO 技术可提供很高的频谱利用率,且其空间分集可显著改善无线信道的性能,提高无线系统的容量及覆盖范围。

3.3.3　5G 移动通信技术

1.从 4G 到 5G

4G 网络从纯数据业务发展到支持长期演进语音承载 VOLTE(Voice over Long－Term Evolution),逐渐满足用户的需求,但是随着新的应用(如无人驾驶、远程医疗)的发展,4G 网络不能满足当前技术的应用,特别是工业互联网对时延的要求。目前,新应用对 5G 的呼声很高,5G 也是中国制造 2025 的关键发力点。

2.5G 的三大应用场景

5G 的三大应用场景见图 3-12,即增强型移动宽带(eMBB)、海量机器类通信(mMTC)及低时延高可靠通信(uRLLC)。eMBB 场景主要提升以"人"为中心的娱乐、社交等个人消费业务的通信体验,适用于高速率、大宽带的移动宽带业务。mMTC 和uRLLC 则主要面向物物连接的应用场景,其中,mMTC 主要满足海量物联的通信需求,面向以传感和数据采集为目标的应用场景。uRLLC 则基于其低时延和高可靠的特点,主要面向垂直行业的特殊应用需求。

(1)eMBB 增强型移动宽带

eMBB(Enhanced Mobile Broadband,增强型移动宽带),体现在用户面则表现为网速的提升,eMBB 对应的大流量移动宽带业务场景包括随时随地的 3D 超高清视频直播和分享、虚拟现实、随时随地云存储、高速移动上网等大流量移动宽带业务,在大带宽、低时延需求上具有一定优势,是三大场景中最先实现商用的部分。

图 3-12 5G 的三大应用场景

在 5G eMBB 增强移动宽带场景上,Polar 为信令信道编码方案,LDPC 码为数据信道编码方案。

eMBB 场景关键性指标有:

峰值速率:下行 20Gbps,上行 10Gbps;

用户体验速率:下行 100Mbps,上行 50Mbps;

频谱效率:下行 30bit/s/Hz,上行 10bit/s/Hz;

控制面时延:20ms;

用户面时延:4ms;

带宽:低频 100MHz,高频 1GHz。

(2)mMTC 大规模机器通信

mMTC(Massive Machine Type Communication,大规模机器通信),侧重于人与物之间的信息交互。主要场景包括车联网、智能物流、智能资产管理等,要求提供多连接的承载通道,实现万物互联,统称为物联网应用。

mMTC 场景关键性指标:

连接密度:$1 \times 10^6 / km^2$;

功耗:广阔地区分布的设备,要求续航 10 年,电表气表等一般设备要求 2~5 年续航能力。

(3)URLLC 超高可靠低时延通信

URLLO(Ultra Reliable & Low Latency Communication,超高可靠低时延通信),侧重于快速无误的通信。主要场景包括:远程控制、工业自动化、铁路等重点实时信息交互等。

URLLO 场景关键性指标:

用户时延:1ms;

可靠性:用户面时延 1ms 内,传送 32 字节包的可靠性为 $1 - 10^{-5}$。

3.5G 的关键指标

5G 网络的七个关键指标(KPI)包括用户体验速率、连接数密度、端到端时延、移动性、流量密度、用户峰值速率、能源效率。

(1)用户体验速率

5G 时代将构建以用户为中心的移动生态信息系统,其中首次将用户体验速率作为网络性能指标。用户体验速率是指单位时间内用户获得 MAQ 层用户面数据传送量。用户体验速率要求达到 0.16bps。

(2)连接数密度

在 5G 时代存在大量物联网应用需求,网络要求具备超千亿设备连接能力。连接数密度是指单位面积内可以支持的在线设备总和,一般不低于 $1\times10^6/\text{km}^2$。

(3)端到端时延

采用 OTT(Over The Top)或 RTT(Round Trip Time)来衡量,OTT 是指从发送端到接收端接收数据之间的间隔,RTT 是往返时间。在 4G 时代,网络架构扁平化设计大大提升了系统时延性能。在 5G 时代,车辆通信、工业控制、增强现实等业务应用场景对时延提出了更高的要求,最低空口 RTT 时延要求达到了 1ms。

(4)移动性

历代移动通信系统重要的性能指标,是指在满足一定系统性能的前提下,通信双方最大的相对移动速度。5G 移动通信系统需要支持飞机、高速公路、城市地铁等超高速移动场景,同时也需要支持数据采集、工业控制低速移动或非移动场景。5G 的移动性指标主要是要求支持 500km/h 的移动速度。

(5)流量密度

流量密度是指单位面积内的总流量数,是衡量移动网络在一定区域范围内数据传输能力。5G 支持每平方公里能提供数十 Tbps/km^2 的流量。

(6)用户峰值速率

用户峰值速率是指用户可以获得的最大业务速率,峰值速率要求达到 10Gbps。

(7)能源效率

能源效率是指消耗每单位能量可以传送的数据量。5G 新型接入技术:低功率基站、D2D 技术、流量均衡技术、移动中继技术。

5G 与 4G 的指标对比见表 3-3。性能对比见表 3-4。

表 3-3　4G 与 5G 指标对比

性能	4G	5G
延迟	10ms	小于 1ms
峰值数据速率	1Gbps	20Gbps
移动连接数	80 亿个(2016 年)	110 亿个(2021 年)
通道带宽	20MHz 200kHz (适用于 Cat-NB1 IoT)	100MHz(6GHz 以下) 400MHz(6GHz 以上)
频段	600MHz 至 5.925GHz	600MHz-毫米波 (例如,28GHz、39GHz,乃至 80GHz)

性能	4G	5G
上行链路波形	单载波频分多址 （SC-FDMA）	循环前缀正交频分复用 （CP-OFDM）选项
用户设备（UE） 6GHz以下的5G频段 发射功率	＋23分贝/毫瓦（dBm），允许＋26dBm HPUE的2.5GHz时分双工（TDD） 频段41除外 IoT在＋20dBm时具有较低功率	6GHz以下的5G频段 在2.5GHz及以上时为＋26dBm

表 3-4　4G 与 5G 性能对比

性能 指标	峰值 速率	用户体 验速率	流量 密度	端到端 时延	连接数 密度	移动通 信环境	能效	频谱 效率
4G 参考量	1Gbps	10Mbps	0.1bps/km²	10ms	10^5/km²	350kh/m	1倍	1倍
5G 目标值	10～20 Gbps	0.1～10 Gbps	10Tbps/km²	1ms	10^6/km²	500kh/m	100倍	3～5倍
提升 效率	10～20 倍	10～100 倍	100倍	10倍	10倍	1.43倍	100倍	3～5倍

4.5G 网络构架

5G 网络架构和前几代网络类似,主要包括 5G 接入网和 5G 核心网,其中 NG-RAN 代表 5G 接入网,5GC 代表 5G 核心网(5G Core Network),它们之间的接口就叫 NG 接口。

目前讲到的是 5G 网络架构中的两种,还有以下选项,见图 3-13 。

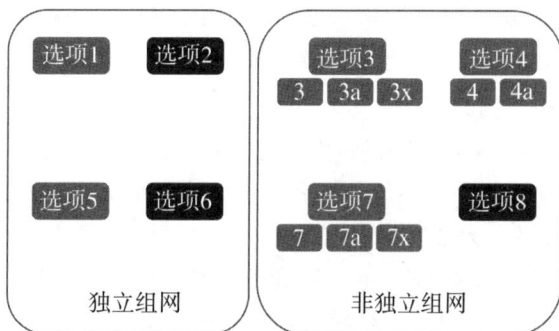

图 3-13　5G 网络架构的 8 个选项

这 8 个选项分为独立组网和非独立组网两组。其中选项 1、2、5、6 是独立组网,选项 3、4、7、8 是非独立组网。非独立组网的选项 3、4、7 还有不同的子选项。

在这些选项中,选项 1 早已在 4G 结构中实现,选项 6 和选项 8 仅是理论存在的部署场景,不具有实际部署价值,标准中不予考虑。

NSA(选项 3x)见图 3-14,采用双连接方式,5G NR 控制面锚定于 4G LTE,并利旧4G 核心网 EPC。SA(选项 2)见图 3-15,5G NR 直接接入 5G 核心网(NG Core),它不再依赖 4G,是完整独立的 5G 网络。

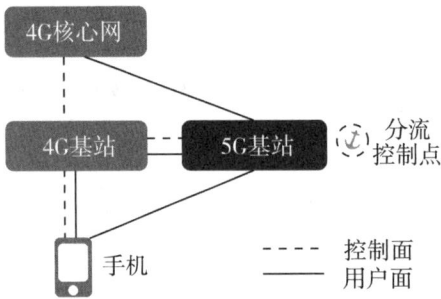

选项3x

图 3-14　NSA(选项 3x)

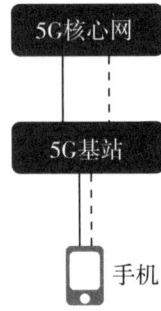

选项2

图 3-15　SA(选项 2)

对比以上架构,NSA 和 SA 主要存在三大区别:

(1)NSA 没有 5G 核心网,SA 有 5G 核心网,这是一个关键区别。

(2)在 NSA 组网下,5G 与 4G 在接入网级互通,互连复杂;在 SA 组网下,5G 网络独立于 4G 网络,5G 与 4G 仅在核心网级互通,互连简单。

(3)在 NSA 组网下,终端双连接 LTE 和 NR 两种无线接入技术;在 SA 组网下,终端仅连接 NR 一种无线接入技术。

相对于 2/3/4G,5G 核心网是一次颠覆式设计,它基于云原生和 SBA 服务化架构,能敏捷高效地创建"网络切片",不同的切片应对不同行业的多样化的 5G 应用,从而帮助运营商从 2C 市场向 2B 市场拓展,寻求新的商业模式和收入增长点。

网络切片通过灵活的网络资源组合,为不同行业的 5G 应用保障不同的 QoS,可大大提升网络服务质量,并可降低部署成本。

5G 核心网的用户面和控制面彻底分离,使 UPF(用户面功能)实现下沉和分布式部署。接下来,UPF 与 MEC(多接入边缘计算)完美天然集成,并分布式部署于网络接入侧、本地侧、汇聚侧和核心侧。

分布式的 UPF/MEC 意味着内容和服务将从互联网走进移动内网,使之更接近用户侧,从而减少网络传输时延,并减轻核心网和骨干传输网络负担,可实现工业自动控制、远程控制、AR/VR 等低时延、大带宽 5G 应用。

运营商将基于网络切片和 MEC 向 2B 市场扩展,可以说,这是 5G 的最大价值所在。尽管 5G 网络能力也会驱动 VR、云游戏等 2C 市场新业务,但随着几十年来移动通信的飞速发展,人的连接已趋于饱和,单靠 2C 市场的经营模式已不足,运营商迫切需要把重心转移至开拓 2B 市场,发展行业 VR/AR、智慧交通、智慧安防、智能电网、工业自动控制等广泛的行业应用。

此外,在安全构架上,5G 核心网比 4G EPC 更强,具有更强的加密算法,更安全的隐私加密,更安全的网间互联和更安全的用户数据,可全面实现网络安全防护。

但在 NSA 组网下,由于没有 5G 核心网,既不能支持网络切片,又无法完美支持MEC,因此在网络时延、业务部署敏捷性和服务可靠性上,以及在支持 5G 新应用方面,会大打折扣。

5.5G 应用

5G 大带宽、低时延、多连接的网络能力,加上网络切片和 MEC 技术,将赋能全行业创新应用,但 NSA 在 5G 核心网、上行带宽、时延等方面的能力有限,会导致很多 5G 应用创新受阻。

(1)5G 医疗急救车

5G 医疗急救车通过超高清视频将患者的生命体征信息实时回传至急救指挥中心实现远程支持,将急诊救治战线前移,这要求 5G 网络必须保证连续的上下行带宽。

但急救车是快速移动的,如果采用 NSA 组网,小区间切换时延大于 120ms,会导致视频传输出现卡顿和花屏,影响急救效率;而在 SA 组网下,系统切换时延小于 40ms,视频连续无卡顿。

(2)高清/VR 直播

5G 将史无前例地提升网络上行速率,并因此将改变超高清视频媒体的生产和传送过程,激发新一波视频内容革命。比如一场球赛 VR 直播,通过多台摄像机全方位采集高清视频,并通过大宽带、低时延 5G 网络实时传送,让用户可以自由选择不同位置、不同角度沉浸式观赛。

但在 NSA 组网下,由于终端天线双连接会拉低上行峰值带宽,将使这波创新应用受限。以一个 20000m² 的球场为例,每台 4K 摄像机需 50M 带宽上传,若采用 NSA 组网,单小区峰值带宽小于 200M,只能支持 4 台 4K 摄像机回传;而若采用 SA 组网,单小区峰值带宽大于 480M,相当于可支持 10 台 4K 摄像机回传。

(3)Cloud VR

VR 是 5G 关键应用,但要达到极致体验要求端到端时延小于 50ms(包括网络时延和设备处理时延),其中,网络端到端时延要求小于 20ms。

在 NSA 组网下,NR 基站＋EPC,没有 5G 核心网和 MEC 支持,端到端时延大于 30ms,无法支持 VR 游戏、VR 建模设计等 CG 类业务,而 SA 组网下的网络端到端时延能小于 15ms。

(4)智能电网

智能电网中的差动保护、精准负控场景,要求超高可靠超低时延的 uRLLC 切片,要求端到端通信时延小于 15ms,并需保障 SLA。

NSA 不支持网络切片,也无法支持 MEC,端到端时延大于 30ms,因此无法支持智能电网业务,而 SA 组网下网络端到端时延能小于 15ms。

(5)远程控制

在一些特殊场景,比如无人矿山、港口等,为了避免安全风险和提升效率,会利用 5G 大带宽、低时延的可靠能力,通过全景高清摄像头,将 360°全景视频实时回传到远程控制端,对车辆、机械设备等进行实时、准确的远程控制。

在 NSA 组网下,由于上行带宽和网络时延能力不足,同样会限制这些应用场景部署。

(6)智能制造

面向第四次工业革命,5G NR、网络切片和 MEC 是三大关键驱动技术。5G NR 中新无线将代替车间内的有线连接,使工厂柔性化、自动化和操作维护 AR 化等;网络切片可端到端保障严苛的工业 QoS 需求,还能隔离工业领域不同的服务需求;MEC 不仅可降低网络时延和负荷,还能在本地与工厂数据、ERP 系统等无云集成,让数据存储和处理于本地,不必发送到云端,保障数据的安全性和隐私性。但在 NSA 组网下,不支持网络切片和MEC 分布式部署,端到端时延大于 30ms,无法拓展智能制造等相关业务。

综上所述,5G 时代要扩展行业应用,需要更大的上行带宽支撑视频回传,需要更低的时延支持及时远程控制,需要 MEC 支持用户数据不出局,需要切片网络保障网络质量和支持数据隔离,需要更低的小区切换时延确保视频中断无感知,而 NSA 组网在网络能力上支撑不足。

简单地讲,5G 的发展目标就是"1+3":"1"就是一个网络切片的 5G 核心网,并最终实现一张全云化的网络;"3"就是 eMBB、uRLLC 和 mMTC 三大应用场景。5G 时代,运营商将以"1+3"为发展主轴,从 2C 向 2B 市场扩展,最终使万物互联和全行业数字化转型。但 NSA 组网没有"1","3"大应用场景也不完整,它主要是依托于 4G 生态规模继续拓展 eMBB 业务,其网络能力不足以支撑全行业全场景 5G 应用,因此,着眼长远,SA 才是 5G 的必然选择。

3.3.4 NB-IoT 窄带物联网概述

窄带物联网 NB-IoT(Narrow Band Internet of Things)是一种通信标准,旨在让物联网设备能够通过运营商网络进行工作。一般来说,它指的是使用 GSM 频谱交换数据的各种设备或传感器之间的互连。NB-IoT 是一种低功率广域网技术,不需要"网关"。设备或传感器可以直接与运营商网络通信。

低功率广域网 LPWAN(Low Power Wide Area Network)可以在比较大的范围内连接设备,并提供特征通信,例如以较低的比特率进行长距离通信,它的成本较低,功率效率更高(低功耗)。与蜂窝服务相比,低功率广域网(LPWAN)支持较大范围内的更多设备,因此在几乎所有领域都得到了普遍的应用。低功率广域网(LPWAN)非常适用于需要传输有限或少量数据的物联网应用。

NB-IoT 技术与全球移动通信系统 GSM(Global System for Mobile Communication)和长期演进技术 LTE(Long Term Evolution)在许可频段(例如 700 MHz、800 MHz 和900 MHz)下共存。但 NB-IoT 将带宽限制在 180kHz 的单个窄带,比特率限制在 150~250kbps。

NB-IoT 支持大量的设备,尤其是面临严重限制条件下的设备,如电池寿命限制、网络覆盖不佳、处理器运算能力不足等,但不要求较大的带宽,或者即便有较低的延迟也可以满足使用。由于 NB-IoT 利用了现有的移动网络,覆盖了 GSM 的所有频段,任何有移动网络的地区都可以有 NB-IoT,比如未连接互联网的机器、工业物联网机器、传感器等。它也是设备密度高的系统的理想选择,如室内深处、地下、停车场等。

在汽车行业,NB-IoT 可用于远程信息处理设备。原始设备制造商可以整合数据记录仪用来收集关键数据,帮助他们研究车辆使用模式,有助于保修索赔。

NB-IoT 技术使用特定频段的天线或多频段天线,接收来自安装有 NB-IoT 模块的车辆的信号。这些模块和外围设备(如传感器)可以很容易地连接起来,与主机微处理器或微电脑进行通信。通信基站接收来自车辆的信号，并将其传输到 NB-IoT 核心网络，在那里数据被处理为节点到应用或应用到节点，并被监控。

使用 NB-IoT 所产生的数据费用几乎是最低的，所以原始设备制造商可以大量部署这些设备。每辆生产车辆都可以有能力与中央服务器共享关键信息。NB-IoT 可以通过收集周围车辆的速度和位置信息来避免事故，缓解交通拥堵，对环境产生积极影响，从而在车与车之间的通信中发挥巨大作用。

3.4 非授权频段 LoRa 技术

物联网通信技术繁多，从传输距离上可划分两类：第一类是短距离通信技术，例如上面介绍的 Bluetooth、ZigBee、Wi-Fi 等，典型的应用场合如智能家居；第二类是低功耗广域网 LPWAN，典型的应用是智能抄表系统。LPWAN 技术又可根据工作频段分为两类：一类工作在非授权频段，如 LoRa、SigFox 等，此类技术无统一标准，自定义实现。另一类工作于授权频段下，国际移动通信标准制订机构支持的 2G、3G、4G、5G 蜂窝通信技术，如全球移动通信系统 GSM、长期演进 LTE 和基于蜂窝的窄带物联网 NB-IoT 等。

LoRa 是 Semtech 公司开发的一种低功耗局域网无线标准，它是一种物联网接入层网络传输技术。其名称"LoRa"是远距离无线电（Long Range Radio），它最大特点就是在同样的功耗条件下比其他无线方式传播的距离更远，实现了低功耗和远距离的统一，它在同样的功耗下比传统的无线射频通信距离扩大 3～5 倍。

1. LoRa 无线技术基础与特点

LoRa 是一种低功耗广域网通信（LPWAN）技术中的一种，是 Semtech 公司采用和推广的一种基于扩频技术的超远距离无线传输技术。它是物理层（PHY）协议，能被应用在几乎所有的网络技术中，其模块主要在全球免费频段运行，频率范围从 137～1050MHz，常见的主要是 433MHz、868MHz、915MHz 等。LoRa 远程扩频技术，可解调低于 −20dB 的噪声，确保了高灵敏度、可靠的网络连接，同时提高了网络效率并消除了干扰。LoRa 无需再借助中继器，极大地简化了系统设计并降低了总部署成本，相较于 3G 和 4G 蜂窝网络，LoRa 无线技术对嵌入式应用而言可扩展性更强，性价比更高。

2. LoRa 组网

LoRa 网络主要由终端（内置 LoRa 模块）、网关（或称基站）、服务器和云四部分组成，应用数据可双向传输。

3. LoRa 终端

LoRa 终端是 LoRa 网络的组成部分，一般由 LoRa 模块和传感器等器件组成。LoRa 终端可使用电池供电，能够远程定位。通过增加私有的协议，可以支持终端（Node）到终端（Node）间的通信，目前主要用在小区流动抄表。

4. LoRa 网关

网关位处 LoRa 星形网络的核心位置，是终端和服务器（Server）间的信息桥梁，是多信道的收发机。网关与网络服务器间通过标准 IP 进行连接,终端通过单跳与一个或多个网关进行通讯。网关容量是在一定时间内网关接收数据包数量的能力,网关接入终端数量最终还是与网关信道数量、终端发包频率、发包字节数和扩频因子息息相关。

5.LoRa 服务器

(1)提供接入控制

符合 LoRaWAN 标准的模块、网关均能接入 LoRa 网络,但是互联互通存在一个鉴权的过程,鉴权在服务器(Server)上完成。

(2)数据传输与管理

服务器(Server)作为网关与云端的协议处理器,能实现"网关—服务器—云"间数据的双向传输、多次加密,以确保传输的安全性,并能进行传输流量统计、传输状态监测。

(3)网关管理与配置

对网关进行频点配置、网关状态信息上报等,多个网关可连接到同一个 LoRaWAN Server 中,服务器能将接收到的重复信号进行鉴别,剔除无效的数据,并选择最有效的下行网关,将"响应"高效地发送到模块终端。

(4)终端节点管理与配置

服务器(Server)能识别不同终端节点,对节点做出允许接入或拒绝接入响应,并能空中激活终端节点(Over-the-Air Activation)。

服务器(Server)能实现终端速率自适应(ADR)与漫游(即支持终端在不同网关覆盖范围内自由移动)。

6.LoRa 云平台通信

服务器(Server)端能进行数据格式转换与数据转发,以满足不同云平台间数据共享或传输的要求,与云平台实现计费管理、用户管理、流量控制、数据存储、大数据分析、数据可视化等功能。

思考题

1.请简述 PROFIBUS 现场总线的含义。

2.请简述 IO-Link 是一种什么通信协议。

3.什么是 CAN 总线?

4.OSI/OSI 模型七层协议的每层含义是什么?

5.蓝牙系统组成及工作原理是什么?

6.请简述蓝牙协议、底层协议、中间层协议和高层协议。

7.ZigBee 网络有什么特点?

8.5G 的三大应用场景有哪些?

9.5G 网络构架,NSA 和 SA 主要存在哪三大区别?

10.5G 大带宽、低时延、多连接的网络能力最适合的应用场景有哪些?

CHAPTER **4**

第4章

云计算及平台

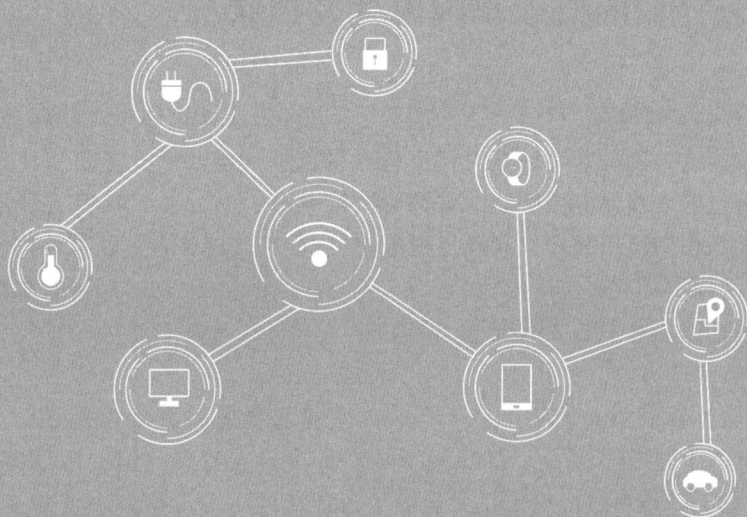

云计算已经成为 IT 界的热门技术,甚至被视为将根本改变生活方式和商业模式的革命技术。借助云计算,网络服务提供者可以在瞬息之间,处理数以千万计甚至亿计的信息,实现和超级计算机同样的效能,见图 4-1。云计算可以被视为网络计算和虚拟化的融合,即利用网格分布式计算处理能力,将 IT 资源构筑成一个资源池,再加上成熟的服务器虚拟化、存储虚拟化技术,使用户可以实时监控和调配资源。

图 4-1　云 计 算 用 户

4.1　云计算的概念及国内外发展状况

云计算的定义众多,目前广泛认同的一点是,云计算是分布式处理、并行处理和网格计算的发展,或者说是这些计算机科学概念的商业实现。云计算是一种资源交付和使用模式,指通过网络获得应用所需的资源(硬件、软件、平台)。云计算将计算从客户终端集中到"云端",作为应用通过互联网提供给用户,计算通过分布式计算等技术由多台计算机共同完成。用户只关心应用的功能,而不关心应用的实现方式,应用的实现和维护由其提供商完成,用户根据自己的需要选择相应的应用。云计算不是一个工具、平台或者架构,而是一种计算的方式。

尽管云计算的思想孕育良久,但是在国外取得蓬勃发展也是最近十几年的事情。2003 年,美国国家科学基金(NSF)投资 830 万美元支持由美国七所顶尖院校提出的"网络虚拟化和云计算"项目,由此正式启动了云计算的研发工作。2009 年 4 月,谷歌推出了 Google 应用软件引擎(Google App Engine)运行大型并行应用程序。Apple 是云计算领域的另一位角色,从近年来推出的 iTunes 服务,到 MobileMe 服务,到收购在线音乐服务商 Lala,再到最近在美国北卡罗来纳州投资 10 亿美元建立新数据中心的计划,无不显示其进军云计算领域的巨大决心。

而国内近几年在云计算方面取得了长足的发展,国内的云计算发展虽处于起步阶段,但各大通信运营商都表现得异常活跃。中国移动推出了"大云"(Big Cloud)云计算基础服务平台,中国电信推出了"e 云"云计算平台,中国联通则是推出了"互联云"平台。

4.2 云计算类型

云计算是一种计算资源的网络应用和服务模式,通常有三种类型:公有云、私有云和混合云。

1.公有云

公有云是指企业通过自己的基础设施直接向大众或者大行业提供的云服务,外部用户通过互联网访问服务,不拥有云计算资源。目前,典型的公有云有微软的 Windows Azure、Amazon AWS,以及国内的阿里云、腾讯云等。

公有云被认为是云计算的主要形态,一般可通过 Internet 提供有吸引力的服务给最终用户创造新的业务价值,这种服务的提供可能是免费或成本较低。

公有云的最大优点:应用的程序、服务及相关数据都存放在公有云的提供者处,无须做相应的投资和建设,可直接通过 Internet 访问,使用方便,成本低廉。

最大的问题是:公共云的可用性不受使用者控制,数据不存储在自己的数据中心,其安全性存在一定风险。

2.私有云

私有云是指企业自己使用的云,是将云基础设施与软硬件资源创建在防火墙内,以供企业内各部门共享的数据资源。它所有的服务都不对外开放,而是只供内部人员或分支机构使用。私有云的部署比较适合有众多分支机构的大型企业或政府部门。随着这些大型企业数据中心的集中化,私有云将会成为部署 IT 系统的主流模式。目前,典型的私有云有 eBay、Walmart。

相对于公有云,私有云部署在企业自身内部,因此,其数据安全性、系统可用性都可由自己控制。缺点是投资较大。

3.混合云

混合云是指企业供给自己和客户共同使用的云,它所提供的服务既可以供别人使用,也可以供自己使用。相比较而言,混合云的部署方式对提供者的要求较高。目前,典型的混合云有中国铁路 12306、农信互联。

4.3 云计算技术原理

4.3.1 云计算体系结构

由于云计算分为 IaaS、PaaS 和 SaaS 三种类型,不同的厂家又提供了不同的解决方

云计算技术
原理

案,目前还没有一个统一的技术体系结构,对读者了解云计算的原理构成了障碍。为此,本书综合不同厂家的方案,构造了一个供商榷的云计算体系结构。这个体系结构如图 4-2 所示,它概括了不同解决方案的主要特征。

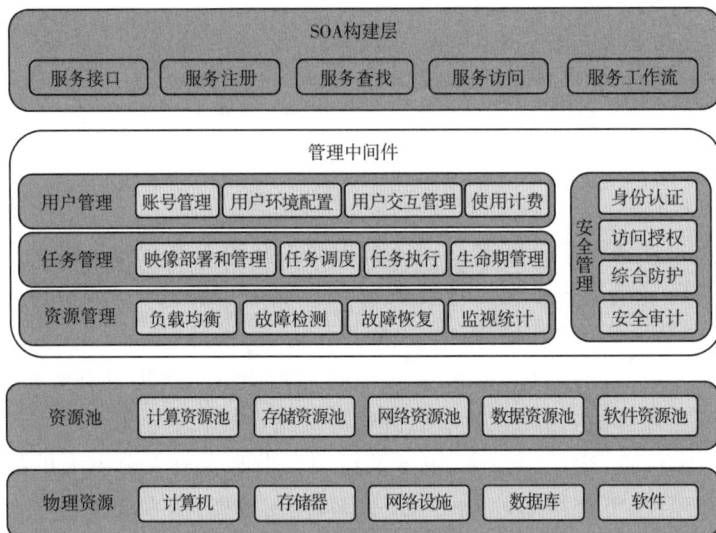

图 4-2　云计算体系结构

云计算技术体系结构分为 4 层:物理资源层、资源池层、管理中间件层和 SOA 构建层,如图 4-2 所示。物理资源层包括计算机、存储器、网络设施、数据库和软件等。资源池层是将大量相同类型的资源构成同构或接近同构的资源池,如计算资源池、数据资源池等。构建资源池更多的是物理资源的集成和管理工作,例如研究如何在一个标准集装箱的空间内装下 2000 个服务器、解决散热和故障节点替换的问题并降低能耗。管理中间件层负责对云计算的资源进行管理,并对众多应用任务进行调度,使资源能够高效、安全地为应用提供服务;SOA 构建层将云计算能力封装成标准的 Web Services 服务,并纳入 SOA 体系进行管理和使用,包括服务注册、查找、访问和构建服务工作流等。管理中间件层和资源池层是云计算技术的关键部分,SOA 构建层的功能更多依靠的是外部设施提供。

云计算的管理中间件负责资源管理、任务管理、用户管理和安全管理等工作。资源管理负责均衡地使用云资源节点,检测节点的故障并试图恢复或屏蔽之,并对资源的使用情况进行监视统计;任务管理负责执行用户或应用提交的任务,包括完成用户任务映象(Image)的部署和管理、任务调度、任务执行、任务生命期管理等;用户管理是实现云计算商业模式的一个必不可少的环节,包括提供用户交互接口、管理和识别用户身份、创建用户程序的执行环境、对用户的使用进行计费等;安全管理保障云计算设施的整体安全,包括对其进行身份认证、访问授权、综合防护和安全审计等。

基于上述体系结构,本书以 IaaS 云计算为例,简述云计算的实现机制,如图 4-3 所示。

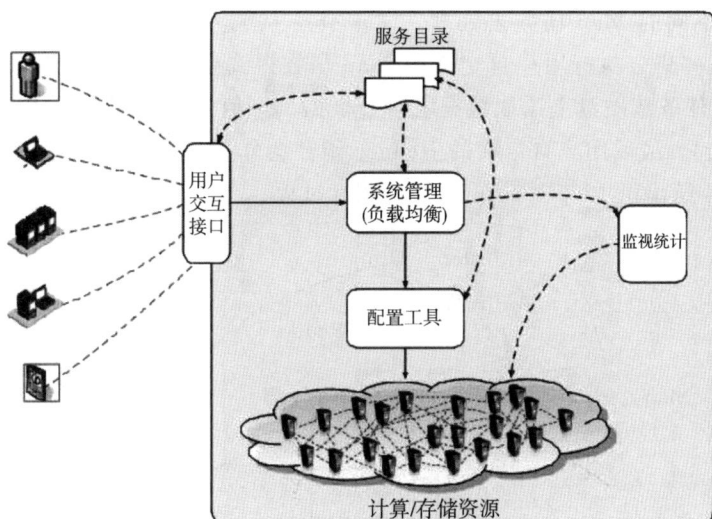

图 4-3 云计算的实现机制

用户交互接口向应用以 Web Services 方式提供访问接口,获取用户需求。服务目录是用户可以访问的服务清单,系统管理模块负责管理和分配所有可用的资源,其核心是负载均衡;配置工具负责在分配的节点上准备任务运行环境。监视统计模块负责监视节点的运行状态,并完成用户使用节点情况的统计;用户交互接口允许用户从目录中选取并调用一个服务。该请求传递给系统管理模块后,它将为用户分配恰当的资源,然后调用配置工具来为用户准备运行环境。

4.3.2 云计算的核心技术

云计算系统运用了许多技术,其中以编程模型、海量数据存储技术、海量数据管理技术、虚拟化技术、云计算平台管理技术最为关键。

1.计算(编程)模型

云计算的计算模型是一种可编程的并行计算框架,需要高扩展性和容错率支持。PadS 平台不仅要实现海量数据的存储,而且要提供面向海量数据的分析处理功能。由于 PadS 平台都部署在大规模硬件资源上,所以海量数据的分析处理需要抽象处理过程并求其编程模型支持规模扩展,屏蔽底层细节并且简单有效。目前比较成熟的技术有 MapReduce、Dryad 等。

MapReduce 是 Google 开发的 Java、Python、C++编程模型,运行于 GFS 之上,它是一种简化的分布式编程模型和高效的任务调度模型,用于大规模数据集(大于 1TB)的并行运算。严格的编程模型使云计算环境下的编程十分简单。MapReduce 模式的思想是将要执行的问题分解成 Map(映射)和 Reduce(化简)的方式,先通过 Map 程序将数据切割成不相关的区块,分配(调度)给大量计算机处理,达到分布式运算的效果,再通过 Reduce 程序将结果汇整输出。

MapReduce 的设计思想在于将问题分而治之。首先将用户的原始数据源进行分块,然后分别交给不同的 Map 任务去处理。Map 任务从输入中解析出键/值对(key/value)集合,然后对这些集合执行用户自定义的 Map 函数得到中间结果,并将该结果写入本地硬盘。Reduce 任务从硬盘上读取数据之后会根据 key 值进行排序,将具有相同 key 值的数据组织在一起。最后用户自定义的 Reduce 函数会作用于这些排好序的结果并输出最终结果。图 4-4 给出了 MapReduce 的任务调度过程。

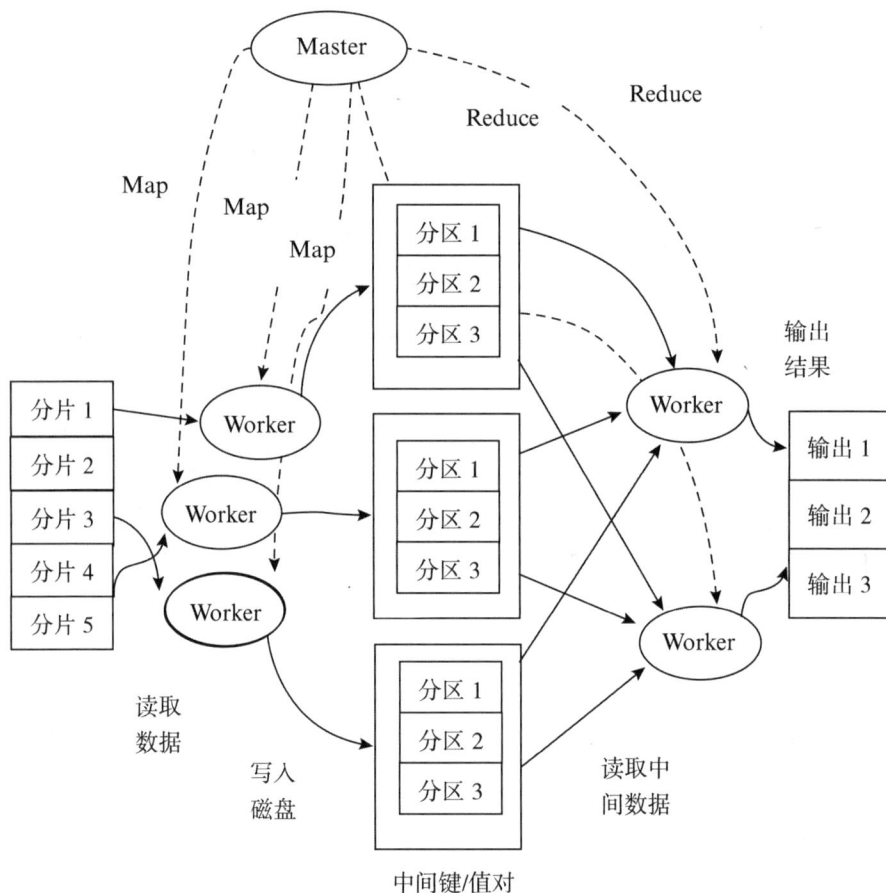

图 4-4　MapReduce 的任务调度

第一步:用户程序首先调用 MapReduce 库将输入文件分成 M 个数据片段,然后用户程序在集群中创建大量的程序副本。

第二步:程序副本 Master 将 Map 任务和 Reduce 任务分配给 Worker 程序。

第三步:被分配 Map 任务的 Worker 程序读取相关的输入数据片段。

第四步:Map 任务的执行结果写入本地磁盘。

第五步:Reduce Worker 程序使用 RPC 从 Map Worker 所在主机磁盘上读取这些缓存数据。

第六步:Reduce Worker 程序遍历排序后的中间数据,Reduce 函数的输出被追加到所属分区的输出文件。

第七步:当所有的 Map 和 Reduce 任务都完成之后,Master 唤醒用户程序,在这个时候,在用户程序里的对 MapReduce 的调用才返回。

2.海量数据存储技术

云计算系统由大量服务器组成,同时为大量用户服务,因此,云计算系统采用分布式存储的方式存储数据,用冗余存储的方式保证数据的可靠性。云计算系统中广泛使用的数据存储系统是 Google 的 GFS(Google File System)。

(1)数据中心

云计算环境下,数据的存储是由数以万计的存储设备所构成的庞大的存储中心。这些异构的存储设备通过各自的分布式文件系统将分散的、低可靠性的资源聚合为具有高可靠性、高可扩展性的整体,在此基础上构建面向用户的云存储服务。如图 4-5 所示,数据中心是实现云计算海量数据存储的基础,主要包括各种存储设备,以及对各种异构的存储设备进行管理的分布式文件系统。

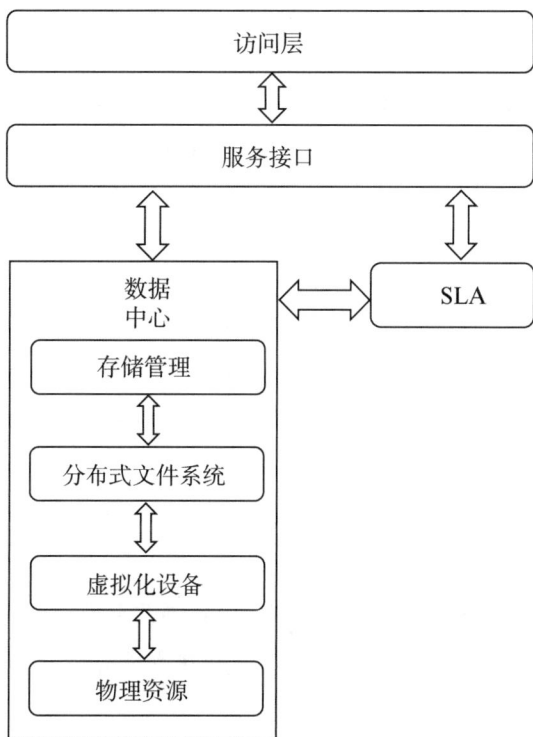

图 4-5　云计算平台存储结构

(2)分布式文件系统

分布式文件系统(Distributed File System,DFS)是云存储的核心,一般作为云计算的数据存储系统,对 DFS 的设计既要考虑系统的 I/O 性能,又要保证文件系统的可靠性与可用性。文件系统是支撑上层应用的基础,Google 自行研发的 GFS(Google File System)是一种构建在大量服务器上的可扩展的分布式文件系统,采用主从架构,通过数据分块、追加更新等方式实现海量数据的高效存储。

3. 海量数据管理技术

云计算需要对分布的、海量的数据进行处理、分析，因此，数据管理技术必须能够高效管理大量的数据。云计算系统中的数据管理技术主要是 Google 的 BigTable(BT)数据管理技术和 Hadoop 团队开发的开源数据管理模块 HBase。

Google 的许多应用包括 Search History、Maps、Orkut 和 RSS 阅读器等，它们的共同特点是需要支持海量的数据存储，管理大量的格式化及半格式化数据，读取后进行大量分析，数据的读操作频率远大于数据的更新频率等。为此 Google 开发了弱一致性要求的大规模数据库系统——BigTable。

BigTable 针对数据读操作进行了优化，采用基于列存储的分布式数据管理模式以提高数据读取效率。BigTable 的基本元素是行、列、记录板和时间戳，行键和列键都是字节串，时间戳是 64 位整型，可以用(row:string,column:string,time:int64)string 表示一条键值对记录。其中，记录板 Table 就是一段行的集合体。

图 4-6 是 BigTable 的一个例子 Webtable，Webtable 存储了大量的网页和相关信息。在 Webtable 中，每一行存储一个网页，其反转的 url 作为行键，比如"com. google. maps"，反转的原因是为了让同一个域名下的子域名网页能聚集在一起。

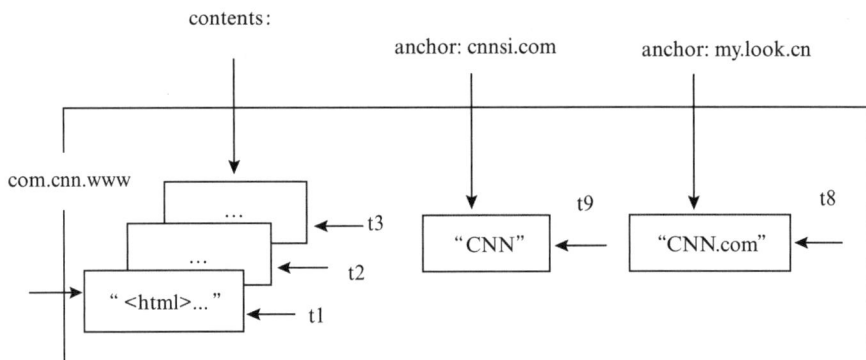

图 4-6　Webtable

BigTable 中的数据项按照行关键字的字典序排列并存储，行键可以是任意字节串，通常有 10～100B。BigTable 的表会根据行键自动划分为片，片是负载均衡的单元。

4. 虚拟化技术

虚拟化技术是指计算元件在虚拟的基础上而不是真实的基础上运行，它可以扩大硬件的容量，简化软件的重新配置过程，减少软件虚拟机相关消耗和支持更广泛的操作系统。通过虚拟化技术可实现软件应用与底层硬件相隔离，它包括将单个资源划分成多个虚拟资源的裂分模式，也包括将多个资源整合成一个虚拟资源的聚合模式。虚拟化技术根据对象可分成存储虚拟化、计算虚拟化、网络虚拟化等，计算虚拟化又分为系统级虚拟化、应用级虚拟化和桌面虚拟化。在云计算实现中，计算系统虚拟化是一切建立在"云"上的服务与应用的基础。虚拟化技术目前主要应用于 CPU、操作系统、服务器等多个方面，是提高服务效率的最佳解决方案之一。

5.云计算平台管理技术

云计算资源规模庞大,服务器数量众多并分布在不同的地点,同时运行着数百种应用。如何有效地管理这些服务器,保证整个系统提供不间断的服务是巨大的挑战。云计算系统的平台管理技术能够使大量的服务器协同工作,方便进行业务部署和开通,快速发现和恢复系统故障,通过自动化、智能化的手段实现大规模系统的可靠运营。

4.4 阿里云物联网平台

4.4.1 阿里云智能物联网平台(公有云部署)简介

阿里云物联网平台见图 4-7,为设备提供安全可靠的连接通信服务,向下连接海量设备,支撑设备数据采集上云;向上提供云端 API,指令数据通过 API 调用下发至设备端,实现远程控制。物联网平台也提供了其他增值能力,如设备管理、规则引擎、数据分析、边缘计算等,全栈式"云管边端"一体化平台服务为各类 IoT 场景和行业开发者赋能。

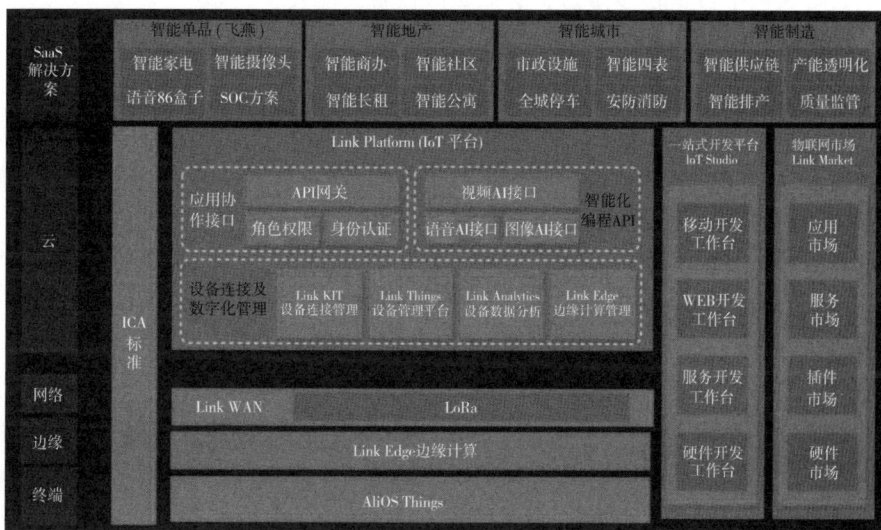

图 4-7 阿里云物联网平台架构

4.4.2 平台主要能力

1.设备接入

物联网平台支持海量设备连接上云,设备与云端通过 IoT Hub 进行稳定可靠的双向通信。其功能为:

(1)提供设备端 SDK、驱动、软件包等帮助不同设备、网关轻松接入阿里云。

(2)提供 2G、3G、4G、NB-IoT、LoRa、Wi-Fi 等不同网络设备接入方案,解决企业异构网络设备接入管理痛点。

（3）提供 MQTT、CoAP、HTTP 等多种协议的设备端 SDK，既满足长连接的实时性需求，也满足短连接的低功耗需求。

（4）开源多种平台设备端代码，提供跨平台移植指导，赋能企业基于多种平台做设备接入。

2.设备管理

提供完整的设备生命周期管理功能，支持设备注册、功能定义、数据解析、在线调试、远程配置、固件升级、远程维护、实时监控、分组管理、设备删除等功能。优点如下。

（1）提供设备物模型，简化应用开发。

（2）提供设备上下线变更通知服务，方便实时获取设备状态。

（3）提供数据存储能力，方便用户海量设备数据的存储及实时访问。

（4）支持 OTA 升级，赋能设备远程升级。

（5）提供设备影子缓存机制，将设备与应用解耦，解决不稳定无线网络下的通信不可靠痛点。

3.安全能力

阿里云物联网平台提供多重防护有效保障设备云端安全。

（1）身份认证

①提供芯片级安全存储方案及设备密钥安全管理机制，防止设备密钥被破解。安全级别很高。

②提供一机一密的设备认证机制，降低设备被攻破的安全风险，适合有能力批量预分配 ID 密钥烧入每个芯片的设备。安全级别高。

③提供一型一密的设备预烧，认证时动态获取设备证书（包括 ProductKey、DeviceName 和 DeviceSecret），适合批量生产时无法将设备证书烧入每个设备的情况。安全级别普通。

（2）通信安全

①支持 TLS（MQTT/HTTP）、DTLS（CoAP）数据传输通道，保证数据的机密性和完整性，适用于硬件资源充足、对功耗不是很敏感的设备。安全级别高。

②支持 TCP（MQTT）、UDP（CoAP）上自定义数据对称加密通道，适用于资源受限、功耗敏感的设备。安全级别普通。

③支持设备权限管理机制，保障设备与云端安全通信。

④支持设备级别的通信资源（Topic 等）隔离，防止设备越权等问题。

4.规则引擎

规则引擎提供数据流转和场景联动功能。配置简单规则，即可将设备数据无缝流转至其他设备，实现设备联动；或者流转至其他云产品，获得存储、计算等更多服务。使用规则引擎，可实现：

（1）设备与设备之间的通信，快速实现 M2M 场景。

（2）将数据转发到消息服务（Message Service）和消息队列（RocketMQ）中，保障应用消费设备数据的稳定可靠性。

（3）将数据转发到表格存储（Table Store），提供设备数据采集＋结构化存储的联合方案。

（4）将数据转发到云数据库（RDS）中，提供设备数据采集＋关系型数据库存储的联合方案。

（5）将数据转发到 DataHub 中，提供设备数据采集＋大数据计算的联合方案。

（6）将数据转发到时序时空数据库（TSDB），提供设备数据采集＋时序数据存储的联合方案。

（7）将数据转发到函数计算中，提供设备数据采集＋事件计算的联合方案。

5. 数据分析

物联网平台提供包括空间数据可视化和流计算在内的数据分析服务，可实现：

（1）导入二维地图或三维模型，绑定真实设备，实现设备数据在二维/三维空间上的可视化。

（2）通过拖拽流计算组件，编排流计算任务，轻松完成数据分析与处理。

6. 边缘计算

物联网平台提供边缘计算能力，支持在离设备最近的位置构建边缘计算节点处理设备数据。

在断网或弱网情况下，边缘计算可缓存设备数据，网络恢复后，自动将数据同步至云端。

提供多种业务逻辑的开发和运行框架，包括场景联动、函数计算和流式计算，各框架均支持云端开发、动态部署。

4.5 边缘云计算技术

随着 5G、物联网时代的到来以及云计算应用的逐渐增加，传统的云计算技术已经无法满足终端侧"大连接，低时延，大带宽"的需求。随着边缘计算技术的出现，云计算将必然发展到下一个技术阶段，将云计算的能力拓展至距离终端最近的边缘侧，并通过云边端的统一管控实现云计算服务的下沉，提供端到端的云服务，由此产生了边缘云计算的概念。

边缘云计算技术

4.5.1 边缘云计算概念

边缘云计算，简称边缘云，是基于云计算技术的核心和边缘计算的能力，构筑在边缘基础设施之上的云计算平台。形成边缘位置的计算、网络、存储、安全等能力全面的弹性云平台，并与中心云和物联网终端形成"云边端三体协同"的端到端的技术架构，通过将网络转发、存储、计算，智能化数据分析等工作放在边缘处理，降低响应时延、减轻云端压力、降低带宽成本,并提供全网调度、算力分发等云服务。

边缘云计算的基础设施包括:分布式 IDC,运营商通信网络边缘基础设施,边缘侧客户节点(如边缘网关、家庭网关等)等边缘设备及其对应的网络环境。

图 4-8 表述了边缘云计算的基本概念。边缘云作为中心云的延伸,将云的部分服务或者能力(包括但不限于存储、计算、网络、AI、大数据、安全等)扩展到边缘基础设施之上。中心云和边缘云相互配合,实现中心-边缘协同、全网算力调度、全网统一管控等能力,真正实现"无处不在"的云。

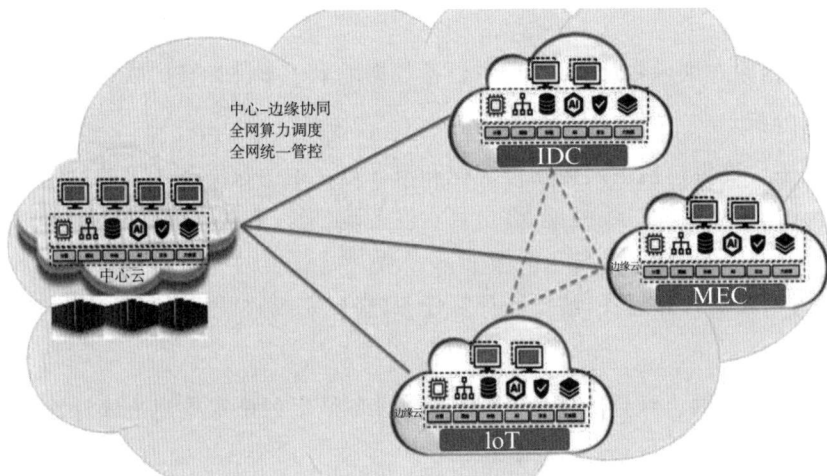

图 4-8 边缘云计算示意

边缘云计算本质上是基于云计算技术,为"万物互联"的终端提供低时延、自组织、可定义、可调度、高安全、标准开放的分布式云服务。

边缘云可以最大程度上与中心云采用统一架构、统一接口、统一管理,这样能够最大限度地降低用户开发和运维成本,真正实现将云计算的范畴拓展至距离数据源产生更近的地方,弥补传统架构的云计算在某些应用场景中的不足之处。

边缘云计算服务应具备以下特点。

全覆盖:提供各种覆盖场景的一站式边缘计算服务和敏捷交付能力。

弹性伸缩:按需购买,按量付费,实现业务的弹性伸缩需求,节省了自建所需的供应链管理、建设及资金投入成本。

开放灵活:提供"标准开放"的边缘云计算平台,可方便与中心云系统对接,按业务需求灵活部署各类应用。

安全稳定:利用云计算核心技术积累构建安全稳定的边缘云计算核心系统。

在使用边缘云计算服务之后,用户可以进一步扩展自身的应用,获得以下收益。

降低时延:边缘云计算服务可以提供 5ms 以下的终端访问时延。

业务本地化:采用云边端三体协同架构后,大量的处理响应在本地发生,终端到云的访问频次将减少 80% 以上。

降低成本:引入边缘云计算后,计算、存储、网络等成本可以节省 30% 以上。

敏捷交付:采用边缘云计算服务后,可以获得"一分钟敏捷交付"的能力。

高安全:具备与传统云服务一体化的高安全能力,包括 DDoS 清洗和黑洞防护能力、多租户隔离、异常流量自动检测和清洗、中心－边缘安全管控通道等。

开放易用:包括开放的运行环境、灵活部署各类云服务和应用、在线远程管理、运行指标可视化监控等。

综上所述,边缘云计算具备网络低时延、支持海量数据访问、弹性基础设施等特点。同时,空间距离的缩短带来的好处不只是缩短了传输时延,还减少了复杂网络中各种路由转发和网络设备处理的时延。此外,由于网络链路争抢的概率大大减小,能够明显降低整体时延。边缘云计算给传统云中心增加了分布式能力,在边缘侧部署部分业务逻辑并完成相关的数据处理,可以大大缓解将数据传回中心云的压力。边缘云计算还能够提供基于边缘位置的计算、网络、存储等弹性虚拟化的能力,并能够真正实现"云边协同"。

4.5.2 边缘计算与边缘云计算的关系

传统观点认为,边缘计算和传统云计算是有一定的边界的,在 ISO/IEC JTC1/SC38 中,明确确定了边缘层、本地层和云层的界限,其应对的计算场景不同,在应用场景开拓上针对各自优势体现出差异。

以"视频场景"为例,收集图像、视频、声音等数据的传感器是智慧城市的感知"器官"。例如,交通系统中数以十万、百万计的视频设备需要 TB 级以上的带宽连续上传监控数据。目前的网络带宽无法承载这样的连续上传,造成云计算的应用受到限制。

当我们引入边缘计算技术来处理上述问题时,由于边缘基础设施的差异性大,种类繁多,边缘应用开发、部署、运营、维护都会面临各种问题、困难和风险。

边缘云计算能够最大限度上与传统云计算在架构、接口、管理等关键能力上实现统一,最终将边缘设备与云进行整合,成为云的一部分。边缘云计算与传统云计算的关系,类似人类的"大脑"与遍布全身的"神经系统"的关系,相辅相成。为了让"物理世界"更加智能,边缘云计算将神经系统从"云"这个大脑开始,层层前移,一触到底,直达"物理世界"的每一个角落。通过将云计算的能力进行拓展,边缘云计算能够深入到更多传统云计算无法覆盖的边缘应用场景。

边缘云计算还可以通过分布在距离终端最近的基础设施,为终端侧数据源提供具有针对性的算力。这些算力可以将部分数据处理终结在边缘侧,另外一部分则可以处理后再回传至中心云。这样,边缘云计算就提供了一种新的弹性算力资源,通过与中心云的协同和配合,为终端提供满足技术需求的云计算服务。

在上文提到的"视频场景"中,使用边缘云计算不仅能够解决 TB 级甚至更大的视频流低成本接入的问题,还可以提供丰富的计算能力(如 CPU、GPU、FPGA 等),在边缘完成视频的分析和识别工作后再将结构化的数据快速传递回中心云(大脑)进行信息融合。边缘云计算不仅实现了"低时延,低成本"的协同,还能有效抵抗网络抖动等不稳定因素,提升系统整体的鲁棒性。

4.5.3 边缘云计算技术特点

总体来看,边缘云计算技术具备六大特点。

低延时:因边缘云计算就近提供计算和网络覆盖,数据的产生、处理和使用都发生在离数据源很近的范围内,接收并响应终端请求的时延极低。

自组织:当网络出现问题甚至中断时,边缘云的节点可以实现本地自治和自恢复。

可定义:边缘云服务及业务逻辑不是一成不变的,而是可以由用户修改、更新和定制。

可调度:业务逻辑可以由中心云动态分发,具体在哪个边缘节点执行是可以调度的。

高安全:能够提供与传统云计算一体化的安全防护能力。

标准开放:提供标准化且开放的环境,具有和其他系统互联及互操作的能力。

4.5.4　边缘云计算典型应用场景:智慧城市中的边缘云计算应用

边缘云计算场景有很多。内容分发网络(CDN)是一个典型应用。目前,很多公司和团队由于业务架构的需要,在全国各地的运营商 IDC 机房采购资源,自建多个边缘计算节点。这些公司和团队开展边缘计算的业务时共同的痛点是资产、业务弹性、运维投入等。当边缘节点有覆盖度要求时,以上问题将会成倍放大。边缘云计算服务在边缘节点交付、运维、服务等方面的技术优势以及规模效应,解决这些客户的痛点问题。

智慧城市需要信息的全面感知、智能识别研判、全域整合和高效处置。智慧城市的数据汇集热点地区、公安、交警等数据,以及运营商的通信类数据、互联网的社会群体数据、IoT 设备的感应数据等。智慧城市服务需要通过数据智能识别出各类事件,并根据数据相关性对事态进行预测。基于不同行业的业务规则,对事件风险进行研判。整合公安、交警、城管、公交等社会资源,对重大或者关联性事件进行全域资源联合调度。实现流程自动化和信息一体化,提高社会处置能力。

在智慧城市的建设过程中,边缘云计算的价值同样巨大。如图 4-9 所示,在边缘云计算的架构下,整个系统分为采集层、感知层、应用层。

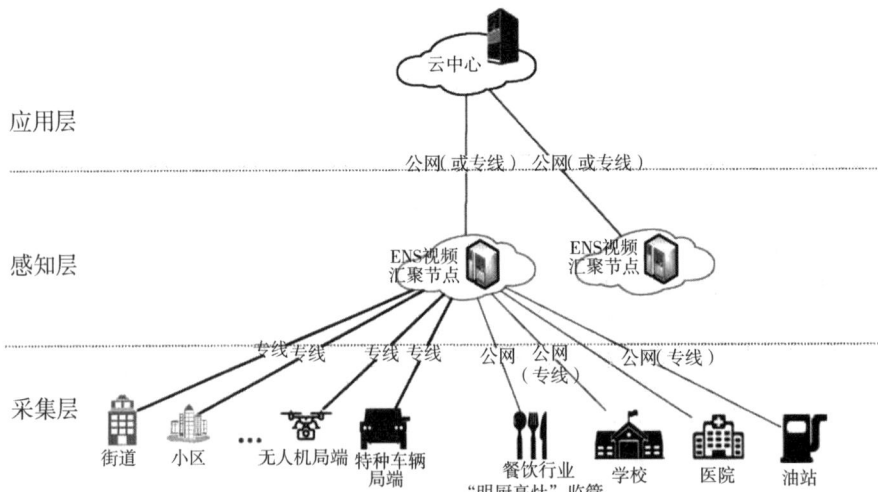

图 4-9　智慧城市边缘云计算框架

在采集层,海量监控摄像头采集原始视频并传输到就近的本地汇聚节点。

在感知层,视频汇聚节点内置来自云端下发的视觉 AI 推理模型及参数,完成对原始视频流的汇聚和 AI 计算,提取结构化特征信息。

在应用层,城市大脑可根据来自各个汇聚节点上报的特征信息,全面统筹规划形成决策,还可按需实时调取原始视频流。这样的"云-边-端"三层架构的价值在于以下几点。

提供 AI 云服务能力:边缘视频汇聚节点对接本地的监控摄像头,可对各种能力不一的存量摄像头普惠地提供 AI 能力。云端可以随时定义和调整针对原始视频的 AI 推理模型,可以支持更加丰富、可扩展的视觉 AI 应用。

视频传输稳定可靠:本地的监控摄像头到云中心的距离往往比较远,专网传输成本过高,公网直接传输难以保证质量。在"先汇聚后传输"的模型下,结合汇聚节点(CDN 网络)的链路优化能力,可以保证结构化数据和原始视频的传输效果。

节省带宽:在各类监控视频上云的应用中,网络链路成本不菲。智慧城市服务对原始视频有高清码率和 7×24 采集的需求,网络链路成本甚至可占总成本的 50% 以上。与数据未经计算全量回传云端相比,在视频汇聚点做 AI 计算可以节省 50%～80% 的回源带宽,极大降低成本。与用户自建汇聚节点相比,使用基于边缘云计算技术的边缘节点服务(ENS)作为视频汇聚节点具有以下的优势。

交付效率高:ENS 全网建设布局,覆盖 CDN 网络的每个地区及运营商。所提供的视频汇聚服务,各行业视频监控都可以复用,在交付上不需要专门建设,可直接使用本地现有的节点资源。

运营成本低:允许客户按需购买,按量付费,提供弹性扩容能力,有助于用户降低首期投入,实现业务的轻资产运营。

4.6 边缘计算网关

Modbus 协议在工业中得到广泛的应用,而随着工业 4.0 的发展趋势,越来越多的支持 Modbus 协议的仪器仪表要求联网监控,传统的 Modbus 网关仅仅是把原来支持 Modbus RTU 设备适配成支持 Modbus TCP,而我们的 Modbus 智能网关相比传统 Modbus 网关,增加了智能化的元素,并且在稳定性和可靠性方面做了很大的改进。

1.产品特性

(1)更高的采集速度:在采集多个 Modbus 从站数据时比传统 Modbus 网关采集速度快很多,传统的 Modbus 网关只是 Modbus RTU 与 Modbus TCP 的协议转换,本身并不处理数据,而我们的边缘计算网关是自动采集数据并缓存到本地。因此,如果主站要采集 100 台从站数据,原本要 100 次读命令,而通过 Modbus 智能网关,最优的情况是只需要一次读命令就可以。

(2)更高的可靠性:与多 TCP 上位机主站同时通信时,由于数据在本地内存缓存,不需要排队,因此极大地提高了可靠性。与下位机通信时,采用重试机制。

(3)支持 MQTT/Modbus 连接云端:用户可自定义上传数据的格式,然后网关通过 MQTT 协议发布到云端。同时也支持 Modbus TCP 协议连接云端,网关作为 TCP

Client,云端主机接收送 Modbus 读写请求。

（4）编程更简单：通过 PLC 或组态软件采集数十个设备的数据，编程过程比较烦琐。而通过智能网关，编程过程变得简单很多，只需要通过浏览器编辑采集数据，甚至可以通过 Excel 编辑采集列表。

（5）支持上位机读和写：除了读操作，支持上位机透过边缘计算网关对 Modbus 下位机写操作。

（6）支持多 RS-485 主站：传统 Modbus 网关是不能支持 485 总线上多个主站的，原因是多主站会产生数据冲突。而使用 Modbus 边缘计算网关就不存在这个问题。多主站是直接与 Modbus 边缘计算网关通信，读写网关缓冲中的数据。

（7）支持多台 Modbus 上位机主站数据共享。Modbus 主站可把数据放在 Modbus 边缘计算网关内，其他的 Modbus 主站可以通过串口或者网络来读取数据。

（8）实现多从站通信。传统 Modbus 网络从站之间是无法通信的，而 Modbus 边缘计算网关通过把 A 从站的数据搬运到 B 从站，实现 A、B 两个从站通信。

2.应用场景

（1）支持 MQTT/Modbus 连接云端，将采集的数据直接上传到云端，见图 4-10。

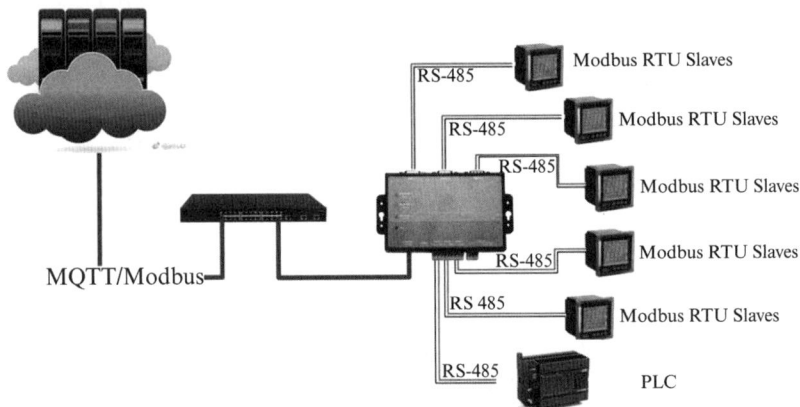

图 4-10　MQTT/Modbus 连接云端

（2）解决 Modbus TCP 主站通过串口服务器采集数十个 Modbus RTU 从站时，采集速度慢，多主站同时采集从站出现的不稳定的问题，见图 4-11。

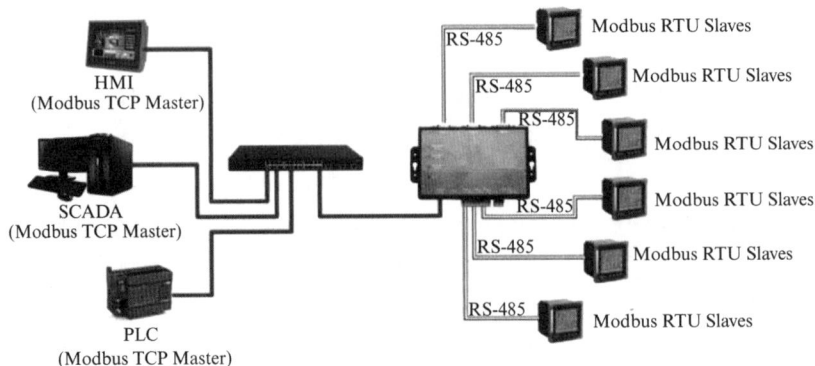

图 4-11　Modbus TCP 主站连接

（3）解决 RS-485 总线只能有一个 Modbus 主站的问题。PLC 原先只能采集 32 台仪表，通过我们的采集器，PLC 最多可采集 192 台仪表，见图 4-12。

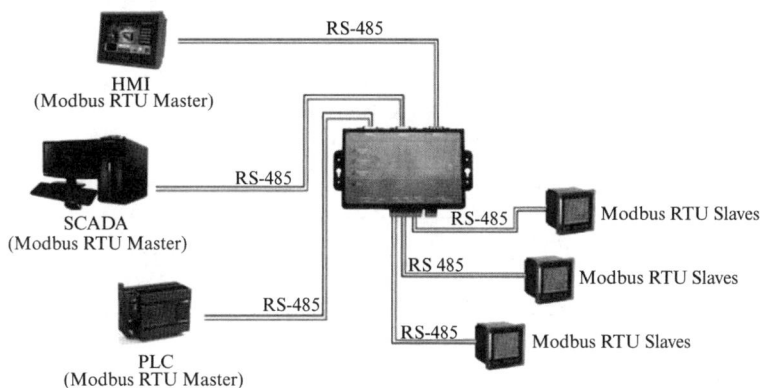

图 4-12　RS-485 总线主站连接

（4）解决没有网口的 Modbus RTU 主站无法采集 Modbus TCP 从站的数据的问题，见图 4-13。

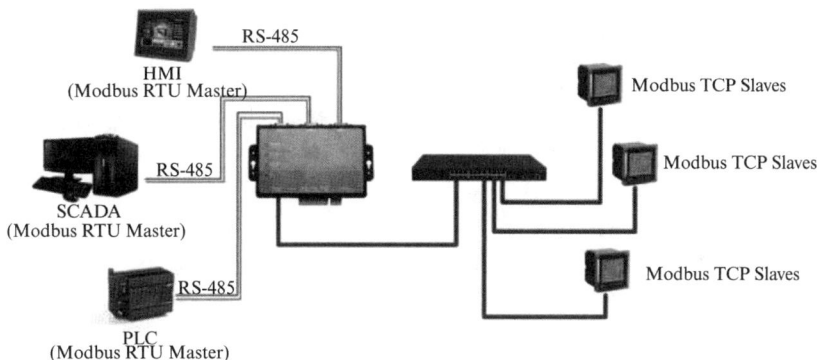

图 4-13　Modbus RTU 主站与 Modbus TCP 从站连接

3.规格参数(见表 4-1)

表 4-1　边缘网关参数

ZH-M300		
以太网	端口数量：	1
	速率：	10/100Mbps，自适应 MDI/MDIX
	电磁隔离保护：	内建 1.5kV
	接口：	8 针 RJ45
串口	串口数量：	3
	电磁隔离保护：	采用优于光耦隔离的芯片级隔离方案，隔离电压 2.5kV
	串口类型：	RS－232/RS－485 二选一

续表

ZH-M300		
串口	接口：	RS－485：3.81mm 间距绿色端子； RS－232：DB9 针式
	串口信号：	RS－232：RX,TX,GND,RTS,CTS； RS－485：A(＋),B(－),GND
串口通信	波特率：	1200 ～ 912600bps
	数据位：	7,8
	停止位：	0.5,1,1.5,2
	校验位：	None,Even,Odd
Modbus 特性	主站采集能力：	支持采集 Modbus RTU/TCP 从站； 支持上位机写操作； 每一路 RS－485 建议挂载不超过 32 个从站（芯片可支持 256 个）； 最多可采集 490 条从站记录； 每个串口可配置成主站或者从站
	本地从站：	支持 PLC/HMI/SCADA 等上位机主站通过串口或者 Modbus TCP 读取网关数据； 每一个 Modbus TCP 服务最多支持 8 个 TCP 主站连接访问； 最多可创建 16 个本地从站
软件	配置方式：	无须上位机软件,Web 浏览器访问设备配置； 支持配置备份和恢复； 支持 Excel 编辑采集列表
机械特性	外壳：	铝合金
	重量：	195g
	尺寸：	无挂耳：134mm×85mm×25mm； 有挂耳：156mm×85mm×25mm
工作环境	工作温度：	－40～75℃
	存储温度：	－40～85℃
	工作湿度：	5％～95％（无凝露）
通信协议	ModBus 协议：	Modbus RTU； Modbus TCP； Modbus RTU Over TCP
电源要求	功耗：	135mA @ 12V,69mA @ 24V
	输入电压：	7～24VDC
保修	保修期：	3 年

4.7　云计算的挑战和展望

　　云计算技术的发展面临一系列的挑战,例如:使用云计算来完成任务能获得哪些优势;可以实施哪些策略、做法或者立法来支持或限制云计算的采用;如何提供有效的计算和提高存储资源的利用率等。此外,云计算宣告了低成本超级计算机服务的可能,一旦这些"云"被用来破译各类密码、进行各种攻击,将会对用户的数据安全带来极大的危险。

　　云计算未来主要有两个发展方向:一个是构建与应用程序紧密结合的大规模底层基础设施,使得应用能够扩展到更大的规模;另一个是通过构建新型的云计算应用程序。在网络上提供更加丰富的用户体验,第一个发展趋势能够从现在的云计算研究状况中体现出来(如工业物联网操作系统 Superos 等),而在云计算应用的构造上,很多新型的社会服务型网络,如 Facebook 等,已经体现了这个趋势,在研究上则开始注重如何通过云计算基础平台将多个业务融合起来。

思考题

1. 云计算的技术原理是什么?
2. 云计算的实现机制是什么?
3. 云计算的核心技术是什么?
4. 物联网平台如何架构?
5. 边缘云计算技术有什么特点?
6. 边缘计算网关的作用是什么?

CHAPTER ⑤

第5章

物联网安全

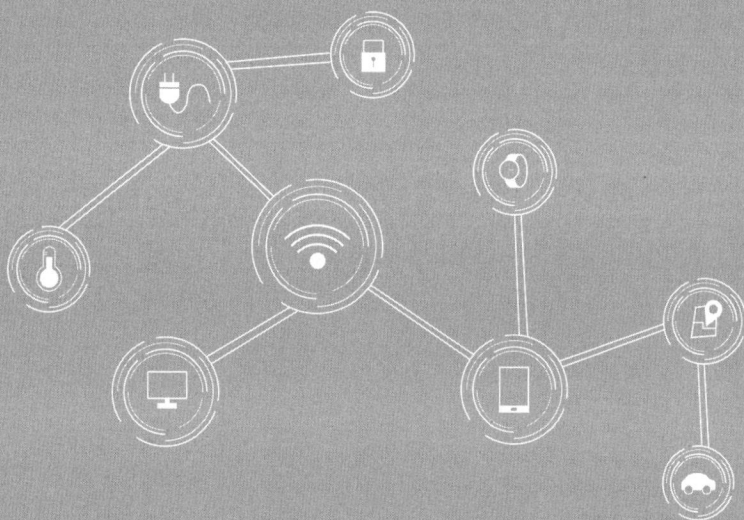

5.1 物联网安全概述

物联网各类应用已经广泛存在于大家的生活之中,在给大家的生活带来便利的同时,也会带来各种安全隐患。有研究人员演示了如何在15s内入侵家里的恒温控制器,通过对恒温控制器数据的收集,入侵者就可以了解到家中什么时候有人,他们的日程安排是什么等信息。许多智能电视带有摄像头,即便电视没有打开,入侵智能电视的攻击者可以使用摄像头来监视你和你的家人。攻击者在获取对于智能家庭中的灯光系统的访问后,除了可以控制家庭中的灯光外,还可以访问家庭的其他用电设备,从而增加家庭的电力消耗,产生极大的电费账单,更有甚者可以引导火灾等灾难事故的发生。种种安全问题提示人们,在享受物联网带来的方便快捷的同时,也需要关注物联网的安全问题。

物联网是互联网的延伸,因此,物联网的安全也是互联网安全的延伸,物联网和互联网的关系是密不可分、相辅相成的。但是物联网和互联网在网络的组织形态、网络功能以及性能上的要求都是不同的,物联网对实时性、安全可信性、资源保证等方面有很高的要求,物联网与互联网的区别在表5-1中得到体现。物联网的安全既有构建在互联网的安全上,也有因为其业务环境而具有自身的特点。总的来说,物联网安全和互联网安全的关系体现在:物联网安全不是全新的概念,物联网安全比互联网安全多了感知层,传统互联网的安全机制可以应用到物联网,物联网安全比互联网安全更复杂。

表 5-1 物联网和互联网对比

区别	物联网	互联网
体系架构	分为感知层、网络层和应用层	比物联网少了感知层
操作系统	广泛使用嵌入式操作系统,如 VxWorks 等	通用操作系统(Window、UNIX、Linux 等),功能相对强大
系统实时性	一些领域如:工业控制对系统数据传输、信息处理的实时性要求较高。一些领域如:智能家居对系统的实时性要求不高	大部分系统的实时性要求不高,信息传输允许延迟,可以停机和重启恢复
通信协议	ZigBee、蓝牙、Wi-Fi,也会用到互联网的协议(HTTP、HTTP、XMPP 等)	TCP/IP、HTTP、FTP、SMTP 等
系统升级	一些专有系统兼容性差,软硬件升级较困难,一般很少进行系统升级,如需升级可能需要对整个系统进行升级换代	采用通用系统、兼容性较好,软硬件升级较容易,且软件系统升级较频繁
运维管理	不仅关注互联网所关注的问题,还关注对物联网设备的远程控制和管理	互联网运维通常关注系统的响应、性能
漏洞分析	针对行业特定协议的漏洞和嵌入式操作系统	通用操作系统 TCP/IP 协议

续表

区别	物联网	互联网
开发流程	不像传统 IT 信息系统软件在开发时拥有严格的安全软件开发规范及安全测试流程	开发时拥有严格的安全软件开发规范及安全测试流程
隐私问题	物联网的很多应用都与人们的日常生活相关,其应用过程中需要收集人们的日常生活信息,利用该信息可以直接或者间接地通过连接查询追溯到某个人	用户网络行为、偏好方面的信息
网络的组织形态	无线传感网传感器节点大规模分布在未保护或敌对环境中;无线多跳通信;设备资源受限	网络节点大多分布在受保护的环境中;设备资源充足
物理安全	节点物理安全较薄弱	主机大多分布在受保护的环境中

5.1.1　物联网的安全需求

物联网技术的出现使我们的生活更加方便、快捷的同时,也不可避免地带来了一些安全问题。物联网中的很多应用都与我们的生活息息相关,如摄像头、智能恒温器等设备,通过对它们的信息采集,可直接或间接地暴露用户的隐私信息。由于生产商缺乏安全意识,很多设备缺乏加密、认证、访问控制管理的安全措施,使得物联网中的数据很容易被窃取或非法访问,造成数据泄露。物联网这种新型的信息网络往往会遭受有组织的 APT 攻击。由此可见,物联网安全问题需要引起我们的高度重视。

物联网的多源异构性、开放性、泛在性使其面临巨大的安全威胁。相比于 PC 互联网和移动互联网,物联网覆盖领域广泛,接入设备数量大,应用地域和设备供应商标准分散,物联网时代的应用多样性和复杂性远超互联网。物联网安全风险,保留了互联网的安全风险,增加了由感知设备带来的新的风险。与信息安全领域威胁不同的是,物联网是与实际物体产生关联的,如果物联网安全受到威胁,损失的可能不仅仅是信息资料,更有可能影响人身安全或者生产设备运行安全。

本章关注物联网安全中较为通用的安全需求,并给出了相应的对策,让读者对物联网安全需求和研究方向有更加深刻的了解。通过图 5-1 可以发现,物联网的不同层次可能面临相同的安全需求。

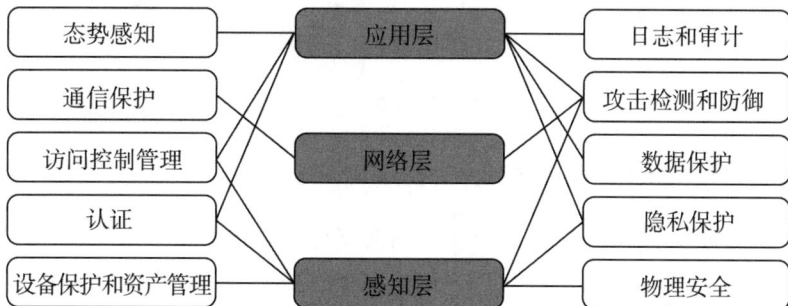

图 5-1　物联网各层的安全需求

5.1.2 物联网的安全体系架构

对于物联网安全的体系架构的理解有助于快速找到安全的切入点,本节将首先介绍物联网的体系架构,然后引出物联网安全的体系架构。

物联网的体系架构通常有 3 个层次:底层是用来感知(识别、定位)的感知层,中间是数据传输的网络层,上层是应用层。

感知层包括以传感器为代表的感知设备、以 RFID 为代表的识别设备、GPS 等定位追踪设备以及可能融合部分或全部上述功能的智能终端等。感知层是物联网信息和数据的来源,从而达到对数据全面感知的目的。

网络层包括接入网和核心网。接入网可以是无线近距离接入,如无线局域网、ZigBee、蓝牙、红外,也可以是无线远距离接入,如移动通信网络、WiMAX 等,还可能是其他形式的接入,如有线网络接入、现场总线、卫星通信等。网络层的承载是核心网,通常是IPv4 网络。网络层是物联网信息和数据的传输层,将感知层采集到的数据传输到应用层进行进一步处理。

应用层对通过网络层传输过来的数据进行分析处理,最终为用户提供丰富的特定服务,如智能电网、智能物流、远程医疗、智能交通、智能家居、智慧城市等。依靠感知层提供的数据和网络层的传输,进行相应的处理后,可能再次通过网络层反馈给感知层。应用层对物联网信息和数据进行融合处理和利用,达到信息最终为人所使用的目的。

物联网的安全架构可以根据物联网的架构分为感知层安全、网络层安全和应用层安全。如图 5-2 所示,感知层安全的设计中需要考虑物联网设备的计算能力、通信能力、存储能力等限制,不能直接在物理设备上应用复杂的安全技术;网络层安全用于保障通信安全;应用层安全则关注于各类业务及业务的支撑平台的安全。

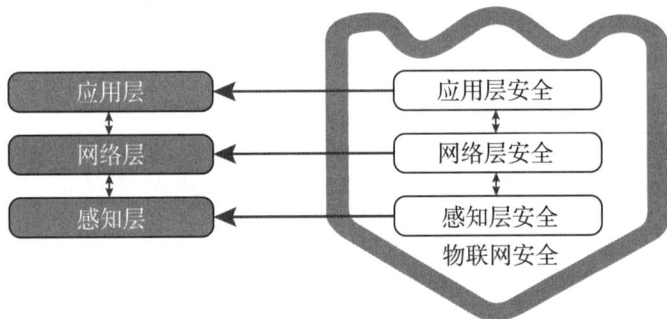

图 5-2　物联网安全体系架构

5.1.3 物联网安全的关键技术

物联网安全的核心在于技术,由于物联网的安全是互联网安全的延伸,那么我们可以利用互联网已有的安全技术,结合物联网安全问题的实际需要,改进已有技术,将改进后的技术应用到物联网中,从而解决物联网的安全问题。如:互联网环境中的防火墙技术,主要是对 TCP/IP 协议数据包进行解析,而在物联网环境中,防火墙还需要对物联网中的特定协议进行解析,如工控环境中的 Modbus、PROFIBUS 等协议。此外,物联网还有其独特性,如终端设备众多,设备之间缺乏信任的问题,互联网中现有的技术难以解决此类问题,所以我们还需要探索一些新的技术来解决物联网中特有的新问题。由于物联网将许多原本与网络隔离的设备连接到网络中,大大增加了设备遭受攻击的风险。同时,物联网中的设备资源受限,很多设备在设计时较少考虑安全问题。还有物联网中协议众多,没有统一标准等安全隐患都可能被黑客利用,造成极大的安全问题,所以我们需要利用一些漏洞挖掘技术对物联网中的服务平台、协议、嵌入式操作系统进行漏洞挖掘,先于攻击者发现并及时修补漏洞,有效减少来自黑客的威胁,提升系统的安全性。因此,主动发掘并分析系统安全漏洞,对物联网安全具有重要的意义。

通过对物联网安全需求和对策的分析,我们总结出以下需要重点关注的技术。分别从已有技术在物联网环境中的应用,新技术的探索和物联网相关设备、平台、系统的漏洞挖掘和安全设计三个方面介绍物联网安全关键技术研究的一些思路。

1. 异常行为检测

异常行为检测对应的物联网安全需求:攻击检测和防御、日志和审计。

异常行为检测的方法通常有两种:一种是建立正常行为的基线,从而发现异常行为;另一种是对日志文件进行总结分析,发现异常行为。

物联网与互联网的异常行为检测技术也有一些区别,如利用大数据分析技术,对全流量进行分析,进行异常行为检测,在互联网环境中,这种方法主要是对 TCP/IP 协议的流量进行检测和分析,而在物联网环境中,还需要对其他的协议流量进行分析,如工控环境中的 Modbus、PROFIBUS 等协议流量。此外,物联网的异常行为检测也会应用到新的应用领域中,如在车联网环境中对汽车进行异常行为检测。研究人员利用机器学习的方法,为汽车的不同数据之间的相关性建立了一个模型,这个模型包含了诸多规则。依靠对行为模式、数据相关性和数据的协调性的分析对黑客入侵进行检测。

2. 代码签名

代码签名对应的物联网安全需求:设备保护和资产管理、攻击检测和防御。

通过代码签名可以保护设备不受攻击,保证所有运行的代码都是被授权的,保证恶意代码在一个正常代码被加载之后不会覆盖正常代码,保证代码在签名之后不会被篡改。相较于互联网,物联网中的代码签名技术不仅可以应用在应用级别,还可以应用在固件级别,所有的重要设备,包括传感器、交换机等都要保证所有在上面运行的代码都经过签名,没有被签名的代码不能运行。由于物联网中的一些嵌入式设备资源受限,其处理器能力、通信能力、存储空间有限,所以需要建立一套适合物联网自身特点的、综合考虑安全性、效率和性能的代码签名机制。

3. 白盒密码

白盒密码对应的物联网安全需求:设备保护和资产管理。

物联网感知设备的系统安全、数据访问和信息通信通常都需要加密保护。但由于感知设备常常散布在无人区域或者不安全的物理环境中,这些节点很可能会遭到物理上的破坏或者俘获。如果攻击者俘获了一个节点设备,就可以对设备进行白盒攻击。传统的密码算法在白盒攻击环境中不能安全使用,甚至显得极度脆弱,密钥成为任何使用密码技术实施保护系统的单一故障点。在当前的攻击手段中,很容易通过对二进制文件的反汇编、静态分析,对运行环境的控制结合使用控制 CPU 断点、观测寄存器、内存分析等来获取密码。在已有的案例中我们看到,在未受保护的软件中,密钥提取攻击通常可以在几个小时内成功提取以文字数据阵列方式存放的密钥代码。白盒密码算法就是一种新的密码算法,它与传统密码算法的不同点是能安全使用,在当前的攻击手段中,很容易通过对二进制文件的反汇编、静态分析,对运行环境的控制结合使用控制 CPU 断点、观测寄存器、内存分析等来获取密码。在已有的案例中我们看到,在未受保护的软件中,密钥提取攻击通常可以在几个小时内成功提取以文字数据阵列方式存放的密钥代码。白盒密码算法与传统密码算法的不同点是,能够抵抗白盒攻击环境下的攻击。白盒密码使得密钥信息可充分隐藏、防止窥探,因此确保了在感知设备中安全地应用原有密码系统,极大提升了安全性。白盒密码作为一个新兴的安全应用技术,能普遍应用在各个行业领域、应用在各个技术实现层面。例如,HCE 云支付、车联网,在端点(如手机终端、车载终端)层面实现密钥与敏感数据的安全保护;在云计算上,可对云上的软件使用白盒密码,保证在云这个共享资源池上,进行加解密运算时,用户需要保密的信息不会被泄露。

4.空中下载技术

空中下载技术(Over the Air,OTA)对应的物联网安全需求:设备保护和资产管理。

空中下载技术,最初是运营商通过移动通信网络(GSM 或者 CDMA)的空中接口对 SIM 卡数据以及应用进行远程管理的技术,后来逐渐扩展到固件升级、软件安全等方面。随着技术的发展,物联网设备中总会出现脆弱性,所以设备在销售之后,需要持续地打补丁。而物联网的设备往往数量巨大,如果花费人力去人工更新每个设备是不现实的,所以 OTA 技术在设备销售之前应该被植入到物联网设备之中。

5.深度包检测技术

深度包检测技术对应的物联网安全需求:攻击检测和防御。

互联网环境中通常使用防火墙来监视网络上的安全风险,但是这样的防火墙针对的是 TCP/IP 协议,而物联网环境中的网络协议通常不同于传统的 TCP/IP 协议,如工控中的 Modbus 协议等,这使得其控制整个网络风险的能力大打折扣。因此,需要开发能够识别特定网络协议的防火墙,与之相对应的技术则为深度包检测技术。深度包检测技术(Deep Packet Inspection,DPI)是一种基于应用层的流量检测和控制技术,当 IP 数据包、TCP 或 UDP 数据流通过基于 DPI 技术的带宽管理系统时,该系统通过深入读取 IP 包载荷的内容来对 OSI 七层协议中的应用层信息进行重组,从而得到整个应用程序的内容,然后按照系统定义的管理策略对流量进行整形操作。思科和罗克韦尔自动化公司联手开发了一项符合工业安全应用规范的深度数据包检测(DPI)技术。采用 DPI 技术的工业防火墙有效扩展了车间网络情况的可见性。它支持通信模式的记录,可在一系列安全策略的保护之下提供决策制定所需的重要信息。用户可以记录任意网络连接或协议(比如

EtherNet/IP)中的数据,包括通信数据的来源、目标以及相关应用程序。以太网(CPwE)架构中的工业区域和单元区域之间,采用 DPI 技术的车间应用程序能够指示防火墙拒绝某个控制器的固件下载。这样可防止滥用固件,有助于保护运营的完整性。只有授权用户才能执行下载操作。

6.防火墙技术

防火墙技术对应的物联网安全需求:攻击检测和防御。

物联网环境中,存在很小并且通常很关键的设备接入网络,这些设备由 8 位的 MCU 控制。由于资源受限,对于这些设备的安全实现非常有挑战。这些设备通常会实现 TCP/IP 协议栈,使用 Internet 来进行报告、配置和控制功能。由于资源和成本方面的考虑,除密码认证外,许多使用 8 位 MCU 的设备并不支持其他的安全功能。Zilog 和 IconLabs 联合推出了使用 8 位 MCU 的设备的安全解决方案。Zilog 提供 MCU,IconLabs 将 Floodgate 防火墙集成到 MCU 中,提供基于规则的过滤 SPI(Stateful Packet Inspection)和基于门限的过滤(Threshold-based Filtering)。防火墙控制嵌入式系统处理的数据包,锁定非法登录尝试、拒绝服务攻击、packetfloods、端口扫描和其他常见的网络威胁。

7.访问控制

访问控制对应的物联网安全需求:认证、访问控制管理。

传统企业网络架构通过建立一个固定的边界使内部网络与外部世界分离,这个边界包含一系列的防火墙策略来阻止外部用户的进入,但是允许内部用户对外的访问。由于封锁了外部对于内部应用和设施的可见性和可访问性,传统的固定边界确保了内部服务对于外部威胁的安全。企业网络架构中的固定的边界模型正在变得过时,BYOD 和钓鱼攻击提供了对于内部网络的不可信访问,以及 SaaS 和 IaaS 正在改变边界的位置。软件定义边界(Software Defined Perimeter,SDP)使得应用所有者部署的边界可以保持传统模型中对于外部用户的不可见性和不可访问性。该边界可以部署在任意位置,如网络上、云中、托管中心中、私营企业网络上,或者穿过这些位置的一些地方。SDP 用应用所有者可控的逻辑组件取代了物理设备,只有在设备证实和身份认证之后,SDP 才提供对于应用基础设施的访问。大量设备连接到 Internet 中,管理这些设备、从这些设备中提取信息的后端应用通常很关键,扮演了隐私或敏感数据的监护人的角色。SDP 可以被用来隐藏服务器和服务器与设备的交互,从而最大化地保障安全运行时间。

8.区块链技术

区块链技术对应的物联网安全需求:认证。

这是一种近年来非常热门技术,简单来说区块链(Blockchain,BC)是指通过去中心化和去信任的方式集体维护一个可靠数据库的技术方案。该技术方案主要让参与系统中的任意多个节点,通过一串使用密码学方法相关联产生的数据块(block),每个数据块中包含了一定时间内的系统全部信息交流数据,并且生成数据指纹用于验证其信息的有效性和链接(chain)下一个数据库块。结合区块链的定义,需要有这几个特征:去中心化(Decentralized)、去信任(Trustless)、集体维护(Collectively maintain)、可靠数据库

(Reliable Database)、开源性、匿名性。区块链解决的核心问题不是"数字货币",而是在信息不对称、不确定的环境下,如何建立满足经济活动赖以发生、发展的"信任"生态体系。这在物联网上是这样一个道理,所有日常家居物件都能自发、自动地与其他物件或外界世界进行互动,但是必须解决物联网设备之间的信任问题。越来越多的侵犯用户隐私的报告说明第三方收集和控制大量的个人数据的模式需要被改变。物联网设备的运行环境应该是去中心化的,它们彼此相连,形成分布式云网络。而要打造这样一种分布式云网络,就要解决节点信任问题——在传统的中心化系统中,信任机制比较容易建立,存在一个可信的第三方来管理所有的设备的身份信息。但是物联网环境中设备众多,可能会达到百亿级别,这会对可信第三方造成很大的压力。区块链技术可以圆满地解决这个问题。用分散式的个人数据管理系统来实现用户数据的保护,确保用户可以拥有并管理自己的数据。实现了将区块链应用于自动访问控制管理而不需要可信的第三方。

5.2　物联网面临的安全问题分析

5.2.1　感知层安全

　　物联网感知层的主要功能是实现对信息的采集、识别和控制,由感知设备以及网关组成。感应设备包括 RFID 装置、各类传感器(如红外、超声、温度、湿度、速度等)、图像捕捉装置(摄像头)、全球定位系统(GPS)、激光扫描仪、可能融合部分或全部上述功能的智能终端以及网关设备等。感知层是物联网信息和数据的来源,达到对数据全面感知的目的。相对互联网来说,物联网感知层是新事物,而且数量、种类众多,感知节点呈现多源异构性。通常情况下功能简单、携带能量少,相对于传统移动网络而言,物联网中的终端设备,往往处于无人值守的环境中,缺少了人对终端节点的有效监控,终端节点更具有脆弱性,将面临更多的安全威胁。

　　针对物联网感知层的攻击越来越多,包括物理攻击、伪造或假冒攻击、信号泄露与干扰、资源耗尽攻击、隐私泄露威胁等,如表 5-2 所示。

表 5-2　感知层的安全威胁类型

安全威胁类型	威胁描述
物理攻击	攻击者对传感器等实施的物理破坏,使物联网终端无法正常工作。攻击者也可能通过盗窃终端设备并通过破解获取用户敏感信息,或非法更换传感器设备导致数据感知异常,使破坏业务能正常开展
伪造或假冒攻击	攻击者通过利用物联网终端的安全漏洞,获得节点的身份和密码信息,并假冒身份与其他节点进行通信,进行非法的行为或恶意的攻击,如监听用户信息、发布虚假信息、置换设备、发起 DoS 攻击等

安全威胁类型	威胁描述
信号泄露与干扰	攻击者对传感网络中传输的数据和信令进行拦截、篡改、伪造、重放,从而获取用户敏感信息或者导致信息传输错误,业务无法正常开展
资源耗尽攻击	攻击者向物联网终端发送垃圾信息,耗尽终端电量,使其无法继续工作
隐私泄露威胁	RFID标签、二维码等的嵌入、摄像头录制的视频等,使物联网接入的用户不受控制地被扫描、定位和追踪,极容易造成用户个人隐私泄露

5.2.2 网络层安全

万物互联意味着网络要支撑多样的业务和庞大的流量,需要用到各类通信技术。目前,应用于物联网的网络层的通信技术包括:Wi-Fi、RFID、蓝牙、ZigBee等短距离无线通信技术和传统的互联网、移动通信网以及近年来发展起来的低功耗广域网(LPWAN)。NB-IoT是广泛采用的物联网网络协议。物联网的网络层主要是将感知层采集的信息通过传感网、移动网和互联网进行信息的传输,由于物联网中采集的信息需通过各种网络的融合,将信息实时准确地传递出去,物联网的传输网络是一个多网络叠加的开放性网络,传输途径会经过各种不同的网络,会面临比传统网络严重的安全问题,如表5-3所示。

表 5-3 网络层的安全威胁类型

安全威胁类型	威胁描述
网络层协议漏洞	网络层功能本身的实现中需要的技术与协议(如网络存储、异构网络技术等)存在安全缺陷,特别在异构网络信息交换方面,易受到异步、合谋攻击等
海量终端设备的威胁	随着物联网业务终端的日益智能化,物联网应用更加丰富,同时也增加了终端感染病毒、木马或恶意代码所入侵的渠道,这些病毒可通过接入层进入传输网络,增加网络层的安全风险。此外,物联网中的设备传输的数据量较小,一般不会采用复杂的加密算法,保护数据,从而可能导致数据在传输过程中遭到攻击和破坏
异构网络融合问题	物联网的承载网络是一个多网络叠加的开放性网络,随着网络融合的加速及网络结构的日益复杂,网络层中的网络通信协议不断增多。当数据从一个网络传递到另一个网络时会涉及身份认证、密钥协商、数据机密性与完整性保护等诸多问题,因而面临的安全威胁将更加突出
无线传输问题	物联网大量使用无线传输技术,数据传输面临更大的威胁。攻击者可随意窃取、篡改或删除链路上的数据,并伪装成网络实体截取业务数据及对网络流量进行主动与被动的分析,网络嗅探
DDoS拒绝服务攻击	全IP化的移动通信网络和互联网及下一代互联网将是物联网网络层的核心载体。对于一个全IP化开放性网络,将面临DDoS攻击、假冒攻击等网络安全威胁,且物联网中业务节点数量将大大超过以往任何服务网络,在大量数据输送时将使承载网络堵塞,产生拒绝服务攻击
假冒基站攻击	攻击者通过假冒基站骗取终端驻留其上,并通过后续信息交互窃取用户信息。攻击者在攻破物联网网络之间的通信后,窃取用户隐私及敏感信息造成隐私泄露

5.2.3 平台层安全

物联网平台提供计算和存储服务支撑其应用需求,对物联网终端所收集的数据信息进行综合、整理、分析、反馈等操作,主要提供海量终端的管理、数据管理、运营管理和安全的管理。

平台层由多个具有不同功能的处理平台组成。负责根据应用需求从感知数据中挖掘用于控制和决策的数据,转化成不同的格式,便于多个应用系统共享。数据处理过程具有智能性和协同性,物联网平台从底层到高层可分为 4 大平台类型:终端管理平台、连接管理平台、应用开发平台、业务分析平台。

终端管理平台(DMP):对物联网终端进行远程监控、系统升级、故障排查、生命周期管理等。连接管理平台(CMP):负责对物联网连接配置和故障管理、网络资源用量管理、连接资源管理、套餐变更、号码 IP 地址 MAC 资源管理等。应用开发平台(AEP):提供应用开发和统一数据存储的 PaaS 平台,提供应用开发工具、中间件、数据存储、业务逻辑引擎、对接第三方 API 等。业务分析平台(BAP):对业务数据进行分类处理、分析并提供视觉化数据分析结果,

通过实时动态分析,监控设备状态并予以预警,或通过机器学习对业务进行分析预测。平台层融合了更多的先进技术,包括云计算、大数据、人工智能等,以满足对整个庞大的物联网进行信息运算和交互的需求。平台层承上启下,是物联网产业链枢纽,物联网的大规模、分布式、多业务类型使物联网平台层安全面临新的挑战。平台层主要包含以下安全威胁,如表 5-4 所示。

表 5-4 平台层的安全威胁类型

安全威胁类型	威胁描述
平台易遭受攻击的问题	物联网的各种应用数据分布存储在云计算平台、大数据挖掘与分析平台,以及各业务分析平台中进行计算和分析,由于其用户信息资源的高度集中,容易成为黑客攻击的目标,容易导致数据泄露、恶意代码攻击等安全问题
虚拟化安全问题	物联网平台通过在其部署的服务器、存储、网络等基础设施之上搭建虚拟化软件系统以实现高强的计算能力,虚拟化和弹性计算技术的采用,使得用户的边界模糊,带来一系列比在传统方式下更突出的安全风险,如虚拟机逃逸、虚拟机镜像文件泄露、虚拟网络攻击、虚拟化软件漏洞等安全问题
平台系统可用性问题	用户的数据和业务应用处于云平台的系统中,其安全性依赖于平台的可用性,对平台的服务连续性、SLA 和 IT 流程、安全策略、事件处理和分析等提出了挑战。另外,当发生系统故障时,如何保证系统快速恢复也成为一个重要问题
平台漏洞问题	物联网应用系统平台本身的漏洞,例如云平台的漏洞、大数据平台的漏洞等导致平台被非法攻击和利用。物联网平台会采用很多的组件,操作系统、平台组件和服务程序自身漏洞和设计缺陷导致未授权的访问、数据破坏和泄露。数据结构的复杂性将带来数据处理和融合的安全风险,存在破坏数据融合的攻击、篡改数据的重编程攻击、错乱定位服务的攻击、破坏隐藏位置目标攻击等

安全威胁类型	威胁描述
数据安全问题	用户的数据存储、处理、网络传输等都与云计算系统有关,包括如何有效存储数据以避免数据丢失或损坏,如何对多租户应用进行数据隔离,如何避免数据服务被阻塞等,以及发生故障后,数据能快速恢复。此外,黑客可能向物联网的大数据平台注入脏数据,导致系统误判,产生数据污染问题

5.2.4　应用层安全

应用层为用户提供丰富的服务,应用领域覆盖智能交通、智能家居、智能物流、环境保护、农业生产、工业监控、医疗保健、政府工作、公共安全等行业和领域。应用层直接接触外界,是最敏感的地区,具有大量隐私信息,因此也是风险较严重的地带,应用层的安全威胁类型如表 5-5 所示。

表 5-5　应用层的安全威胁类型

安全威胁类型	威胁描述
恶意代码攻击	病毒、蠕虫和木马:感染后,破坏应用系统正常运行的程序,使之无法正常使用。 Rootkit:是一种恶意程序,它能在隐瞒自身存在的同时赋予 Internet 攻击者不受限制的系统访问权。 广告软件:是可支持广告宣传的软件的简称。 间谍软件:此类别包括所有在未经用户同意/了解的情况下发送私人信息的应用程序。 潜在的不安全应用程序:许多合法程序用于简化联网计算机的管理,但如果使用者动机不纯,它们也可能被恶意使用
远程攻击	DDoS 攻击:DDoS 拒绝服务攻击,是一种使计算机资源对其目标用户不可用的攻击。受到 DDoS 攻击的计算机通常需要重新启动,否则它们将无法正常工作。 DNS 投毒:通过 DNS(域名服务器)投毒方法,黑客可以欺骗任何计算机的 DNS 服务器,使其相信它们提供的虚假数据是合法、可信的。然后,虚假信息将缓存一段时间。 端口扫描:通过端口扫描控制网络主机上开放的计算机端口。 TCP 去同步化:TCP 去同步化是 TCP 劫持攻击中使用的技术

5.3　物联网安全解决方案

从物联网的威胁来看,物联网时代安全风险无处不在,大到系统平台,小到传感器,任何一处风险都有可能使威胁扩散到整个网络与核心系统。

物联网所对应的传感网的数量和终端物体的规模是单个传感网所无法相比的,物联网所联接的终端设备或器件的处理能力将有很大差异。加上物联网所处理的数据量将比现在的互联网和移动网都大得多,已有的对传感网、互联网、移动网、安全多方计算、云计算等的一些安全解决方案在物联网环境中可以部分使用,但另外部分可能不再适用。

鉴于以上原因,对物联网的发展需要重新规划并制定可持续发展的安全架构,使物联网在发展和应用过程中,与之相匹配的安全防护措施能够不断完善。

5.3.1 物联网安全解决方案框架

[物联网安全解决方案框架]

物联网安全解决方案的框架,见图5-3,包括设备安全、网络安全、云端和应用安全,以及物联网安全管理平台组成。与物联网的各个层次的安全威胁相对应,每一层面都有相应的安全措施来保障安全。

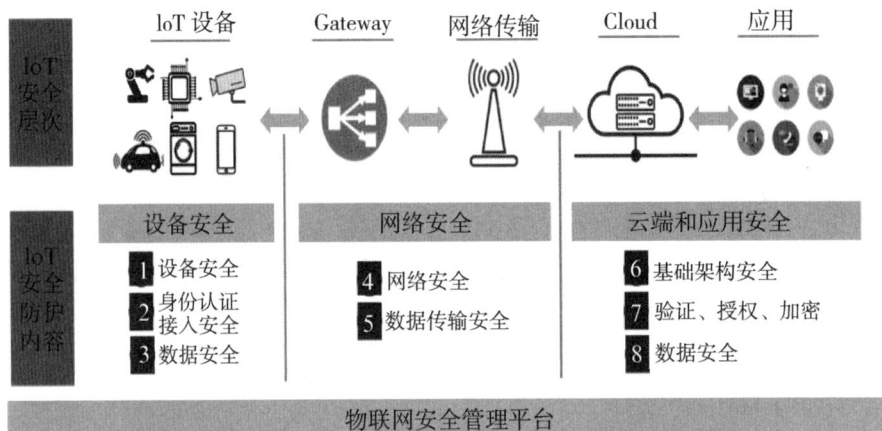

图 5-3　物联网安全解决方案的框架

5.3.2 物联网安全解决方案

1.安全准入控制

物联网设备,尤其是具有 IP 能力的智能设备,如摄像头等设备,在接入层的准入控制是基本安全需求。物联网前端设备大量而分散,部署在街道室外环境,无人值守,容易被黑客利用,接入视频专网,进而渗透到整个网络,导致核心业务系统被入侵、视频资料被删除、敏感信息被窃取等风险。物联网设备接入安全,通过身份认证等手段建立资产接入管控机制和设备应用管控机制是物联网安全体系建设的首要内容,见图5-4。

(1)终端识别

物联网设备的准确识别是准入控制技术的前提。传统主机终端设备,可以安装客户端软件主动识别,并检查主机自身的安全性,但是物联网嵌入式操作系统,如摄像头终端设备、路由器网络设备,无法安装客户端软件,则需要识别其硬件编码、网络地址、特征指纹等信息,确定是否为授权可接入设备。

终端识别还能为物联网管理平台提供资产可视化的能力。通过终端识别,管理平台可以发现和识别各种类型的物联网资产,根据资产类型,结合漏洞管理和外部威胁情报进行安全风险管理。

(2)准入控制

物联网设备经过识别后,通过 MAC 地址、IP 地址、设备指纹等设备认证方式对网络接入设备进行管控,只有通过认证的设备才允许接入到网络中,防止前端设备的非法替换接入。

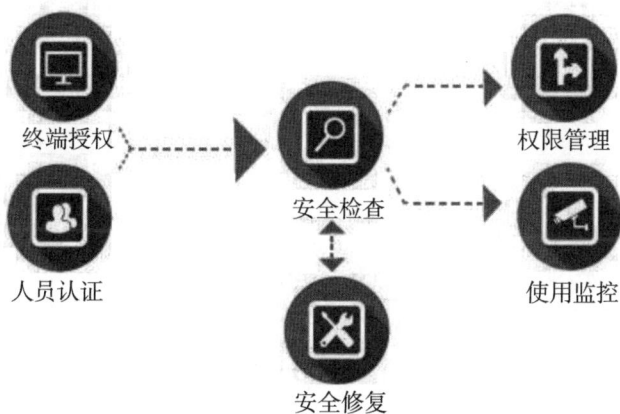

图 5-4　安全准入控制

设备准入方式有多种方法。对于智能物联网设备,可通过认证授权方式,还可以对其运行环境进行合规性检查。对于非智能物联网设备,不能通过账号密码认证方式,可以采用 MAC 地址、IP 地址绑定,以及指纹识别的技术识别设备后,进行准入控制。

(3)威胁与漏洞管理

物联网设备存在脆弱性,既有安全配置问题,如缺省密码问题,也有设备漏洞问题,如品牌的摄像头的 CVE 漏洞。定期或者实时进行利用脆弱性评估工具识别漏洞,并利用云端专业漏洞情报和资产暴露稽核能力,关联安全威胁与漏洞,实现物联网资产的安全风险全景视图,见图 5-5。

(4)漏洞识别

物联网设备脆弱性采集探针,包括专业的安全漏洞扫描探针、资产配置安全性检查探针等平台专用脆弱性数据采集探针,通过平台进行集中的调度和驱动。

(5)威胁情报采集与关联

采用基于大数据架构的互联网情报智能收集与处理。威胁情报采集重点是将安全厂商、安全社区、行业共享和互联网搜集到的情报进行统一整合,并依据物联网内部资产特点,将相关的情报进行筛选后威胁关联分析。

(6)互联网资产稽核

物联网资产与来自情报平台互联网上暴露的资产稽核、本地扫描探针引擎集中管理和脆弱性采集策略管控、脆弱性暴露可视化展现、漏洞及资产库管理支撑等功能。

(7)漏洞修复

漏洞修复包括脆弱性修复工单处理系统、弱口令自动化修复引擎、专家加固建议生成引擎等,通过对大面积重复性的加固修复工作以人工向自动化方式实现为目的,形成准自动化的全面脆弱性修复工作机制。

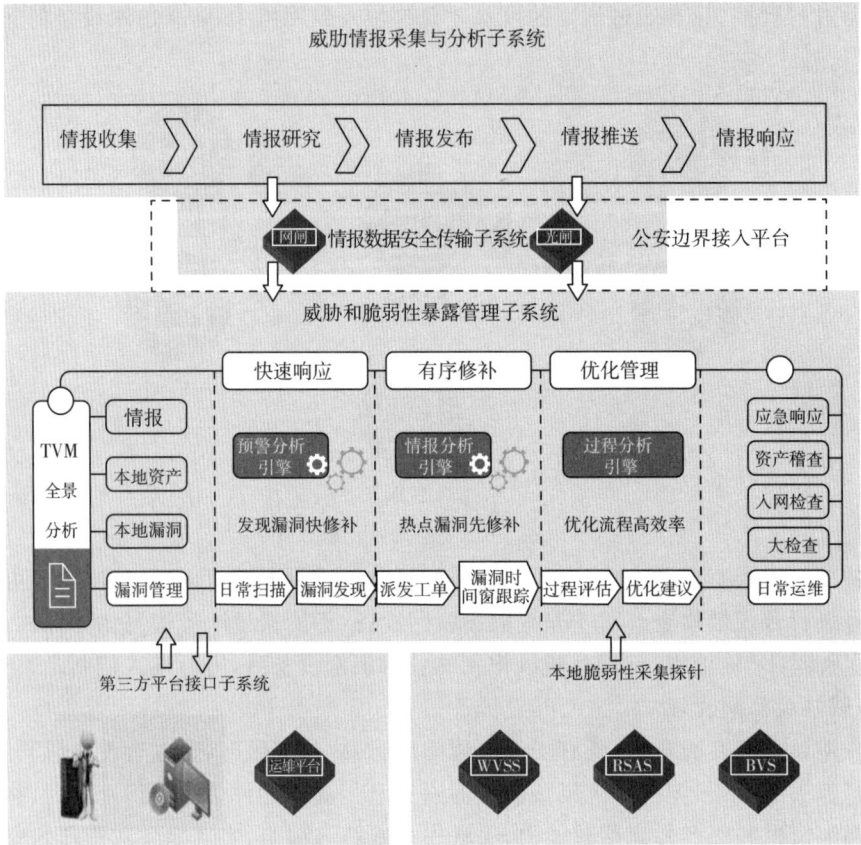

图 5-5　物联网安全风险全景准入控制

2.态势感知

网络安全态势感知包括网络安全态势觉察、网络安全态势理解、网络安全态势投射层面,是对网络安全全景的完整认知,见图 5-6。它不仅仅是将网络中的安全要素进行简单的汇总和叠加,而是根据不同的用户需求,以一系列具有理论支撑的模型为支持,找出这些安全要素之间的内在关系,实时地分析网络的安全状况,并预测网络安全形势的演进,为网络拥有者提供相关安全维护和建设决策支持。

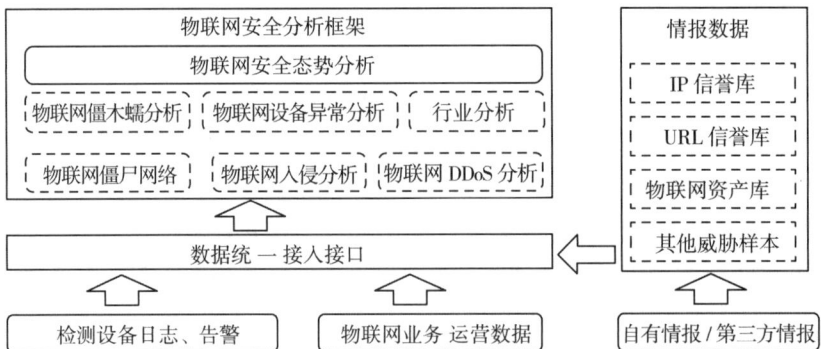

图 5-6　网络安全态势感知

（1）流量采集

通过全流量探针和高级威胁检测器，对网络出口流量进行双向解析，包括 4 层流量解析、应用层流量解析、文件解析等，并将原始流量 PCAP 文件、协议元数据、告警、日志等经过多维度解析的信息汇总至分析平台。

（2）风险评估

通过主动探测方式及时获得网络上设备、系统和应用的运行状态以及资产信息，时刻知晓最新的安全防护范围，有效调整安全防护策略，还可以结合外部的威胁情报，完成对物联网设备、网络的安全分析，包括设备状态、漏洞风险评估、入侵检测、外发攻击检测等。

（3）威胁检测

集合规则检测、智能引擎、沙箱检测、机器学习、情报关联等手段多措并举，集多种安全检测能力于一身，按需提供检测能力，并进一步实现对 APT 攻击的检测。

（4）攻击溯源

以全流量解析数据为基础，进行基于时间、协议类型、告警、日志等数据的综合关联分析，形成基础攻击路径，再结合流量信息，补全并向前追溯，关联与告警威胁相关的流量信息，进而完整回放攻击场景。

（5）关联分析

使用机器学习和数据挖掘技术，基于各种安全数据实现对网络行为、主机行为、应用行为的特征学习，通过大数据构建出网络环境中的各种行为模型，从而识别出正常和异常、趋势和对比等信息，实现自动学习、自动适应和自动规则生成，降低人员操作失误风险，提高安全响应速度。

（6）联动防护

基于深度学习的专家分析和准确及时的威胁情报支持，对严重安全事件、高危安全威胁、重大损失等进行预判，通过安全通告、实时信息推送等方式提供安全警报，并提醒用户采取相应的防范应对措施。联合管理平台，对各种漏洞风险进行加固，对各种安全事件及时下发流控等防护策略。

（7）可视化

物联网资产、漏洞、威胁组成整体安全态势，物联网业务系统安全风险情况，以可视化呈现出来。如可视化仪表盘显示物联网设备总数，存在漏洞和弱口令的终端，已经被黑客控制的物联网终端，严重威胁事件统计信息，威胁情报关联情况，在态势平台显示已经被攻陷的设备等，都需要管理员立即采取行动进行处置。

（8）态势感知

采用安全模型和算法对多源异构数据从时间、空间、协议等多个方面进行关联和识别，通过大数据平台能力，对网络安全状况进行综合分析与评估，形成网络安全综合态势图，借助态势可以精确定位网络脆弱部位并进行威胁评估，发现潜在攻击、预测未知风险，提高全局网络安全防御能力和反击能力。

5.4 网络安全等级保护2.0相关内容介绍

2007年,《信息安全等级保护管理办法》(公通字[2007]43号)文件的正式发布,标志着等级保护1.0的正式启动。等级保护1.0规定了等级保护需要完成的"规定动作",即定级备案、建设整改、等级测评和监督检查,为了指导用户完成等级保护的"规定动作",在2008年至2012年期间陆续发布了等级保护的一些主要标准,构成等级保护1.0的标准体系。

2017年6月1日实施的《中华人民共和国网络安全法》(以下简称《网络安全法》)是国家安全法律制度体系中的一部重要法律,是网络安全领域的基本大法。《网络安全法》完善了国家、网络运营者、公民个人等角色的网络安全义务和责任,将原来散见于各种法规、规章中的网络安全规定上升到人大法律层面,并对网络运营者等主体的法律义务和责任作了全面规定。《网络安全法》规定,我国实行网络安全等级保护制度。网络安全等级保护制度是国家信息安全保障工作的基本制度、基本国策和基本方法,是促进信息化健康发展,维护国家安全、社会秩序和公共利益的根本保障。国家法规和系列政策文件明确规定,实现并完善网络安全等级保护制度,是统筹网络安全和信息化发展,完善国家网络安全保障体系,强化关键信息基础设施、重要信息系统和数据资源保护,提高网络综合治理能力,保障国家信息安全的重要手段。

《网络安全法》的正式实施,标志着等级保护2.0的正式启动。《网络安全法》明确"国家实行网络安全等级保护制度。"(第21条)、"国家对一旦遭到破坏、丧失功能或者数据泄露,可能严重危害国家安全、国计民生、公共利益的关键信息基础设施,在网络安全等级保护制度的基础上,实行重点保护。"(第31条)。上述要求为网络安全等级保护赋予了新的含义,重新调整和修订等级保护1.0标准体系,配合网络安全法的实施和落地,指导用户按照网络安全等级保护制度的新要求,履行网络安全保护义务的意义重大。

随着信息技术的发展,等级保护对象已经从狭义的信息系统,扩展到网络基础设施、云计算平台、大数据平台、物联网、工业控制系统、采用移动互联技术的系统等,基于新技术和新手段提出新的分等级的技术防护机制和完善的管理手段是等级保护2.0标准必须考虑的内容。关键信息基础设施在网络安全等级保护制度的基础上,实行重点保护,基于等级保护提出的分等级的防护机制和管理手段,提出关键信息基础设施的加强保护措施,确保等级保护标准和关键信息基础设施保护标准的顺利衔接,也是等级保护2.0标准体系需要考虑的内容。

5.4.1 等级保护2.0标准体系主要标准

1.等级保护2.0标准体系主要标准如下:

《网络安全等级保护条例(征求意见稿)》(总要求/上位文件)

《计算机信息系统安全保护等级划分准则》(GB 17859—1999)(上位标准)

等级保护
2.0标准体
系主要标准

《网络安全等级保护实施指南》(GB/T 25058－2020)

《网络安全等级保护定级指南》(GB/T 22240－2020)

《网络安全等级保护基本要求》(GB/T 22239－2019)

《网络安全等级保护设计技术要求》(GB/T 25070－2019)

《网络安全等级保护测评要求》(GB/T 28448－2019)

《网络安全等级保护测评过程指南》(GB/T 28449－2018)

2.信息系统的安全等级划分

等级保护对象的安全保护等级分为以下五级。

第一级(自主保护):等级保护对象受到破坏后,会对公民、法人和其他组织合法权益造成损害,但不损害国家安全、社会秩序和公共利益。

第二级(指导保护):等级保护对象受到破坏后,会对公民、法人和其他组织的合法权益产生严重损害,或者对社会秩序和公共利益造成损害,但不损害国家安全。

第三级(监督保护):等级保护对象受到破坏后,会对公民、法人和其他组织的合法权益产生特别严重损害,或者对社会秩序和公共利益造成严重损害,或者对国家安全造成损害。

第四级(强制保护):等级保护对象受到破坏后,会对社会秩序和公共利益造成特别严重损害,或者对国家安全造成严重损害。

第五级(专控保护):等级保护对象受到破坏后,会对国家安全造成特别严重损害。

3.标准的主要特点

2.0标准将对象范围由原来的信息系统改为等级保护对象(信息系统、通信网络设施和数据资源等),对象包括网络基础设施(广电网、电信网、专用通信网络等)、云计算平台、大数据平台、物联网、工业控制系统、采用移动互联技术的系统等。

在1.0标准的基础上进行了优化,同时针对云计算、移动互联、物联网、工业控制系统及大数据等新技术和新应用领域提出新要求,形成了安全通用要求＋新应用安全扩展要求构成的标准要求内容。

采用了"一个中心,三重防护"的防护理念和分类结构,强化了建立纵深防御和精细防御体系的思想。

强化了密码技术和可信计算技术的使用,把可信验证列入各个级别,并逐级提出各个环节的主要可信验证要求,强调通过密码技术、可信验证、安全审计和态势感知等建立主动防御体系的期望。

4.标准的主要变化

名称由原来的《信息系统安全等级保护基本要求》改为《网络安全等级保护基本要求》。等级保护对象由原来的信息系统调整为基础信息网络、信息系统(含采用移动互联技术的系统)、云计算平台、大数据应用资源、物联网和工业控制系统等。

将原来各个级别的安全要求分为安全通用要求和安全扩展要求,其中,安全扩展要求包括云计算安全扩展要求、移动互联安全扩展要求、物联网安全扩展要求以及工业控制系统安全扩展要求。安全通用要求是不管等级保护对象形态如何都必须满足的要求。

基本要求中各级技术要求修订为"安全物理环境""安全通信网络""安全区域边界""安全计算环境"和"安全管理中心";各级管理要求修订为"安全管理制度""安全管理机构""安全管理人员""安全建设管理"和"安全运维管理"。

5.4.2 等级保护2.0安全通用要求及安全扩展要求

1.安全通用要求

安全通用要求针对共性化保护需求提出,无论等级保护对象以何种形式出现,都需要根据安全保护等级实现相应级别的安全通用要求。安全扩展要求针对个性化保护需求提出,等级保护对象需要根据安全保护等级、使用的特定技术或特定的应用场景实现安全扩展要求。等级保护对象的安全保护需要同时落实安全通用要求和安全扩展要求提出的措施。

（1）安全物理环境

针对物理机房提出的安全控制要求。主要对象为物理环境、物理设备和物理设施等;涉及的安全控制点包括物理位置的选择、物理访问控制、防盗窃和防破坏、防雷击、防火、防水和防潮、防静电、温湿度控制、电力供应和电磁防护。

（2）安全通信网络

针对通信网络提出的安全控制要求。主要对象为广域网、城域网和局域网等;涉及的安全控制点包括网络架构、通信传输和可信验证。

（3）安全区域边界

针对网络边界提出的安全控制要求。主要对象为系统边界和区域边界等;涉及的安全控制点包括边界防护、访问控制、入侵防范、恶意代码防范、安全审计和可信验证。

（4）安全计算环境

针对边界内部提出的安全控制要求。主要对象为边界内部的所有对象,包括网络设备、安全设备、服务器设备、终端设备、应用系统、数据对象和其他设备等;涉及的安全控制点包括身份鉴别、访问控制、安全审计、入侵防范、恶意代码防范、可信验证、数据完整性、数据保密性、数据备份与恢复、剩余信息保护和个人信息保护。

（5）安全管理中心

针对整个系统提出的安全管理方面的技术控制要求。通过技术手段实现集中管理;涉及的安全控制点包括系统管理、审计管理、安全管理和集中管控。

（6）安全管理制度

针对整个管理制度体系提出的安全控制要求。涉及的安全控制点包括安全策略、管理制度的制定和发布以及评审和修订。

（7）安全管理机构

针对整个管理组织架构提出的安全控制要求。涉及的安全控制点包括岗位设置、人员配备、授权和审批、沟通和合作以及审核和检查。

（8）安全管理人员

针对人员管理提出的安全控制要求。涉及的安全控制点包括人员录用、人员离岗、安全意识教育和培训以及外部人员访问管理。

（9）安全建设管理

针对安全建设过程提出的安全控制要求。涉及的安全控制点包括定级和备案、安全方案设计、安全产品采购和使用、自行软件开发、外包软件开发、工程实施、测试验收、系统交付、等级测评和服务供应商管理。

（10）安全运维管理

针对安全运维过程提出的安全控制要求。涉及的安全控制点包括环境管理、资产管理、介质管理、设备维护管理、漏洞和风险管理、网络和系统安全管理、恶意代码防范管理、配置管理、密码管理、变更管理、备份与恢复管理、安全事件处置、应急预案管理和外包运维管理。

2. 全扩展要求

（1）云计算安全

针对云计算平台提出的安全通用要求之外，还需要额外实现的安全要求。主要内容包括"基础设施的位置""虚拟化安全保护""镜像和快照保护""云计算环境管理"和"云服务商选择"等。

（2）移动互联安全

针对移动终端、移动应用和无线网络提出的安全要求，与安全通用要求一起构成针对采用移动互联技术的等级保护对象的完整安全要求。主要内容包括"无线接入点的物理位置""移动终端管控""移动应用管控""移动应用软件采购"和"移动应用软件开发"等。

（3）物联网安全

针对感知层提出的特殊安全要求，与安全通用要求一起构成针对物联网的完整安全要求。主要内容包括"感知节点的物理防护""感知节点设备安全""网关节点设备安全""感知节点的管理"和"数据融合处理"等。

（4）工业控制系统安全

针对现场控制层和现场设备层提出的特殊安全要求，它们与安全通用要求一起构成针对工业控制系统的完整安全要求。主要内容包括"室外控制设备防护""工业控制系统网络架构安全""拨号使用控制""无线使用控制"和"控制设备安全"等。

综上所述，对物联网的安全防护应包括感知层、网络传输层和应用处理层。由于网络传输层和应用处理层通常是由计算机设备构成。因此，这两部分按照安全通用的要求进行保护，标准的物联网安全扩展要求针对感知层提出特殊安全要求，与安全通用要求一起构成对物联网的完整安全要求，见图 5-7。

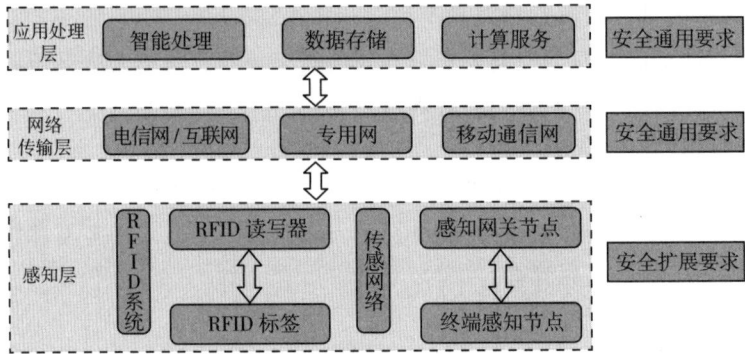

图 5-7 物联网的完整安全要求

思考题

1. 物联网安全的关键技术有哪些?

2. 物联网面临的安全问题有哪些?

3. 物联网安全解决方案有哪些?

4. 网络安全等级保护 2.0 对物联网的安全要求有哪些?

5. 信息系统的安全等级划分有哪 5 级?

CHAPTER 6

第6章

工业物联网应用实验平台

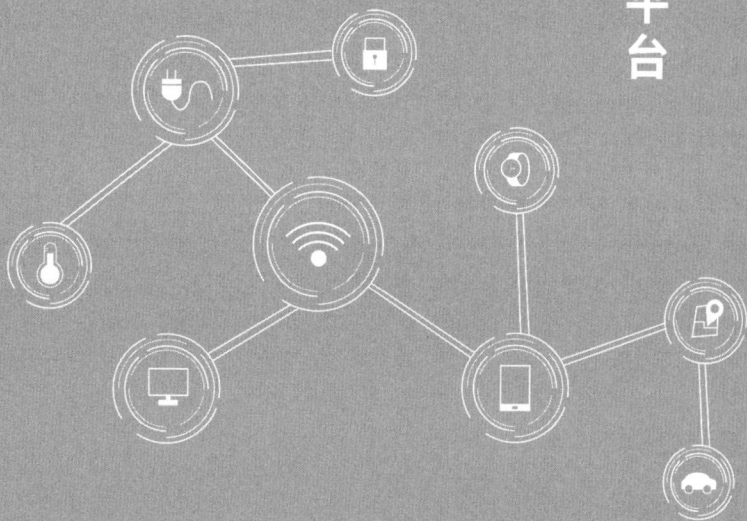

6.1 项目概况

工业物联网
应用实验
平台

6.1.1 项目简述

本项目为实验室实验平台建设项目,项目基于 5G 通信网络及 PLC、变频器、电机等自动化设备及上位机管理平台,为学生打造综合实验平台。该平台实现需求包括:

(1)5G＋数据采集。

(2)5G＋远程控制。

(3)数据综合分析及可视化呈现。

6.1.2 系统需求

项目终端数据采集及控制由 JENET 5G 工业网关依托 5G 无线网络来完成,在信息化层,数据管理分析呈现主要有以下两种选择。

(1)采用智能制造运营管理系统(MOM):支持本地私有化布置和远程云端布置。

(2)采用数据管理终端软件 FactoryTalk View SE,搭配数据采集管理软件 kepware。

6.2 系统构成

6.2.1 系统概述

实验平台提供的系统设备包括 JENET 5G 工业网关、服务器(含工作站 PC)、NMS 网关管理系统、施耐德 PLC(AB PLC)、变频器、电机、I/O 模块、按钮、传感器、LED 指示灯、展板(或 Demo 箱)以及其他安装附件,实现基于 5G 无线网络的远程控制、数据采集及上传,利用 MOM 系统/上位机软件强大的数据分析功能,完成对现场设备、信息的管理、分析和显示。

6.2.2 系统架构

项目系统架构如图 6-1 所示。

系统基于 5G 通信网络,搭配 JENET 5G 工业网关、终端设备和管理系统,组成完整的实验平台。全系统从网络架构上分为三层,即设备层、控制层和监控层。

设备层包含指令输入开关、状态调节传感器、指示灯及电机,主要负责模拟系统输入和状态调节命令,并直观地显示电机的受控状态。

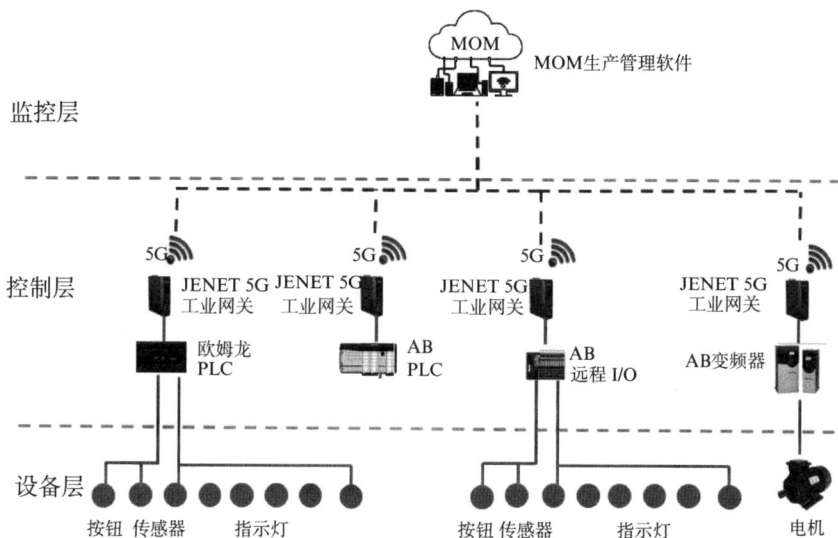

图 6-1　信息化系统架构

控制层包含 JENET 5G 工业网关、PLC、I/O 模块以及变频器，主要负责执行命令的接收、传输以及执行。

监控层主要包含服务器、MOM 系统（或数据接收管理软件），主要负责对采集数据进行存储、管理、分析、可视化呈现以及必要的控制指令下达。

6.2.3　JENET 5G 工业网关和性能参数

JENET 5G 工业网关是为工业及商业场景设计的无线通信设备，如图 6-2 所示。

图 6-2　JENET 5G 工业网关实物

在 5G 工作环境下，JENET 5G 工业网关具有低延时、大带宽、广链接和高稳定等特点，已成功应用于大华智联 AGV 改造项目等工业场景。JENET 系列集 5G 通信、VPN、工业现场数据采集等功能于一体，具有强大的应用扩展能力，可广泛应用于各行业，如交通、电力、石油化工、煤炭等工业自动化领域。

JENET 5G 工业网关的主要性能参数（规格）如下。

1.机械特性

（1）安装方式：导轨，壁挂；（2）冷却方式：无风扇散热；（3）外壳：全铝结构；（4）外形尺寸:148mm×121mm×33mm。

2.硬件接口

(1)WAN:2×10/100/1000Mbps 以太网端口 1 路;

(2)LAN:2×10/100/1000Mbps 以太网端口 1 路;

(3)工业串行接口:RS485×1;

(4)工业串行接口:RS232 信号:TXD、RXD、GND;

(5)SIM 卡座:抽屉式卡座;

(6)复位按键:针孔式复位按键;

(7)Wi-Fi:可外置,USB 口自适应;

(8)无线接头:3G/4G/5G 网络:SMA×4。

3.工作温度

(1)存储温度:-40~85℃;

(2)工作温度:-25~70℃;

(3)环境湿度:5%~95%。

4.系统管理

(1)配置管理:本地或远程 Web 手动配置,广域网批量导入配置文件;

(2)升级方式:支持本地 Web 手动升级,广域网管系统自动升级;

(3)日志管理:支持本地、广域网管理系统导出日志,按照时间、日志级别、模块类型选择性查看,导出日志;

(4)时间管理:支持本地校时、NTP 校时,内置 RTC 时钟芯片和工业电池;

(5)WDT:内置硬件看门狗芯片,实现系统软硬件看护。

5.网络连接

(1)5G 网络接入:APN、VPDN;

(2)网络制式:支持 5G NSA/SA、4G LTE、3G;

(3)LAN 管理:Static IP,支持 DHCP Server 服务;

(4)WAN 管理:支持 STATIC IP、DHCP Client、PPPoE Client。

6.VPN

(1)VPN 种类:支持 OpenVPN、IPSec、L2tp 等多种 VPN 方式,满足不同场景使用;

(2)VPN 配置:VPN 场景化配置,自动接入,方便易用;

(3)数据传输:支持串口、RS485,以太网数据通过 VPN 远程传输。

7.数据采集

(1)现场设备数据采集:支持 Modbus TCP / Modbus RTU / ProfiNet / EthernetIP 协议的数据采集;

(2)信息化系统对接:支持数据主动上送到 MES(MOM)系统数据库,从 MES(MOM)数据库向下同步控制参数和指令支持 OPC UA SERVER 功能。

6.2.4 NMS 网关配置管理系统功能

在 JENET 5G 工业网关安装上线之后,我们会为业主方分配一个专有的账号和密码,用于客户登录 NMS 网关配置管理系统统一管理、操作和维护所有的网关设备。客户可以通过登录云服务器 Web 界面直观地管理和维护所有的网关设备。

用户终端 PC 上打开浏览器,在地址栏中输入服务器地址,按回车键后进入 Web 网管登录界面。

注意事项:

①当用户超过 10 分钟没有操作 Web 页面时,系统将返回 Web 登录页面。退出登录以后如需继续操作,则需重新登录;

②密码连续 5 次输入错误后,账号将会被锁定,需找上级管理员进行密码重置。

NMS 网关配置管理系统主要支持如表 6-1 所示的功能。

表 6-1 NMS 网关配置管理系统功能

功能模块	功能分类
设备管理	显示所有的网关设备信息
	同步日志
	下载日志
账号管理	显示所有的账号信息
	添加账号
	删除账号
	编辑账号
	重置密码
配置管理	显示所有的配置信息
	上传配置文件
	删除配置文件
	升级设备的配置文件
固件管理	显示所有的固件信息
	上传固件文件
	删除固件文件
	升级设备的固件
系统日志	显示 Web 的操作日志
密码管理	修改账号密码

1.设备管理

设备管理模块功能主要包括：

（1）设备信息显示

操作员可以查看所有网关设备的信息。包括网关设备名称、型号、序列号、子网地址、虚拟 IP、在线状态、软件版本、描述、gps 地址、移动通信号码、真实 IP、设备流量信息、下挂 PLC 信息等，也可根据设备型号进行设备信息过滤。

（2）上传日志

将网关设备的日志上传至云服务器，选择表格中的一行，单击操作列的图标进行日志上传。

（3）下载日志

将网关设备的日志下载至本地，选择表格中的一行，单击操作列的图标进行日志下载。

注：需要先上传日志，才能进行下载。若云服务器上没有日志，则会提示"日志不存在"。

2.账号管理

账号管理模块功能主要包括：

（1）账号信息显示

用户可以查看所有操作员的信息（用户名、状态、上次登录 IP、上次登录时间、创建时间、描述），可以通过状态进行过滤查找操作员。

（2）添加账号

系统管理员可以创建最多 10 个操作员。操作员只有查看设备信息、日志以及重置密码的权限。

密码为随机密码，无须用户配置。客户管理员需要将该密码告知操作员，操作员登录 Web 后，可以重新修改密码。

（3）编辑账号

编辑操作员的基本信息（用户名和描述）等。

（4）删除账号

删除操作员账号。

（5）密码重置

随机为操作员分配密码，同时为冻结的账号进行解冻。

注：重置后的新密码需要由客户管理员告知操作员。

3.配置管理

（1）配置信息显示

用户可以查看厂家上传的配置信息，以及自己上传的配置信息，同时还可以查看配置升级信息。

（2）上传配置文件

用户管理员可以上传配置，以便后续对设备进行批量配置升级。

（3）删除配置

用户可删除自己创建的配置文件，但无权限删除开发者上传的配置文件。

（4）批量升级设备配置

对设备进行配置文件批量升级，单次可同时升级设备不能超过 100 台。

4．固件管理

（1）固件信息显示

用户可以查看厂家上传的固件，以及自己上传的固件信息。对于新发布的版本，可以直接上传至云服务器，用户可以直接用该版本进行固件升级，同时还可以查看配置升级信息。

（2）上传固件

用户可以通过客户端界面自己上传固件版本。

（3）删除固件

用户可删除自己上传的固件，但无权限删除开发者上传的固件。

（4）批量升级设备固件

对设备固件版本进行批量升级，单次可同时升级设备不能超过 100 台。

5．系统日志

操作员可以查看 Web 操作日志，并根据用户名和时间段对日志进行查询。

6．密码管理

操作员可以通过用户界面对当前登录用户的密码进行重新编辑。

6.3　系统优势分析

系统由数据采集任务模块、无线链路模块、数据上送任务模块、数据分析和反向控制模块以及 5G&VPN 加密通信模块等构成。该系统设计具有如下优势：

（1）网关边缘侧数据采集，算力下沉，降低系统负载，提高系统性能；

（2）网关边缘侧采集的数据打上采集时标，为系统数据分析提供更准确的依据，有利于系统数据优化；

（3）5G 网关＋MOM（可选）的系统设计，不仅满足数据采集和分析、可视化的需求，也提供了通过信息化平台下发数据的通道；

（4）NMS 网关管理系统，在有网络的地方可随时随地远程登录网关，实现网关远程配置和管理及调试。

6.4 系统功能

6.4.1 5G＋数据采集＋PLC 数据通信

JENET 5G 工业智能网关与 AB、欧姆龙 PLC、AB 的 I/O 模块、AB 变频器相连,采集这些执行层设备的运行数据,通过 5G 无线网络上传到监控层的上位机,上位机管理系统软件对采集数据进行综合分析之后,以图形化、图表化、曲线化方式进行可视化呈现。

AB PLC 和欧姆龙 PLC 通过由 JENET 5G 工业智能网关和基站共同打通的 5G 通信链路进行数据交互,通过连接 AB 远程 I/O 上的按钮来控制连接欧姆龙 PLC 上的灯亮灭,通过连接 AB 远程 I/O 上的传感器来控制连接欧姆龙 PLC 的灯变化;通过连接欧姆龙 PLC 上的按钮来控制连接 AB 远程 I/O 上的灯亮灭,通过连接欧姆龙 PLC 上的传感器来控制连接 AB 远程 I/O 的灯变化。

6.4.2 5G＋远程控制

AB PLC 通过 5G 智能工业网关远程控制变频器。通过 AB PLC 下挂的启停按钮和调速传感器,远程控制挂在 JENET 5G 工业智能网关下的变频器启停及加、减速。

6.5 实验案例:基于 5G 的电机远程控制

基于 5G 的电机远程控制实验平台如图 6-3 所示。

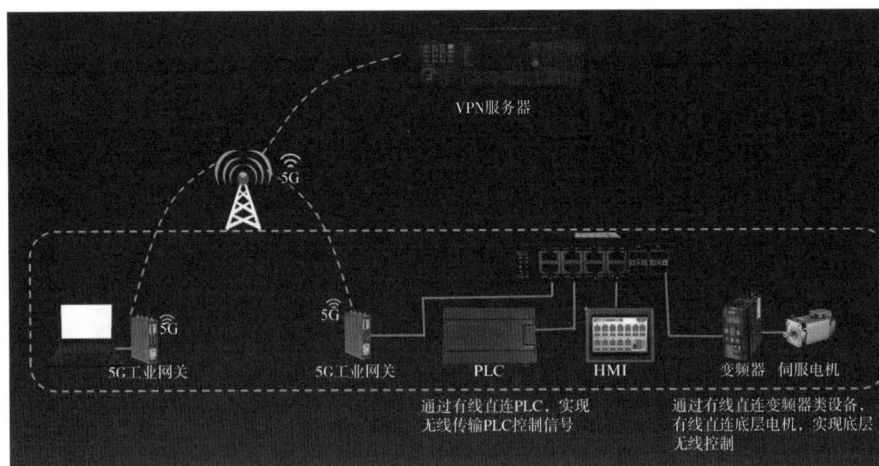

图 6-3 基于 5G 的电机远程控制实验平台

实验方案通过 5G 基站、5G 核心网络,用 5G 网络代替以太网进行远程的信息传输。DOME 箱具备了 PLC、变频器、HMI、模拟量发生器、5G 网关模块一体化的方案,通过

JENET 5G 工业智能网关(JENET-5G-JA00-JN)连接底层 PLC,网关通过透传的方式将 PLC 和远程 I/O 或 HMI 或模拟发生器的数据上传到上位机。上位机连接 5G 工业智能 网关,通过 OPENVPN 的方式将程序下载到底层 PLC 中,来实现控制远程设备。

6.6 Node-RED 简介

6.6.1 Node-RED 概述

Node-RED 是 IBM 在 2013 年的一个开源物联网项目,以满足他们快速连接硬件和 设备到 Web 服务和其他软件的需求。它是一个物联网编程工具,以新颖和有趣的方式, 将硬件设备、应用接口和在线服务连接到一起。它不仅提供了一个基于浏览器的编程环 境和丰富的节点类型,使流程的创建变得非常容易,而且还为流程的运行提供了运行环 境,实现了一键部署的能力。

Node-RED 是构建物联网(Internet of Things,IOT)应用程序的一个强大工具,其重 点是简化代码块的“连接”以执行任务。它使用可视化编程方法,允许开发人员将预定义 的代码块(称为“节点”,Node)连接起来执行任务。连接的节点通常是输入节点、处理节 点和输出节点的组合,当它们连接在一起时,构成一个“流”(Flows)。

1.基于浏览器的流程编辑

Node-RED 提供了一个基于浏览器的流编辑器,可轻松使用面板中的各种节点将流 连接在一起。然后,通过单击即可将流部署到运行时。可以使用文本编辑器在编辑器中 创建 JavaScript 函数。内置库允许保存有用的功能、模板或流程以供用户重复使用。

2.建立在 Node.js 之上

由于充分利用了其事件驱动的非阻塞模型。因此,轻量级运行时可以基于 Node.js 构建,这使得它非常适合在低成本的硬件(如 Raspberry Pi)上的网络边缘以及云中运行。 Node 的软件包存储库中有超过 225000 个模块,可以轻松扩展面板节点的范围以添加新 功能。

3.生态发展

在 Node-RED 中创建的流使用 JSON 存储,可以轻松导入和导出,可与他人共享。

6.6.2 Node-RED 的应用场景

1.用于设备

Node-RED 本质上是一个 Node.js 应用程序,所以能够在 Linux 平台的任何设备上 安装,如流行的有树莓 Pi,在工业领域,西门子 Iot2000,研华 WISE PaaS 网关,美国 Groov EPIC 都预先安装了 Node-RED。使用 Node-RED 可以不编写任何程序,使用 Web 浏览器界面进行可视化编写数据流控制程序,提高了物联网终端设备的编程效率。而厂家的工作就是要为客户编写各种 Node 和 Flow 库。

2. 用于云端

Node-RED 也可以部署在云端,或者边缘设备上,实现云端应用的可视化编程。图 6-4 是一个典型的应用架构。Node-RED 主要用于物联网数据的格式转换和预处理,并将数据存储到实时数据库 influxDB 中,最后 Grafana 可视化显示。

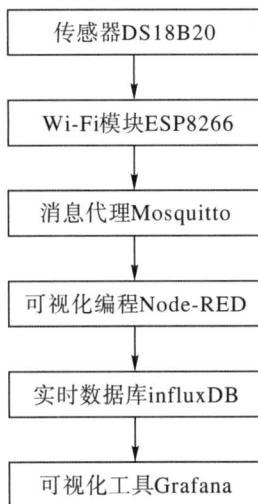

```
┌─────────────────────┐
│   传感器DS18B20      │
└─────────────────────┘
          │
          ▼
┌─────────────────────┐
│  Wi-Fi模块ESP8266    │
└─────────────────────┘
          │
          ▼
┌─────────────────────┐
│  消息代理Mosquitto   │
└─────────────────────┘
          │
          ▼
┌─────────────────────┐
│ 可视化编程Node-RED   │
└─────────────────────┘
          │
          ▼
┌─────────────────────┐
│ 实时数据库influxDB    │
└─────────────────────┘
          │
          ▼
┌─────────────────────┐
│  可视化工具Grafana   │
└─────────────────────┘
```

图 6-4 基于 Node-RED 的物联网应用架构

3. 用于容器之间的数据流控制

云端应用的容器化(微服务化)成为趋势,使用容器技术的优点就是快速部署和更新应用。但是如果一个任务需要多个容器来完成,比如采集到的数据需要存储、可视化、AI 分析等,如何解决容器之间的数据流控制?而且数据流方式可能还会不断地修改,例如,数据有时需要进行不同的滤波算法。在这种场景下,使用 Node-RED 数据流工具作为应用程序的开发工具,每个微服务要在 Node-RED 中添加一个节点(在 Node-RED 中称为 Node 和 Flow),见图 6-5,容器中是微服务。

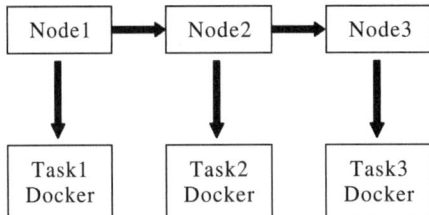

```
┌───────┐    ┌───────┐    ┌───────┐
│ Node1 │───▶│ Node2 │───▶│ Node3 │
└───────┘    └───────┘    └───────┘
    │            │            │
    ▼            ▼            ▼
┌───────┐    ┌───────┐    ┌───────┐
│ Task1 │    │ Task2 │    │ Task3 │
│Docker │    │Docker │    │Docker │
└───────┘    └───────┘    └───────┘
```

图 6-5 容器(微服务)之间的数据流控制

使用了 Node-RED 工具后,如果已经编写了微服务和相关的 Node 节点,可以很快地部署云端应用。

4. Node-RED 库

一个好的架构虽然十分重要,但需要有丰富的库,才能灵活、高效地编写各种专业的 IoT 项目。Node-RED 的强大之处在于,众多公司和个人已经开发了大量的 Node-RED

库,在 Node-RED 网站上可以找到大量的节点。许多工业控制公司也开发了针对自身产品的 Node 和 Flow,例如 Node-RED-Contrib-S7 就是实现西门子 S7 PLC 交互的节点。Node-RED-Contrib-Modbus 是实现 TCP 和串口 Modbus 的节点。

6.7　工业操作系统 supOS

工业操作系统 supOS 是蓝卓数字科技自主研发的跨行业跨领域工业互联网平台,也是面向企业全业务流程数字化转型、全产业链数字化协同的基础平台。supOS 工业操作系统为工业设备、信息系统、工厂和产业链的连接、协同提供统一的数据底座,帮助企业和生态伙伴快速开发、部署和使用工业 APP,以"平台＋APPs"模式为制造企业、园区及政府提供设备管理与维护、生产协同与优化、数字化工厂、跨厂区网络化协同、数字化供应链、智慧园区及行业云平台等方案与服务。

6.7.1　石化化工行业案例实验

1.化工行业数字化现状和需求分析

化工企业是流程行业的重要组成部分,具有流程化生产、上下游联动的特点。化工行业信息化应用目前存在分头建设、各成体系的问题,主要体现在每套信息化系统只能服务某一层面,甚至一个岗位;生成的各类数据信息,只存储在各自的数据库中;报表格式固定,无法新增字段,数据之间无法关联;大量使用 Excel。这类交互性差的现状,导致了大量系统资源的浪费,使得用户需求不明确,参与度不够,IT 思维与业务思维无法统一,无法调动用户的积极性。化工行业对于信息化的需求主要落实在业务应用方面,其中包括数据快速、高效、全流程采集;生产数据、管理数据、运营数据融合之后,数据的可视化展现和价值利润分析,平台的包容承载能力等。对于工业互联网平台,讲究"承上启下、互联互通",高要求的稳定性和兼容性。

通过搭建"工业互联网＋经营"的智慧生态平台,可以增加企业运营效益、提升职能部门管理效率,建立工业信息化体系,打造化工行业智能工厂。通过深度结合业务应用,蓝卓数字科技构建了生产控制、仓储物流、经营管理、安全管理、能源/环境管理等五大业务域的工业 APP 与应用模型,实现了用工业操作系统＋APPs 的方式打造全流程动态优化的智能制造新模式,为化工企业搭建了"五位一体"的智能工厂新格局,即供应链协同一体化、生产管控一体化、企业运营一体化、安全环保监管一体化、能源管控一体化。

化工企业以本质化安全和资源价值最大化为目的,以智能制造平台和标准化体系为支撑,以设备本体智能化、运行控制智能化、制造方案智能化为主线,以生产、经营、市场三大数据中心为依托,搭建"工业互联网＋经营"智慧生态平台,提高运营效益、提升管理效率,建立工业信息化体系,打造绿色化工智能工厂。

2.基于 supOS 的石化行业解决方案

基于 supOS 工业操作系统,搭建京博石化"云、企、端"多级联动、内外协同应用的工业大数据平台,完成多元异构数据融合管理,接入全厂 30 余套异构系统,3 万多套设备建模,30 万个时序位号和 120 万个工艺标签管理,建成 56 套工业 APP 产品,从而实现京博石化全面数字化转型和智能工厂新模式。

3.具体应用场景

(1)大屏综合展示

对设备健康管理的故障率、故障分布、运行统计等全厂统计数据进行集中展示,可以获取到明细图表分析,便于直观地发现设备健康问题,为决策者提供决策依据。

(2)统一门户,千人千面

针对不同区域,结合平台＋APPs 的模式划分成五大区域。智慧操作平台的数据整合打破了数据孤岛,集成了合作伙伴数据后形成的 APP 能够缩短用户对各个系统的数据分析时间。在一个页面上,查看多个系统的数据,并且在 2s 内,对至少 1 万条数据进行逻辑计算与处理,并得出相应结果。

(3)网上工厂

提供各分厂的实时生产位号数据监控,单个工厂集成位号点数 15 万多,平台经过专业严格的压力测试,为集团化的信息系统搭建提供了专业保障。全面覆盖 OPC、Modbus、KNX/EIB、Onvif、28181、RS485、IEC104 等行业常用协议和接口驱动。通过对生产过程的完整数据采集,支持企业对连续生产和物料处理的全程跟踪,帮助企业快速诊断问题、处理问题,确保产品和生产过程的安全可靠。

(4)设备诊断分析

集成了设备相关综合信息的展示,对设备的报警、故障、检维修等数据进行了相应的分析和展示。用户设备备件的管理成本降低了 20%,设备检维修次数减少了 35% 和设备故障率下降了 50%。有规划的设备维护保养,使设备的使用寿命提高至少 1～2 年的时间。

(5)项目进度监控系统集成

项目立项管理台账信息展示;系统自动统计各环节的完成情况,形成一个管理界面,便于分析延期原因等。从而用户能够针对延期环节进行分析优化,原本一年用户产生立项数目高达 2000 个,完成率只有 20%;上线智能制造平台,预计提高 30% 的用户立项完成率。

(6)统计过程控制 SPC(Statistical Process Control)系统集成

集成实验室信息管理系统 LIMS(Laboratory Information Management System)分析结果对不同车间、不同装置下的不同产品进行相应的分析展示。方便用户从图表中查看到异常数据;从数据趋势中提前预见 20% 的异常发生可能。并且在数据发生异常后,能够快速地做出相应改进措施。提高各个车间在工作过程中对装置的控制水平。指标配置管理功能让用户根据工厂模型自定义配置相关的指标与产品。个性化的配置管理功能提高工厂的数据分析能力。

(7)绩效管理集成

对现场用户各车间每月的生产加工情况做绩效考核,让用户能够直观地查看每一项指标的完成率,辅助经营计划中心调整每月的计划加工量,并且使公司能够更好地判断计划产量。原本用户需要 5 人投入 3 天来完成的数据报表,使用智能制造平台仅需 5 分钟就能完成所有的数据计算,为用户减少 90% 的人力成本和线下进行数据统计的时间,也为经营计划中心带来了经济收益。

(8)联锁投运率

实现用户现场 2000 多设备的实时和历史联锁投运率查看;实现现场 20 多套装置的整体情况实时与历史查看;仪表盘和饼图的展示方式能够更直观地查看投运率的实时值、投运与未投运回路的占比;实现了动态增加装置回路的功能,使车间操作工都能够自定义配置回路与回路的计算公式。

(9)装置平稳率

实现用户实时查看关键设备对装置平稳率的影响反馈,为用户提高 20% 的产品产量,增加公司经济收益;实现动态配置装置指标的上下限功能,让装置平稳率能够更加合理地反应装置的平稳情况与波动情况,优化生产,达到提高产量的目的;平稳率的趋势图能够让经营计划中心更合理地设定车间考核指标,公司产品质量提高了 10%。

4.应用成效

通过构建"1 个工业操作系统＋N 个工业 APP"信息化应用新模式,获得经济效益和管理效益如下。

(1)节省大量的人力成本和线下数据统计时间。

(2)重点生产装置提高了 20% 产品产量,产品质量合格率提高了 10%。

(3)设备备件管理成本降低 20%,设备检维修次数降低 35%,提升了装置长周期安全运行水平。

(4)预测预警了 20% 的事故苗头和异常事件,协助主管部门和管理人员对异常事件处置更加灵敏、高效。

6.7.2 汽配行业案例实验

1.汽车及零部件行业数字化现状和需求分析

汽车及零部件行业是离散行业的重要组成部分,而离散制造行业面临着供应链数据共享难、工艺文件管理落后、工艺质量难以把控、人员绩效管理困难、设备综合效率 OEE(Overall Equipment Effectiveness)较低、订单变更频繁、生产排程复杂、客户对于追溯要求全面、制品控制跟踪困难以及物料管控难等问题。为达到给汽车及零部件企业降本增效的目标,蓝卓数字科技采用以 supOS 为底座打造数字化工厂,实现制造资源数字化、物料管控数字化、生产过程数字化、质量管控数字化、现场运行数字化、产业链协同数字化,全流程以数据驱动,达到持续改善的方式。通过精确数据、分析数据、寻找改善点等,制定落实改善方法,实现循环持续进行。

宁波拓普集团在汽车行业中专注笃行了 30 余年,拥有技术领先的试验中心,设有动力底盘系统、饰件系统、电子系统等事业部,主要生产减震系统、饰件系统、智能驾驶系统、底盘轻量化系统、热管理系统等五大系列产品。结合公司目前实际管理状况以及加入特斯拉供应链体系的技术要求,提出数字化建设的整体目标是达成"计划控制、精细管理、自动生产、精准追溯"的全面数字化。经过严格对比选型,公司选择 supOS 工业互联网平台作为数字化的底座,在此基础上实现企业的数字化建设目标。

2. 基于 supOS 的汽配行业解决方案

基于 supOS 工业操作系统的工业互联网平台,消除信息孤岛,实现数据集成融合。通过建设大数据集成平台,实现多业务系统的有效融合,对工业企业的信息系统进行APP 化迁移。实现产品信息、生产数据从底层现场设备数据采集到过程控制优化,再到执行应用和顶层数据分析,最后到企业决策的辅助等各个环节的数据流转,使企业信息传递畅通无阻,实现工业信息化的"一网到底"。同时,平台提供开放的工业智能应用孵化平台,在数据智能联动、自动统计报表、大数据分析和人工智能方面与企业客户进行工业智能 APP 联合开发。

3. 具体应用场景

(1)精准追溯系统

从入库 SAP(System Applications and Products in Data Processing)直至出库共 13个完整步骤。通过对其中 7 个重要步骤:外协件/原材料入库、凸焊、弧焊、电泳漆、组装衬套、包装检验、成品入库发货进行设备数据监控和追溯,达到车间产线去纸化,管理精细化,生产自动化,物料、工件、批次精准追溯的目的。底盘前后副生产线如图 6-6 所示。

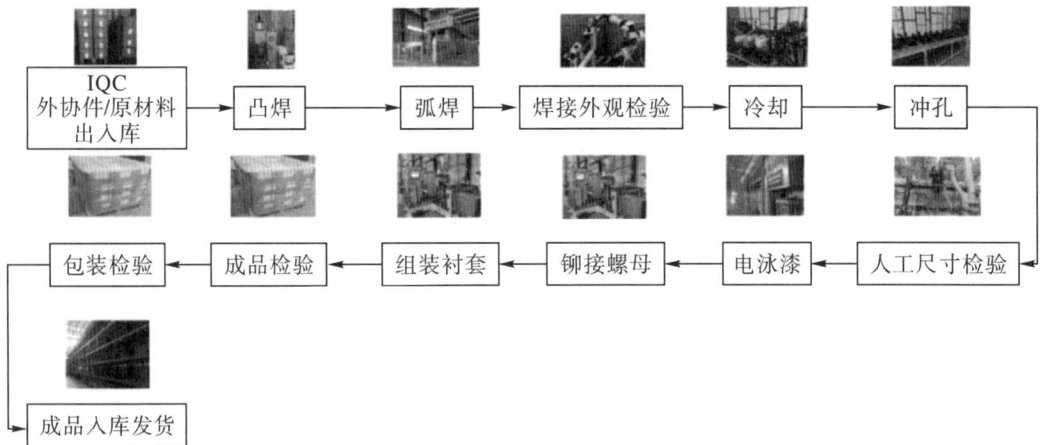

图 6-6　底盘前后副生产线

追溯方案概览如表 6-2 所示。

表6-2 追溯方案概览

项目	原材料/外协件仓库	凸焊	弧焊	焊接外观检验	投影尺寸检测	电泳漆	铆接螺母	后副衬套压装包装	前副打螺栓组装贴标	成品检验	包装检验	成品仓库收发货
追溯最小单位	每卷/每箱	每料框	单件	单件	单件	单件	单件	单件	单件	单件	单件	每托
追溯内容	1.日期/时间/班次/工人和报告手工上传; 2.原材料报告手工上传; 3.供应商	人员、时间、班次、批次、设备	人员、时间、班次、批次、设备	人员、时间、班次、批次、设备/报告和数据	人员、时间、批次、班次、设备/报告和数据	人员、时间、批次、班次、设备	批次	人员、时间、批次、班次、设备/压力参数	人员、时间、批次、班次、设备/扭矩参数	人员、时间、批次、班次、设备	人员、时间、批次、班次、设备	人员、时间、批次、班次
连接设备信息	无	无	电流、电压、气体流量、送丝速度	焊接外观报告/检测数据	尺寸报告/检测数据	无	无	压力和位移	扭矩和角度	无	无	无
设备读取数量	无	无	42×3/82×3（参数）	6	无	无	无	6	6	无	无	无
工序追溯动作数量	2	2	电压、电流、气体流量和送丝速度	1	无	1	2	1	1	1	1	1
追溯动作描述	卷标签、箱标签入库/出库扫描; 入库/出库零件防错	外协件投料扫描/打印标签并报工扫描	扫描外协件/冲压件投料/扫描单件刻码报工扣料	投料扫描/读取焊接外观报告数据	投料扫描/读取尺寸报告数据	组装前投料扫描进行追溯	螺母、焊接投料扫描	投料扫描单个零件二维码	投料扫描单个零件二维码	扫描单个零件二维码	1.扫描单个零件二维码 2.打印箱标签	入库扫描
防错	采购订单应对零件防错	零件防错	零件防错	零件防错	零件防错	零件防错	零件防错	零件防错前面工序扫描情况显示且报警	零件防错前面工序扫描情况显示且报警	压入力不合格报警	压入力不合格报警	箱二维码错误提醒
硬件投资	无线扫描枪; 条码打印机	无线扫描枪	无线扫描枪; 针式二维码刻字机	扫描仪（斑马）	针式二维码扫描仪	针式二维码扫描仪	无线扫描枪	无线/有线扫描枪、打印机	无线/有线扫描枪、打印机	扫描枪	扫描枪	蓝牙打印机、无线扫描枪

（2）数字化看板

数字化看板系统是企业车间现场管理的重要组成部分,看板呈现主题包含设备、生产、质量三大领域。通过数字化看板能够快速掌握产能信息、产品质量合格信息、设备加工优先工序、设备报警状态等。通过建立数字化看板,能够灵活地展示丰富的数据信息,实时监控到每个生产车间现场,将每台设备的不同状态进行预警,实时统计本日、本周、本月等的工件数据统计图表并显示到看板上,看板样例如表 6-3 所示。

表 6-3　看板样例

设备名称	工序	生产日期	班别	标准班产	实际生产合格数量	计划达成率	不合格数量	设备利用率
杨力冲压线	冲压	7月8日	白班	3000	2800	93.33%	200	65.00%
前副焊接线	焊接	7月8日	白班	3000	2800	93.33%	200	43.00%
电泳漆线	电泳漆	7月8日	白班	3000	2800	93.33%	200	73.33%
压装线	压装	7月8日	白班	3000	2800	93.33%	200	73.33%
杨力冲压线	冲压	7月8日	白班	3000	2800	93.33%	200	73.33%
前副焊接线	焊接	7月8日	白班	3000	2800	93.33%	200	57.20%

（3）追溯共享网站

通过建立追溯共享网站,将集团内现有的平台进行集成共享,将生产中的领料到成品装箱过程规范化;可根据过程中任意二维码(流转卡二维码、领料单二维码、物料标签二维码、员工二维码等)查看整个生产过程信息,包括焊接信息、测试信息、检验信息、操作人员、时间节点等。

（4）不合格品管理

根据制造型企业不合格品管理的特点,构建一个基于 Web 的在线不合格品信息管理系统,该系统是面向生产操作员工、来料控制 IQC(Incoming Quality Control)、品质控制 QC(Quality Control)、品质保证 QA(Quality Assurance)、研发人员、各级管理人员的综合性的管理系统,基于先进的数据共享和网络技术理念,实现在线对不合格品信息录入的判定、评审及处理数据、文件的高速流动,评审结果服务器存档,明确系统的功能权限等,为企业不合格品管理提供一个高效的信息化管理平台。

（5）成品发货

针对工厂产线实际的发货流程,提出一套成品发货管理系统,将产品发货的整套流转过程进行整理、归纳和记录,并对接 SAP 系统,便于数据的统一管理和分析。成品发货管理系统流程如图 6-7 所示。

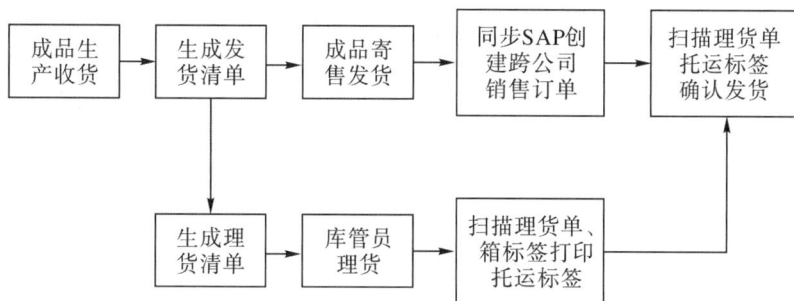

图 6-7　成品发货

(6)成品返工管理

在工业生产的过程中,常有质检不合格的产品出现,不合格产品入成品库后,会造成仓库管理混乱、返工处理不透明等问题。针对此问题,应构建成品返工的管理系统,以改变传统的仓库数据采集方式,减少仓库工作量和储存成本,解决管理难的问题。成品返工处理管理系统流程如图 6-8 所示。

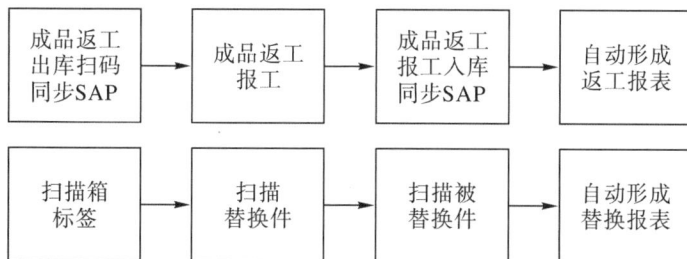

图 6-8　成品返工处理管理系统

4.应用成效

配合自动化生产线,达成了建立数字化车间建设的整体目标"计划控制、精细管理、自动生产、批次追溯"。通过分区域、分主题的电子看板系统与消息推送功能,强化了各项基础管理的落实,具备了快速反应能力,同时增强了整体执行力;加强各业务部门的协同,明确了各部门的职责;实现对销售、研发、生产、售后的全程控制和跟踪,整体上降低了成本控制的压力,提高企业整体工作效率和经济效益。系统上线后,外部通过了特斯拉的审核体系,并把不良品客户投诉降为 0,提高客户满意度,内部生产线产能利用率提高 15%,一次良品率提高至 99.85%。

思考题

1.5G 工业网关功能是什么?

2.系统从网络架构上分为三层,即设备层、控制层和监控层,各层功能是什么?

3.基于 5G 通信网络,设计一个应用案例。

4.Node-RED 是什么?

5.设计一个基于开源的 IoT 平台,具有数据采集、设备管理、数据处理及可视化功能。

CHAPTER ⑦

第7章

物联网应用案例

物联网应用涉及国民经济和人类社会生活的方方面面,因此,物联网又被称为是继计算机和互联网之后的第三次信息技术革命。信息时代,物联网无处不在,如图 7-1 所示。

图 7-1　万物互联示意

由于物联网具有准实时性和交互性的特点,因此,物联网的应用领域非常广泛。遍及智能交通、环境保护、政府工作、公共安全、平安家居、智能消防、工业监控、环境监测、路灯照明管控、景观照明管控、楼宇照明管控、广场照明管控、老人护理、个人健康、花卉栽培、水系监测、食品溯源、敌情侦察和情报搜集等多个领域,如图 7-2 所示。

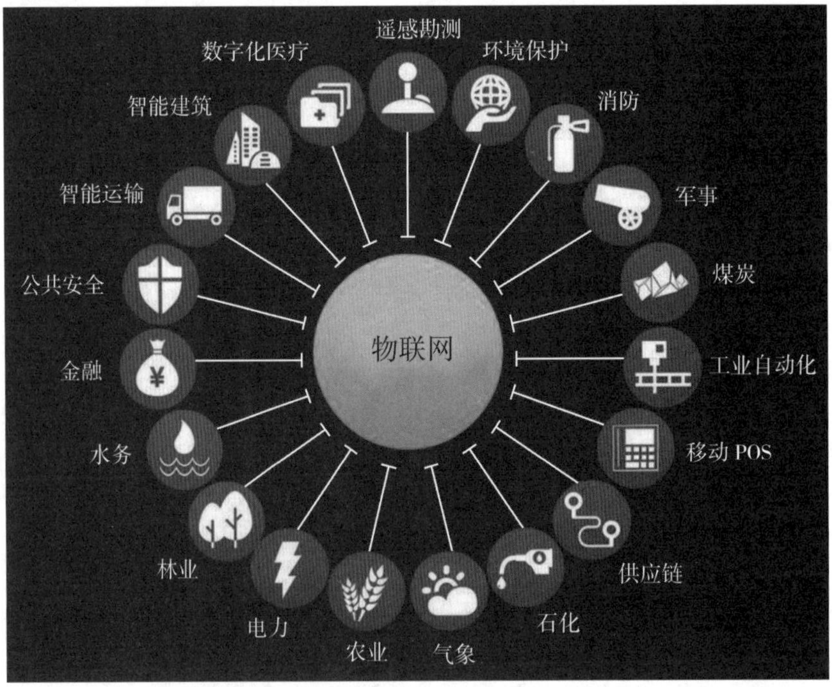

图 7-2　物联网应用领域

下面以案例的形式介绍物联网的应用。

7.1 案例一:铨顺宏 RFID＋RTLS 仓储管理系统方案

1. 项目背景

企业的仓储管理是对仓库及仓库内的物资所进行的管理,是企业为了充分利用仓储资源提供高效的仓储服务所进行的计划、组织、控制和协调过程。它作为连接生产者和消费者的纽带,在整个物流和经济活动中起着至关重要的作用。

不同的企业规模、产品类别,有着不同的仓储管理流程和需求,但核心的部分在于进出库在内的仓库作业和移库,以及货物查找在内的库存控制作业。而随着整个生产制造环境的改变,产品周期越来越短,多样少量的生产方式开始兴起,来自市场端的需求对仓储管理提出了更高的要求。

简单、静态的传统仓储管理模式普遍存在物资库存量巨大、物资跟踪困难、资金和物资周转效率较低、人力成本偏高、物流管理的信息和手段落后等缺点,已不能适应新的仓储管理需求。破除传统的仓储管理模式,积极探讨新的基于 RFID 信息管理技术,在适应企业原有管理流程的基础上,构建新的仓储管理信息化系统平台,有助于协调各个环节的运作,保证及时准确地进出库作业和实时透明的库存控制作业,合理配置仓库资源、优化仓库布局和提高仓库的作业水平,提高仓储服务质量、节省劳动力和库存空间、降低运营成本,从而增强企业市场竞争力。

2. 系统需求

高质量的仓储管理(WMS)系统在于,最优化的仓储资源配置、精确的仓库作业控制,以及实时有效的仓储数据流的透传。在充分了解客户需求的基础上,本案例突破性地提出 RTLS(Real-time Locating System)＋RFID 技术的应用解决方案,构建仓储管理信息化系统平台,将实现以下三个功能。

(1)可视化出入库管理

可视化出入库管理主要涵盖货物(托盘)入库、出库、库内存储的精确位置信息等。仓储管理(WMS)应能实现仓库实时数据在管理中心的可视化管理。真正做到实物流与数据流同步。

(2)电子托盘及库位管理

实现托盘和库位的电子化,是实现可视化、智能化仓储管理(WMS)的基础。仓储管理(WMS)的仓库中的货物都是以托盘为单位进行流转和存放,通过对托盘实现电子化,可实现对每个托盘的身份识别。通过 RTLS 系统可精确定位到叉车在仓库内的行进路径。基于节点控制方法,实现托盘在库内存放位置的精确定位和位置信息的实时追踪。

通过对仓库物理空间的数字建模,每个托盘空间位置对应一个数字坐标,实现对货物信息的精确定位、快速检索。

(3)货物查找

当需要查找某个货物时,在系统内输入相关货物信息,即可显示货物对应的物理空间信息,并可通过叉车车载电脑指引叉车司机快速到达货物地点,并通过对托盘标签信息的采集,实现对货物信息的快速核对确认,大幅度提升仓库管理效率。

①相关系统(MES/WCS/ERP)接口。仓储管理系统不应该是一个独立的系统,相关数据通过一定的接口应该能和企业现有的生产管理(MES)、企业资源计划(ERP),以及客户系统(WCS)等相关系统实现及时交互,以满足企业的实际管理需求。

②实现信息流和实物流的统一。传统的仓储管理,受技术条件的限制,不可避免地面临实时数据滞后,无法实时准确反映仓储库存及物流情况,导致信息流和实物流脱节严重。人工识别货物信息,不仅效率低下且容易出错,工作量较大,而建设 RTLS+RFID 技术的仓储管理(WMS)的最终目的是通过引入有效的技术手段,实现企业仓储管理中信息流和实物流的统一,实现实时可视化的仓储管理。

3.技术背景

(1)RFID 技术

RFID 技术相关内容详见第 2 章。

(2)RTLS 技术

铨顺宏 RTLS 系统是一款基于超宽带技术并融合其他多种无线通信和网络通信技术的实时定位产品,提供亚米级实时位置信息服务;铨顺宏定位研发了多核心基础专利技术,解决了传统超宽带定位技术面临的一些基本瓶颈问题,并将这些技术整合到这套 RTLS 系统中;与其他室内定位技术相比,采用了完全不同的架构,具有高精度、低延迟和大规模、可扩展强性等技术特点。

①RTLS 系统组成及工作原理。RTLS 系统主要由定位基础网络(锚/桥节点)、定位标签(工牌标签、资产标签、传感器标签及定位模组等)、定位服务器(支持本地服务器或云服务器)及相关软件系统组成,见图 7-3。

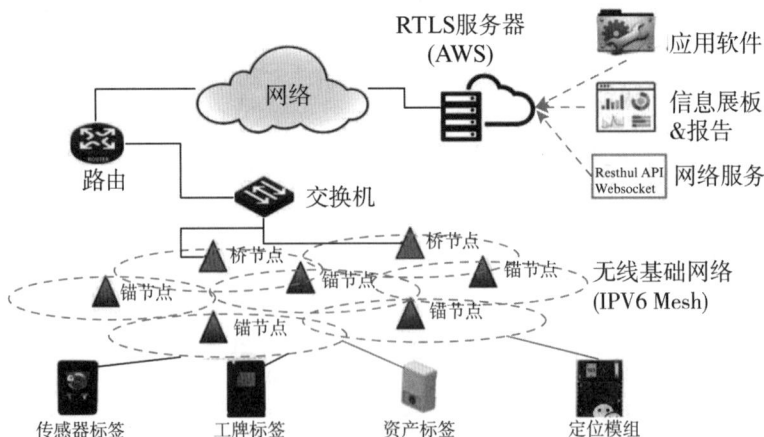

图 7-3　RTLS 系统结构

工作原理:首先在覆盖区域,自定义一个平面直角坐标系(自主选择坐标原点和各坐标轴的轴向),测量各个锚节点的坐标值,并将坐标值输入定位服务器,锚节点作为位置基准,发射超宽带信号,广播自身的位置信息,定位标签接收周围锚节点的信息后,通过自有的处理器来计算各个锚节点到达定位标签的到达时间差,进而解算出自身的实时位置。

②RTLS系统的技术优势:

· 强大的定位基础网络,无线组网,部署简单便捷。系统提供了高性能的无线基础网络,能够同时实现对定位对象的跟踪、导航和双向数据通信。系统几乎不需要布线(传统超宽带定位需要部署时间同步信号触发线)和校准,大大缩短了部署时间,降低了人工成本。

· 先进的专利算法技术,具有低延时性,较传统超宽带定位算法更具优势。下行TDOA时间同步专利算法,在定位对象端解算位置信息数据,数据的低延时性使系统可以用于对车辆(如叉车)的定位,实时触发相应的告警事件,传统的超宽带技术算法(后台解算)是无法满足的。

· 定位精准稳定。先进的专利算法技术优势为:一维典型定位精度0.5m,二维典型定位精度0.3m;铨顺宏RTLS定位使用的超宽带信号,抗多径效应能力更强,更适合各种复杂的环境。

系统支持定位对象容量大、易于扩展铨顺宏RTLS定位标签具备独立的MAC地址,具有可扩展性,单区域定位对象容量可达65000个。

4.仓储管理采用RTLS加RFID技术的意义

RFID作为物品身份标识技术,经过多年的发展,无论技术本身还是应用水平,在国内外都取得了长足的发展。尤其在物流仓储领域的应用,由于其标准完善、技术及应用成熟度高、对仓储物流管理水平提升效果显著,以及应用成本的逐步降低,正在成为现代高效仓储物流的标准应用技术之一。

而RTLS技术在室内实现的精确定位功能,也为实现更精准的库存管理提供了技术支持。RFID实现基于货物身份信息的识别,RTLS提供货物位置信息的采集,两个技术的融合可显著提升仓库及物流管理技术水平,企业可获得良好的投资回报。对当前来说,项目具有示范意义,未来更可有效避免和减少企业信息化升级时的重复投资。

5.系统解决方案

(1)方案设计原则

①实际效果适用,个性化应用。结合不同仓库的实际情况,在把握大的方向前提下,仓储管理方案设计时将充分考虑现场场地、运营模式、管理模式、实际仓储要求等方面的因素,RTLS+RFID技术的仓储管理系统做到实际应用效果,避免不必要的功能设计。尤其在软件系统开发时,应充分贴合仓库实际管理需求,做到个性化应用,避免不适应、不实用。

②管理模式可复制。系统设计将围绕仓储管理中的几大主线,但仍可以充分考虑未来仓库扩建及扩充的需求。模式应能简单复制和定义,未来可快速适应其他仓库区的管理需求提升。

③投资成本可控。在满足管理需求的基础上,系统投资成本也应成为重点考虑的部分。最大限度地提升投资效益,避免不必要的投资浪费,避免未来重复投资,避免对管理效能提升不大的高投入,做到整体系统建设成本可控。

④应用风险可控。系统设计应确保应用风险可控。应用风险主要包括新技术和新的

管理模式,对现有管理模式的改变所带来的管理风险。应充分研究现有的管理模式、操作流程、人员素质、信息化水平等,在提升作业效率、管理效能的同时,尽量做到循序渐进、平稳过渡。避免管理方式改变对企业经营造成的负面影响。

⑤支持未来扩展。系统在设备配置、技术应用、软件体系方面,应充分考虑未来的管理发展需要,在未来管理需求增加时,应能支持未来系统功能扩展,平稳过渡。

（2）系统体系结构

RTLS＋RFID 仓储管理系统体系结构示意见图 7-4。

图 7-4　RTLS＋RFID 仓储管理系统体系结构示意

①仓库物理层:包括仓库、库位、托盘、叉车、货物、现场作业等。现场作业包括货物入库、出库、盘点、分拣、调拨、拆分、移库等。仓库所有有效托盘要求安装 RFID 电子标签,以实现单个库位(库区)托盘的精细化管理。叉车安装定位标签以及 RFID 车载读取系统。室内按面积规划部署定位基站。

②采集与交互层:含各种现场数据采集和用户交互设备,包括 RFID 手持终端、RFID 固定式阅读器、叉车定位模块、室内基站等。主要提供用户操作指引,现场数据采集、数据录入等,为系统提供实时的现场数据采集和交互操作指引。

③数据服务层:对系统中的设备进行管理,采集数据的收集、缓存、过滤,控制指令及相关数据的收集、分发等。数据服务层以系统软件服务的方式运行在系统服务器,提供对用户应用层及数据采集交互层的数据及相关控制指令的数据服务。

④企业应用层:提供给仓库调度管理中心、远程管理中心的计算机软件用户管理交互界面,同时提供报表及数据查询服务。管理中心对仓库及货物的计划制定、管理控制、数

据监控等均通过企业应用层提供。

（3）系统拓扑结构

RTLS＋RFID 仓储管理系统拓扑结构见图 7-5。

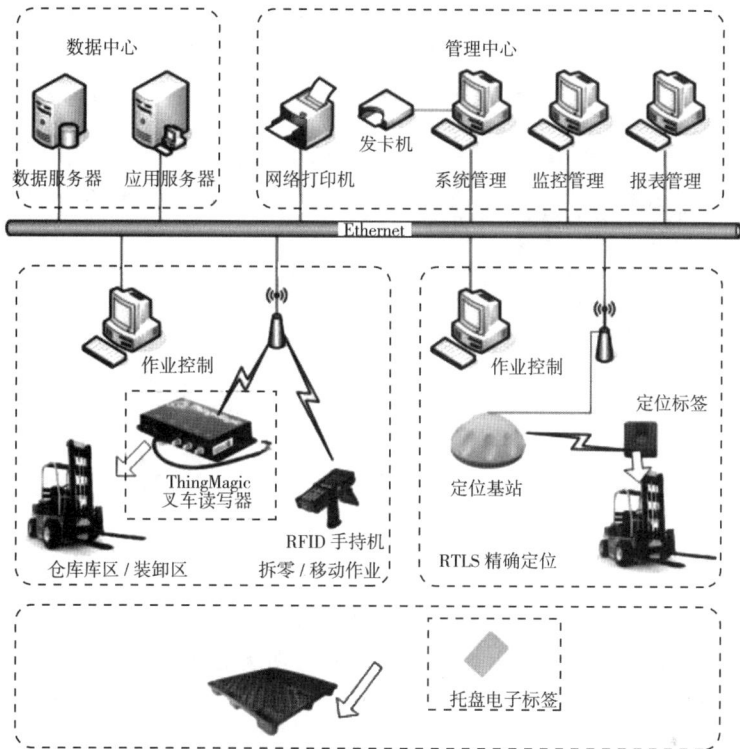

图 7-5　RTLS＋RFID 仓储管理系统拓扑结构

（4）仓储管理软件架构

RTLS＋RFID 仓储管理软件多层架构见图 7-6。

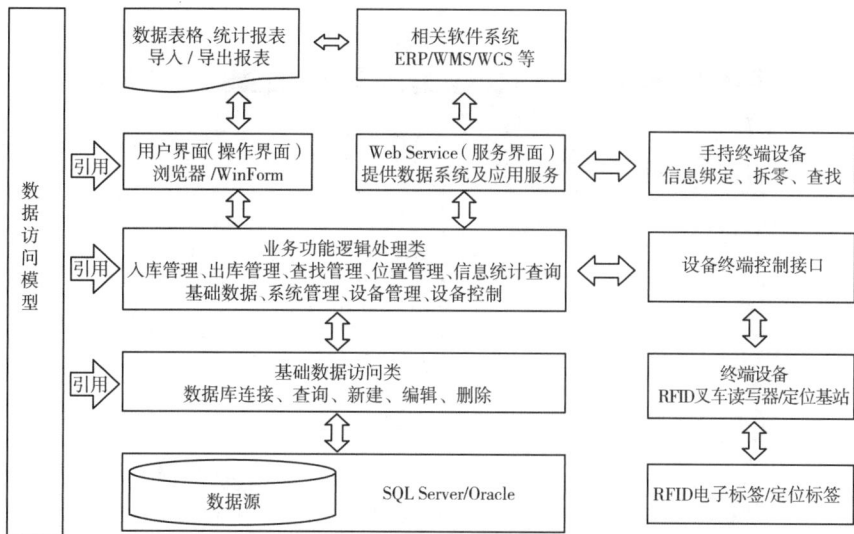

图 7-6　RTLS＋RFID 仓储管理软件多层架构

（5）流程设计

①货物入库流程。货物入库管理操作流程见图 7-7。

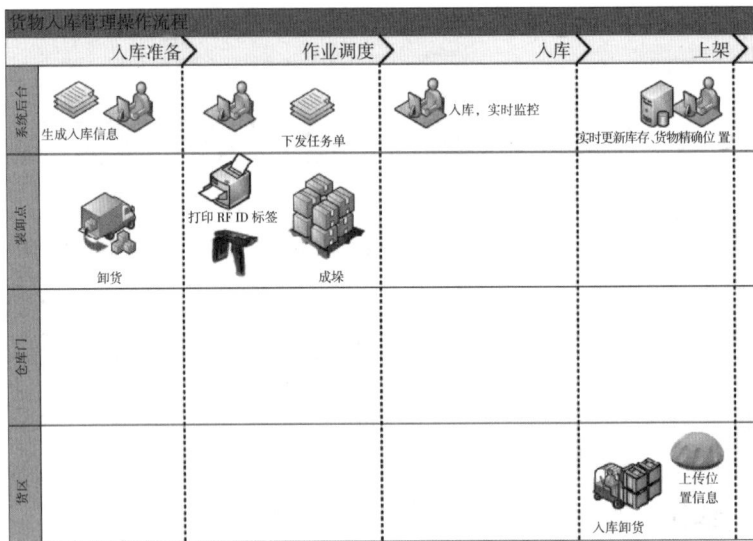

图 7-7　货物入库管理操作流程

装卸点进行卸货并成垛。对于来货已经有托盘的,采用 RFID 打印机直接打印 RFID 标签并粘贴于货箱表面;对于来货没有托盘的,使用现场蓝托盘。货物摆放到蓝托盘上以后,将打印条码粘贴于货物表面。工作人员使用 RFID 打印机,扫描条码,扫描蓝托盘 RFID 标签,完成绑定。

货物过安检:过安检之后,安装有 RFID 采集设备的叉车将叉起货物托盘进行入库。到达库区后,叉车卸下货物,此时,系统根据 RTLS 服务给出的定位信息,完成货物与位置信息的绑定并更新到系统后台。

②货物出库流程。货物出库管理操作流程见图 7-8。

图 7-8　货物出库管理操作流程图

安装有 RFID 采集设备的叉车首先根据任务到指定地点叉取货物托盘,根据读取的托盘标签信息,查询货物信息,并与任务要求的出货信息进行比对,不一致则报警提示。

出库货物装卸点安装有装卸点位置标签:叉车叉取货物来到装卸点,读取到装卸点位置标签信息,则表达出库成功。系统自动更新库存,并解绑托盘标签绑定的货物信息。

7.2 案例二:C-V2X 车联网关键技术与方案

C-V2X 被视为 5G 中最有前景的应用之一,是业界热点。本案例首先简要介绍智能驾驶与 C-V2X 融合发展的必要性和建设中的技术问题;然后结合 V2X 整体解决方案,研究各网络的功能定位、关键技术趋势、难题与产品形态;接着梳理典型的车联网业务,给出一个典型业务的流程图;最后展望车联网未来发展中需要关注的关键技术。

1. 引言

自动驾驶代表了未来汽车的发展方向,近些年发展迅猛,其中单车智能的无人驾驶是焦点。以谷歌、百度为代表的互联网公司、新兴自动驾驶厂商和传统汽车厂商都积极推出了自己的研发计划,L2、L3 级自动驾驶取得长足进步(2018 年,美国汽车工程师学会(Society of Automotive Engineers,SAE)发布了 J3016 标准文件,将自动驾驶分为 L0~L5 共 6 个等级),宝马、博世、标致、日产、现代、德尔福等车企正在制定自动驾驶 L5 级规划。然而,L5 级无人驾驶,远比开始预期难得多。自动驾驶完全建立在单车智能上,对感知、决策和控制提出了极高要求,随着智能等级的提高,技术难度呈指数级上升,成本也显著增加。即使实现 L4 甚至 L5 级自动驾驶,因其自身感知和决策的局限性(如视野被遮挡、意图误判等)依然无法应对各类突发事件,导致安全事故发生;此外,道路拥堵、通行效率不高问题依然无法解决。如果车与车(Vehicle to Vehicle,V2V)、车与路(Vehicle to Road,V2R)、车与云(Vehicle to Cloud,V2C)服务等及时通信协商,不仅智能驾驶难度会降低,而且驾驶将会更安全,交通效率也会更高,因此,车联网技术应运而生,在国内外都受到高度的重视。业界已经达成共识,基于车联网的车路协同,可大大弥补单车智能感知和决策上的不足,推动自动驾驶早日落地。

车联网的通信标准分为专用短程通信(Dedicated Short Range Communication,DSRC)和蜂窝车联网(Cellular Vehicle to Everything,C-V2X)两种主流技术路线,V2X (Vehicle to Everything)是基于蜂窝网通信技术演进形成的车用无线通信技术,见图7-9,由 3GPP 推动,在通信范围、容量、速度支持、抗干扰和安全等技术上更为先进,与 5G 珠联璧合的发展前景更被看好。我国坚定地选择了 C-V2X 路线,也是众多汽车厂商的选择。C-V2X 通过车与车(V2V)、车与设施(Vehicle to Infrastructure,V2I)、车与人(Vehicle to Pedestrian,V2P)、车与网(Vehicle to Network,V2N)交互等,提升了自动驾驶车辆的感知广度和深度,其不仅能提高驾驶的智能性和安全性,而且能整体提升交通效率。据估算,基于 C-V2X 的车路协同能减少 50% 单车智能遇到的问题,降低至少 30% 的成本,将单车智能落地时间提前 2~3 年,同时,还可以预防 96% 的交通事故,提升整体交通效率

15％以上。

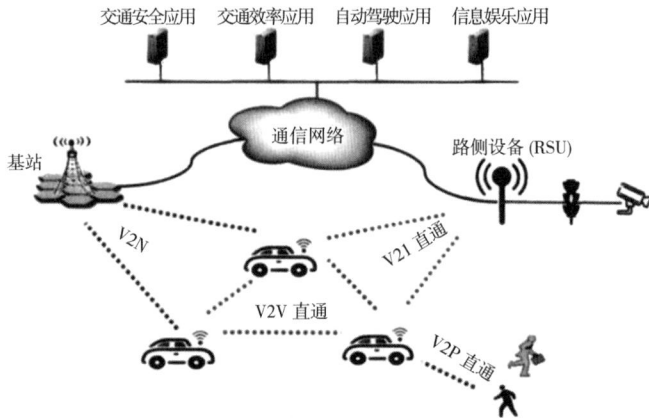

图 7-9　C-V2X 系统示意

2.V2X 车辆协同整体方案

车路协同网络连接示意如图 7-10 所示。

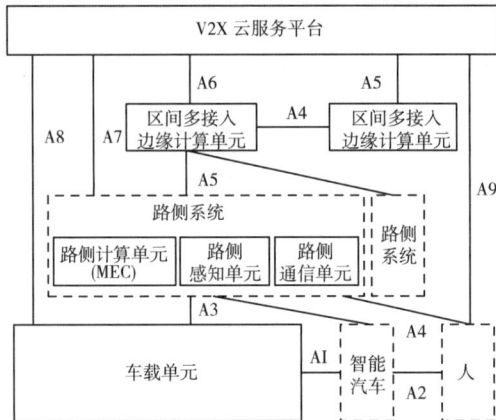

图 7-10　车路协同网络连接示意

整体方案从逻辑上分为以下三层。

(1)终端：包括车载单元(On Board Unit,OBU)、智能汽车和人(携带智能终端、APP)等。

(2)边缘：主要包括路侧系统(Road Side System,RSS)和区间多接入边缘计算(Multi-Access Edge Computing,MEC)单元。其中,路侧系统从逻辑上包括路侧通信单元 RSU (Road Side Unit)、路侧感知单元(雷达、摄像头、交通信号灯与指示牌、气象环境感知单元等)和路侧计算单元(MEC);区间多接入边缘计算单元综合处理来自 V2X 云服务平台和多个路侧系统的信息,并与 V2X 云服务平台、RSS 实现交互。

(3)云端:V2X 云服务平台(以下简称 V2X 平台),接收来自终端、边缘等的信息,进行综合分析处理,为边缘和终端提供服务、综合调度与优化,提升交通效率和驾驶安全。

系统中各网元通过消息交互连接,提高终端的全息感知与智能处理能力,提升交通安全水平;边缘和 V2X 云平台接收终端信息,通过大数据分析挖掘和人工智能算法,优化调度提高系统交通效率,为终端提供信息服务。

3.V2X 平台

车联网 V2X 平台提供车路协同服务,综合利用通信、云计算、人工智能、大数据、物联网、移动互联网、高精度定位与地图等技术,实现人—车—网—云的高效协同,提升驾驶安全和整体交通效率,提供各类增强服务,促进节能减排和便捷监管,支持车路协同与自动驾驶的联合演进。同时,平台提供丰富的开放接口,适应未来车联网全场景的 V2X 服务。

V2X 平台系统功能如图 7-11 所示。各模块具体介绍如下。

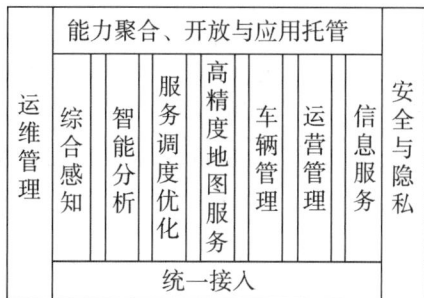

能力聚合、开放与应用托管							
运维管理	综合感知	智能分析	服务调度优化	高精度地图服务	车辆管理	运营管理	信息服务	安全与隐私
统一接入							

图 7-11　V2X 平台系统功能

(1)统一接入。实现对 OBU、MEC、RSU、感知单元等网元和各服务系统的信息接入与适配。

(2)综合感知。获取车联网全网和全生命周期的信息,对全网形成全面的综合感知,实现综合信息的汇聚与存储。

(3)智能分析。利用大数据技术和 AI 算法,实现多维数据的智能分析,形成提示、告警、决策、预测、根本原因分析等各种服务信息。

(4)服务调度优化。根据综合感知信息,结合交通需求,通过 AI 算法实现城市级、区域级、干道级或者高速公路级等优化调度方案,提升交通效率。

(5)高精度地图服务。为自动驾驶提供高精度的地图服务,并根据交通策略,与边缘、终端进行交互获取道路实时状态等,动态更新高精度地图。

(6)车辆管理。与汽车厂商结合,提供车辆在线监测、故障诊断、在线升级、设备更换提醒、固件升级、服务升级、紧急救援等服务。

(7)运营管理。主要包括应用管理、计费管理、外部服务管理、区域/边缘管理、用户管理、能力开放、能力聚合和应用托管管理等功能。

(8)信息服务。V2X 将平台智能分析、调度优化、运营管理、高精度地图服务等的结果以消息的方式,与各业务单元进行交互,提供服务,如实时更新交通拥堵状态、气象环境信息、交通事故状况、车流量、实时交通管制信息、事故高发路段提示等,下发至路侧单元,路侧单元转发给车载单元,也可由车载单元主动获取。

(9)运维管理。实现系统设备管理、终端管理、边缘管理、拓扑管理、事件管理、事件定向分发、在线标定等车路协同综合管理服务,并实现对各网元的综合监控、异常告警与在线升级更新。

(10)安全与隐私。车联网参与方众多,运行中产生大量的数据,牵扯到系统安全与个人隐私保护,需要从技术和管理上做好防护,保障车联网健康发展。

(11)能力聚合、开放与应用托管。车联网可聚合各种社会服务能力(如车企、高精度地图服务商、运营商、信息服务商、娱乐服务商等);将车联网自身的数据和能力开放,由授权第三方开放个性化服务;V2X 平台可提供开发、测试、部署和应用托管平台,进一步降低第三方服务商的开发、部署和运维难度。

4. 边缘系统

MEC 是车路协同边缘侧综合信息处理中心(即边缘大脑),可分为路侧 MEC 和区域 MEC。

(1)路侧 MEC 接收来自路侧感知单元(雷达、视频、交通信号、智慧锥桶、环境信息、RFID 等)、车载单元和 V2X/区域 MEC 等的信息,进行分析、检测、跟踪与识别等处理,将处理后的消息发送给 RSU,RSU 通过 Uu 接口或者 PC5 接口发送给车载单元,如图 7-12 所示。

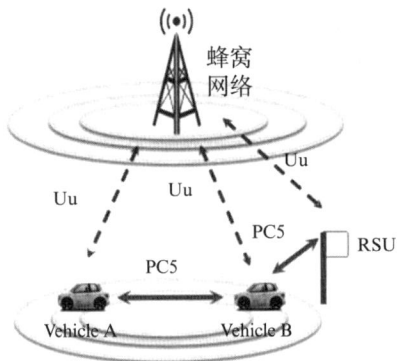

图 7-12 RSU 通过 Uu 接口或者 PC5 接口发送给车载单元

(2)区域 MEC 是车路协同区域管理与服务中心,接收来自路侧 MEC 和 V2X 平台的信息,进行综合分析处理决策,并及时地将处理结果与路侧 MEC 和 V2X 平台交互 ML。

MEC 系统功能框架如图 7-13 所示。

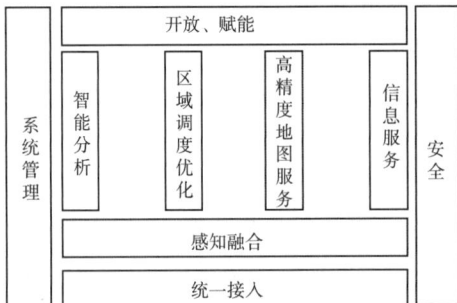

图 7-13 MEC 系统功能框架

5. 系统功能

MEC 提供各类综合信息的存储能力,并与区域 MEC 或者 V2X 平台交互。

(1)统一接入。实现对 OBU、RSU、感知单元、V2X 平台和 MEC 等网元信息的接入与适配。

（2）感知融合。获取本区域人、车、路、环境和车联网系统信息，对区域内形成全面综合感知，实现综合信息汇聚与存储。

（3）智能分析。利用大数据分析和 AI 算法，实现多维数据智能分析，形成区域内的提示、告警、决策、预测、规划、根本原因分析等各种服务信息。

（4）区域调度优化。根据终端业务请求、区域车辆密度、道路拥堵严重程度、拥堵节点位置以及车辆目标位置等信息，对路况进行分析和统一调度，对车辆开展导航调度优化，改善拥堵状况；实现区域范围内车辆协同、车辆编队行驶等功能。

（5）高精度地图服务。MEC 存储动态高精度地图信息，为 OBU 提供区域实时高精度地图服务，减少由云端服务带来的时延；结合路侧和车辆实时信息，在发现高精度地图存在偏差时，更新该区域高精度地图状态，为 OBU 提供更准确的实时高精度地图服务；同时将更新后的高精度地图信息发送给区域 MEC 和 V2X 平台。

（6）信息服务。MEC 将本区域/路口智能分析、调度优化、高精度地图服务、V2X 平台通知等结果以消息形式提供服务。实时交通信号灯消息、实时交通拥堵状态、气象环境信息、交通事故状况、车流量、实时交通管制信息、事故高发路段提示、异常告警等；可为车辆提供音/视频等多媒体休闲娱乐信息服务、区域性商旅餐饮等信息服务；车辆在线诊断服务。信息通过 RSU 转发给车载单元，也可由车载单元主动获取。

（7）系统管理。实现系统设备管理、业务配置、区域事件管理、区域事件定向分发等车路协同综合管理服务，并实现对各网元综合监控、异常告警与在线升级更新/固件升级等服务。

（8）安全。系统运行中产生大量的数据，牵扯到系统安全与个人隐私保护，需要从技术和管理上做好防护，保障车联网健康发展。

6. 技术趋势

（1）雷达与视频信息融合技术

雷达和视频是路侧主要的感知单元，雷达和视频具有良好的互补性，一般情况需要同时部署。雷达准确地感知到速度与位置信息，目标分辨能力不足，视觉能准确感知目标（人、车辆属性、非机动车、事件等），无法准确感知位置和速度。雷达和视频的融合，需要将两个不同视野下的目标对齐，将两个传感器同一目标对准，即实现同一目标的融合，这样就可准确识别目标和目标的位置、速度，这也是自动驾驶的关键技术。路侧与自动驾驶部署和实现目标不同，自动驾驶以自身为中心进行感知和识别，而路侧需要感知全景和中远距离，目标更多，且传感器的融合难度更高，特别是多传感器融合和信息重建。不同场景差异大，技术和工程实施都存在难点，需要针对性研究和实现，业界尚无完全成熟的解决方案。

雷达与视频的实时融合技术是路侧感知的关键的技术趋势，需要解决的问题是：双方目标一致性和弥补对方传感中的弱点，检测、跟踪与识别是关键；功耗和散热，如何在保证准确率的情况下采用轻量化模型；选用合适的硬件降低成本。

（2）多维信息融合技术

除雷达和视频信息外，MEC还接收路侧的红绿灯等交通信号、来自V2X云服务平台的信息或者相邻MEC的信息、车载终端的信息，需要MEC做综合的信息处理，信息融合将以车联网业务为中心。

（3）MEC主机实现技术

MEC路侧的硬件平台如何选择"CPU＋GPU"、FPGA和AI芯片？路侧MEC散热是关键，采用GPU需要配置风扇，对环境要求高，需要保证在路侧长期稳定运行；FPGA成本低、功耗低，对研发团队的技能要求高；采用AI芯片功耗和灵活性都有保证，成本相对合理，该方案会成为主流方案。

（4）及时区域高精度地图服务技术

路侧MEC与路侧感知单元协作实时感知路侧的整体状况，将信息与高精度地图服务商结合，提供融合实时的高精度地图服务，并与V2X平台的高精度地图服务保持同步，车载终端从路侧MEC获得更及时的高精度地图服务。

7. 产品形态

（1）路侧独立MEC

随着车路协同的不断发展，MEC的重要性将日益凸显，功能要求与时俱进，在车路协同的起步阶段，将大概率以独立的方式部署，形成独立的产品。

（2）路侧MEC与路侧通信单元一体化

路侧通信单元的功能相对独立和稳定，性能与MEC紧密相关，同一厂商将两个硬件一体化，不仅节省成本，而且采用内部接口还能提升通信和处理效率，应该会是车路协同的主流形态。

（3）路侧MEC与雷达、视频传感设备计算单元一体化

在标准十字路口激光雷达至少需要部署2个，双方信号融合实现360°覆盖，减少或者消灭盲区，雷达的信息处理需要专门的计算单元。视频信号检测、跟踪和识别等智能化处理需要专门的计算单元。实现视频与雷达的信息融合需要计算单元，将计算单元统一部署于MEC是最好的选择，有利于系统优化和成本最小化。毫米波雷达的点云数据较稀疏，需要处理的数据量较小，对计算能力的要求较低；激光雷达的点云数据稠密，对检测识别的算力要求较高；视频数据量最大，检查识别所需的算力要求最高。

（4）计算处理平台的选择

方案一，每个雷视一体机自身可具备完备的计算能力；方案二，将雷达、视频的传感器和计算平台合一，由路侧MEC提供计算能力。以十字路口为例，至少需要两台激光雷视一体机，或者4路毫米波雷视一体机，或者两者同时部署。这样就需要由MEC将信息进行融合处理，雷视一体机与路侧MEC是一对多的关系，将计算平台合一是合理的选择，即将雷达、视频算法融合的计算平台与MEC计算平台融合，可有效降低建设成本。实现计算平台硬件一体化应是大势所趋。

（5）路侧MEC融入区域MEC

该方案单独部署路侧MEC，功能由区间MEC实现，具有技术可行性。将雷达、视频、

交通信号等原始信息实时传送到区域 MEC,需要网络支持,如果采用5G,需考虑流量费用和网络稳定性,且占用公用通信资源,运行成本相对较大;处理及时性稍差。本地处理时延最小,有故障影响面更小。随着基础设施日益完备,路侧 MEC 上移融入 MEC 的方案会成为可选项。

(6)车联网区域 MEC

如由通信运营商建设 MEC,应采用基础网络 MEC,为车联网 MEC 提供基础存储、计算能力,不用独立建设区域 MEC。

8.路侧感知单元

路侧感知设备主要有雷达、摄像头、交通信号灯与指示牌、智慧锥桶、环境传感器等。其中交通信号灯与指示牌、智慧锥桶和环境传感器的信息相对标准,信号及时接入 MEC 是关键。这里主要介绍雷达与视频的融合。

视频已经成为路侧的基础设施。雷达与视频融合(雷视)正日益成为路侧标配感知单元。

(1)雷达

雷达主要有激光雷达和毫米波雷达。

①激光雷达(LiDAR)。利用激光束主动探测目标,能够不受光照影响全天候工作,通过激光测距技术实时感知环境信息,获得精确可靠的三维数据。按照光束操纵方式,激光雷达主要分为机械式、固态雷达。机械式多线束激光雷达是当前的主流,技术成熟度高,但体积偏大。固态雷达代表了未来方向。固态雷达普遍具有尺寸小、寿命长、精度高、测距远、方向可控性好、扫描速度快的优点。当前主要缺点是视场角小、受雨雪雾天气影响很大、非全天候,这也成为众多厂商技术提升的方向。路侧激光雷达的选型与自动驾驶有不同之处,对体积和功耗等相对不太敏感,但对工程部署、长期稳定工作、性价比和在线运维升级等提出了更高要求。

路侧复杂场景对高线束激光雷达环境感知方案需求增加,激光雷达线数在不断增加,检测识别精度提升很快,128线混合固态雷达测距可达200m、最小分辨率0.1°、垂直视场角40°。基于激光雷达的点云数据和机器学习算法可实现较好地检测识别效果。目前不少雷达厂商自身算法能够实现大车、小车、行人和非机动车等识别,车辆识别距离近百米,人的识别距离在50m左右。准确率与基于视觉的方案相比,无论是种类细分,还是准确率都有较大差距。

激光雷达售价偏高,对快速普及造成了较大影响,相信随着技术和生产工艺的日益成熟,性价比会快速提升,呈现出摩尔定律的趋势。

②毫米波雷达。毫米波雷达被广泛应用于高级驾驶辅助系统中,技术相对成熟,具有全天候、探测距离远(大于200m)、价格低的优势。毫米波雷达主要包括芯片、天线、控制系统以及算法,其中芯片主要由德州仪器、恩智浦、英飞凌提供,技术竞争体现在天线、控制系统和算法上,国内厂商在算法上有很大的提升空间。我国毫米波雷达主要在24GHz、77GHz、79GHz频段,路侧毫米波雷达选择 77GHz 频段。79GHz 频段雷达是众多厂商未来争夺的热点,带宽更高(比 77GHz 要高出 3 倍多)、性能更强(分辨率可达

5cm),尚未大规模量产。

毫米波雷达未来技术发展趋势:更高频率,将向 120GHz、200GHz 甚至更高频段发展,探测距离和成像精度会大为提升,控制成本是关键;天线技术,利用 5G 中的大规模多输入多输出(MIMO)技术提升效率和角分辨率,实现传统毫米波无法实现的物体形状识别和行人检测等,傲酷等通过理论创新和算法,通过高倍虚拟 MIMC,将角分辨率提升了 10 倍,如果能稳定量产,该突破就非常有意义;前端收发组件,高集成化的 MMIC 成为主流,在工艺上逐步向 CMOS 方向发展;算法提升,将点云数据通过机器学习算法实现物体的检测、跟踪与识别,大幅度提升分辨率和准确率,潜力巨大。

(2)高清摄像机

路侧应用最广,成熟度高,优势是目标识别程度高,劣势是受光线、气候等因素影响大,难以准确判别位置、速度。高清化、一体化和智能化代表了未来发展趋势。

雷达、视频性能对比见表 7-1。

路侧精确感知需雷达和视频信息融合,发挥双方优势。雷达与视频信息融合,需要视野和目标的对齐,工程便捷部署是关键,分体设计加大工程实施难度,从结构上应考虑雷达与视频一体化设计(简称雷视一体机),应是未来主流产品形态(特别是毫米波)。同时,将感知单元与计算单元分离,计算单元融合统一在 MEC 算法实现、性价比和部署上都有优势,不需要每个雷视一体机都配置昂贵的计算与存储单元。

表 7-1 雷达、视频性能对比

参数	毫米波雷达	激光雷达	光学成像
最大距离/m	1000	300	可以感知远距离,难以探知距离、速度和角度等信息
速度 /(km/h)	0~1000	0~300	
静止测距	困难	简单	
角度	较好	很好	
环境	全天候	雨雪雾天气影响大	光线影响大
成本	中	高	低中
优点	测距远、成本低	精度高、速度快、抗杂波干扰	精细目标检测识别
劣势	目标识别难度大	成本高、非全天候、识别难度中	难以测知速度和位置
算力需求	较低	较高	高

9.部署建议

城市道路路侧雷达应以激光雷达为主,高速道路应以毫米波雷达为主,高清摄像机是默认选项,雷达与视频融合分析;城市主干道、交叉路口等地点建议同时部署视频、激光雷达和毫米波雷达,多类传感器融合分析,完成目标的精细化分析。雷达完成位置、速度、方位角和粗分类的检测识别,其中激光雷达检测跟踪 100m 内目标、毫米波检测跟踪 100 个以上目标,摄像机用于精细目标的检测与识别。

10.路侧通信单元

RSU 相当于移动网络基站,主要提供 V2X 通信、管理和安全功能。

(1)V2X 通信功能接收来自 MEC 或者 V2X 平台的信息,通过 PC5 广播给道路交通参与者;负责收集 OBU 等道路参与者的上传信息,并通过固网或者 Uu 接口上传至 MEC 或 V2X 平台。

(2)管理功能负责完成设备认证、管理与维护。

(3)安全功能负责保障 RSU 设备自身及与其他交互设备之间信息交互的安全。

为了解决 V2X 通信的一致性和稳定性,RSU 通常会采用独立协议栈方案,协议栈由各层(包括消息层、网络层和接入层)协议规范、安全标准以及对应技术要求规范组成,接入层由 LTE-V2X 或 5G-V2X 无线模组实现,网络层、消息层、安全及相应管理模块构成 RSU 的协议栈软件部分,提供标准化统一的通信、管理和安全功能。

目前,网络 RSU 主要通过 LTE 通信,将逐步升级为 5G 网络。衡量 RSU 的指标主要有以下 4 项。

(1)覆盖范围。目前覆盖一般是 200m,如何扩大覆盖范围是关键,可有效降低部署和运营成本,在高速公路等环境中更为明显。

(2)时延。在特殊的业务场景(如远程驾驶和实时干预等)中,对时延要求在毫秒级,需要系统稳定保障。

(3)消息吞吐能力。目前来自终端上传的数据量不大,随着业务种类的增加和实时性要求,在拥堵路口等环境中需要实时接收和处理来自终端的消息,会对 RSU 的消息处理能力提出很高的要求。

(4)安全性。除传统的安全之外,PC5 无线接口的开放性带来了更多安全隐患,需要从接收和发送两个维度进行防范,特别是广播接收带来的隐私安全。

路侧边缘设备是 C-V2X 车联网系统的核心单元,安全风险需要综合考虑系统和终端安全,系统考虑接入、系统、应用、数据和运维(路侧设施特殊性带来的风险)等层面,除正常安全、加密、授权和认证手段外,建议引入可信计算保障系统端到端的可信性,引入区块链来保障数据访问和权限控制的可追溯性。

11.车载单元

自动驾驶车辆通过车载单元接入车联网,接收来自车联网的信息,并将车辆的自身信息广播给周边的 OBU 和 RSU,实现双向通信,OBU 的部署是实现 V2X 产业化落地应用的前提与关键环节。OBU 实现通信、管理、高精度定位和安全功能。

(1)通信功能完成 BSM 消息的上报、V2X 消息的接收与解析、CAN 数据的读取与解析、消息的展示与提醒。

(2)管理功能负责设备的认证、管理与维护。

(3)高精度定位支持 CPS、北斗差分定位。

(4)安全功能,负责保障 OBU 设备自身及与 RSU、V2X 平台、MDC 等交互对象之间信息交互的安全。需要考虑接入(各类物理接口和无线接口)、设备(访问控制、固件逆向、升级、权限、漏洞)、应用软件(漏洞与逆向)和数据。除通用安全手段外,建议引入可信计算,从终端的启动开始通过可信链的传递来保障终端的全过程可信与安全。

基于 C-V2X 的 OBU 通常采用 C-V2X 的"车规模组＋车规主控"的硬件方案,车规主控提供 CAN 接口与车辆通信获取车辆相关信息,Wi-Fi 接口与车载平板通信实现信息展示和辅助驾驶,控制 C-V2X 模组和周边 OBU、RSU 等通信,接入车联网。

目前,在 C-V2X 芯片方面,华为技术有限公司推出了支持 LTE 和 LTE-V2X 的双模通信芯片 Balong765、支持"5G＋V2X"的双模通信芯片 Balong5000;中国大唐集团有限公司发布了 PC5 Mode 4 LTE-V2X 自研芯片;高通公司发布了支持 PC5 单模的 9150 LTE-V2X 芯片组,计划推出支持"5G＋V2X"的双模通信芯片 SA515M。未来"5G＋5GNR-V2X"双模方案是必然趋势。

12. 车联网典型业务与趋势

车联网典型业务主要分为 4 类:驾驶安全类、交通效率类、信息服务类、管理综合类,具体见表 7-2,这是目前各规范制定的主要业务。

表 7-2　典型业务场景汇总

分类	典型业务		
驾驶安全类	汇入主路辅助	前向碰撞预警	左转辅助
	交叉路口碰撞告警	超车辅助	换道辅助
	逆向行驶预警	盲区预警/变道预警	紧急制动预警
	车辆失控预警	异常车辆提醒	道路危险状况提示
	静止车辆预警	非机动车横穿预警	紧急车辆提示
	限速预警	闯红灯预警	闯红灯(黄灯)告警
	行人横穿预警	人形识别	人形预警
	弱势参与者碰撞预警	慢速车辆预警	跟车过近提醒
	参与者感知数据共享	协作式交叉口通行	协作式匝道汇入
	RSU 提醒碰撞	碰撞不可避免告警	摩托车靠近告警
	行人盲区监测预警	非机动车靠近预警	大车靠近预警
	错误道路行驶警告	前方拥堵/排队提醒	道路施工提醒
	协作信息分享	火车靠近/道口提醒	限高/限重/限宽提醒
	疲劳驾驶提醒	注意力分散提醒	超载告警/超员告警
	道路交通事件提醒	车辆汇入汇出	车路协同交叉口通行
	紧急电子制动灯预警	危险驾驶与违章行为预警	道路施工预警
	路侧控制无信号交叉口通行	路侧感知"僵尸车"识别	

分类	典型业务		
交通效率类	绿波车速引导	车内标牌	减速/限速区提醒
	车速引导	电子不停车收费	动态车道管理
	车辆编队行驶	协作式车队管理	自适应车队
	高速专用道柔性管理	特殊车辆优先	智能停车引导
	门适应巡航	交通信号配时动态优化	信号灯应用与绿波通行
	车辆动态路径引导	车辆动态路径规划	减速/停车标志违反警告
	交通信息及建议路径	减速/停车标志提醒	协同超车
	协同换道	协同借道	禁入及绕道提示
	紧急车道	潮汐车道	车路协同主被动车道收费
	专用道动态使用	最优速度咨询	十字路口通行辅助
	增强导航	商用车导航	场站进出服务
	前方拥堵提醒	大车车道错误提醒	
信息服务类	兴趣点提醒	SOS/eCall 业务	汽车进场支付
	车辆被盗/损坏警报	车辆远程诊断	维修保养提示
	汽车租赁/分享	电动车分时租用	媒体下载
	充电站目的地引导	电动汽车泊车充电	本地电子商务
	地图管理、下载/更新	经济/节能驾驶	即时消息
	个人数据同步	自动停车引导及控制	按需保险业务
	差分数据服务	电子号牌	车辆软件、数据和升级同步
	网元时间、空间数据同步	时间延时	空间数据同步
管理综合类	车辆关系管理	卸货区管理	车生命周期管理数据收集
	自动驾驶整车在环仿真	浮动车数据采集	高精度地图对齐及动态更新
	车辆和 RSU 数据校准	路侧感知交通状况识别	自动驾驶车辆"脱困"
	渣土车车况检测	驾驶员行为检测	

　　从业务实现方式上可分为 V2V、V2I、V2P、V2N 和融合式。V2I 和 V2N 可以实现更大范围和更复杂的业务,可以做出局部或者整体最优的规划,并能从感知角度扩大车辆感知范围、深度和广度,减少单车智能面向的问题数量和难度。

　　典型场景主要有封闭/半封闭园区、高速公路、城市道路和普通道路,实现难度也逐步增大,车联网也将发挥越来越重要的作用。还有一类特殊场景下的应用值得关注,如危险或者恶劣环境下的车辆驾驶,如矿山、危化车辆驾驶等。

　　后续随着业务场景的丰富,将会有更多的增强业务出现,MEC 将发挥重要的作用,可以实现复杂的增强业务,图 7-14 给出了特殊车辆优先通行场景流程示意。

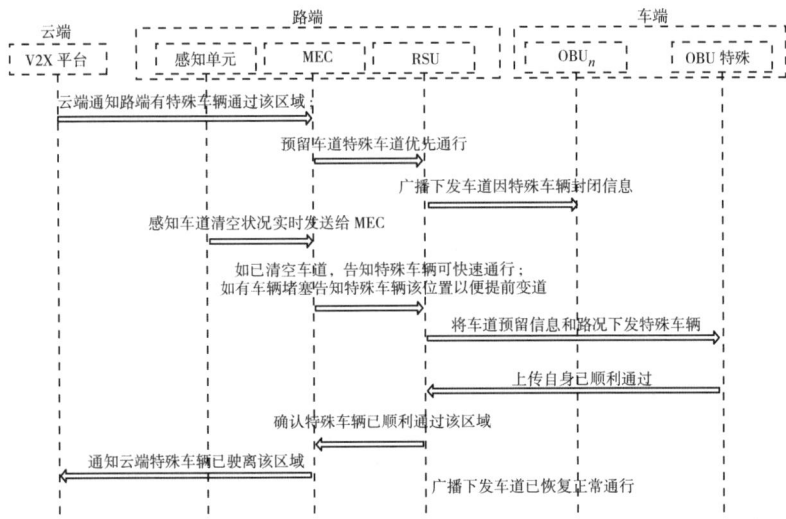

图7-14 特殊车辆优先通行场景流程示意

13. 结束语

车联网开始进入快速发展阶段,特别是在我国,车联网将会与5G协同发展成为经济领域的重要亮点。目前,车联网的基本技术规范已经初步确定,众多厂商正在推出相关的车联网产品和解决方案,但还存在如下问题需进一步解决。

(1)业务和产品的规范有待进一步细化和完善。

(2)车联网安全至关重要,一旦受到恶意攻击,不仅是数据的泄露,还有可能导致更大的安全事故。需要端到端地考虑安全性,保障信息的完整性、机密性和抗重放攻击,重点关注车联网自身的特殊性,不限于加密、认证、权限、控制、审计、漏洞检测、安全加固等策略,从自身可信上引入可信计算,通过可信根的传递确保系统中各环节的可信性,将可信与安全融合,从而在整体上保障系统的安全与可信,这是根本的解决措施。同时,车联网安全是个系统工程,需要从被动防御走向主动防御,做到快速事后处理(构建快速响应、攻击溯源和风险预案机制)、及时事中防御(形成安全事件监控、应急响应和快速止损方案)和完善事前预判(风险评估、威胁情报、大数据分析)。

(3)隐私保护,需要结合车联网自身的特点开展,一方面是系统的防护;另一方面要充分考虑通信的影响,特别是恶意收集,伪基站和合法身份的滥用等,从技术上和法律上双向配合。

(4)产品与应用场景的融合。针对城市交通、高速、园区和特殊场景(如远程控制与远程驾驶等),采用的技术和产品形态可以更有针对性。这些问题的研究与解决将进一步推动车联网的顺利发展,期待全面车联网时代的早日来临。

(5)区块链技术的应用。车联网建设和运营参与方众多,存在大量信息交互,且各方利益诉求不一,不易形成可信任的单一方,而利用区块链的防篡改、可追溯特点,实现车联网全生命周期信息的存取与共享,结合共识、智能合约、链上链下数据互通等技术,实现价值链上流程的自动化与智能化,有利于促进各参与方的信息共享与合作,开展丰富的业务和服务。

7.3 案例三：物联网技术在智慧城市建设中的应用

1.智慧城管

智慧城管是智慧城市建设中的重要组成部分，是以新一代信息技术为支撑、面向知识社会创新的城市管理新模式。智慧城市就是运用信息和通信技术手段感测、分析、整合城市运行核心系统的各项关键信息，从而对包括民生、环保、公共安全、城市服务、工商业活动在内的各种需求做出智能响应。加强信息技术的创新，使"感、传、知、用"这四个方面得到充分改进，形成智能融合的应用体系。另外，在智慧城管的建设中，还应注重市民的参与和体验，推动大众创新。智慧城管如图 7-15 所示。

图 7-15 智慧城管

2.智慧电力

智慧电力是指智能电网构建的实现，是智慧城市建设中的最重要环节。目前，物联网在电网中的应用主要体现在集成高速双向的通信网络的构建方面。在该网络中，可以通过智能传感器、智能电网等设备以及智能管理系统，实现对电网的智能管理。在拥有 14 亿人口的中国，具有极大的供电需求，在这背后就需要强大的技术支撑。此外，电信工程师还应通过物联网等相关技术，提升智能电网的防御能力和自愈能力，进行自我修护和自我维护。无论是遭受自然环境的迫害或是网络环境的迫害，都能有一定的抵抗与防御能力。智慧电力如图 7-16 所示。

图 7-16 智慧电力

3.智慧医疗

智慧医疗是最近兴起的专有医疗名词,通过打造健康档案区域医疗信息平台,利用最先进的物联网技术,实现患者与医护人员、医疗机构、医疗设备之间的互动,逐步实现信息化。其核心工作是采集、存储、传输、处理和利用患者的健康状况和医疗信息。医生资源在全世界都属于稀缺资源,这就造成了病患看病难的问题,医患关系也一直处于紧张的状态,我国的就医矛盾得不到很好的缓解。利用物联网技术建设智慧医疗,可以大幅度提升医疗资源的合理化分配,可以给患者提供电子健康档案、移动医疗设备、远程医疗等服务,使患者拥有全面的医疗服务,也可以很好地缓解医生资源短缺的问题。此外,"5G+医疗"的概念也逐渐进入大众视野,在手术中,医生可以利用 5G 网络操控机器对患者进行手术,远程会诊、远程手术、应急救援、VR 病房探视等智慧医疗场景都可以通过 5G 建设来实现。智慧医疗如图 7-17 所示。

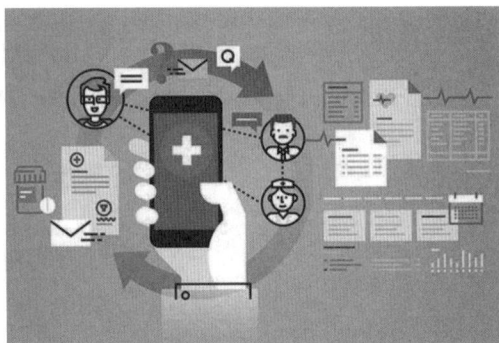

图 7-17　智慧医疗

4.智慧交通

随着居民私家车的普及,居民生活节奏加快,城市交通压力越来越大,智慧交通具有非常重要的意义。智慧交通如图 7-18 所示。

图 7-18　智慧交通

(1)交通诱导

汽车上的通信设备可以将汽车的实时信息发送给城市数据中心,并且在重要交通路口的摄像头也能获得车辆通过信息,这样数据中心就掌握了整个城市的交通状态,可以根据当前交通状况智能有效地控制各个路口的红绿灯指示时间、对车辆进行交通诱导。

（2）公共交通预报

公共交通等待时间过长给市民出行带来不便，可以利用车辆的位置信息结合公交线路，告知乘客车辆预计到达时间，方便乘客选择合适的线路，减少等待时间，降低城市污染。

（3）停车引导

智慧交通停车系统能够通过获取的车辆和停车场的信息，将停车场的空位信息反馈给用户，使得用户可以便捷地选择合适的停车场。

（4）车辆自动缴费

城市中收费站和商场的停车场收费处通常拥堵明显，采用智慧交通的停车自动缴费系统可以实现自动扣费的功能。这不仅节省人力资源，还能有效地缓解交通压力。

（5）道路信息采集

道路信息采集可以自动检测并报告路面、桥梁的状况，根据光线强弱对路灯的开与关实现控制。道路信息采集如图7-19所示。

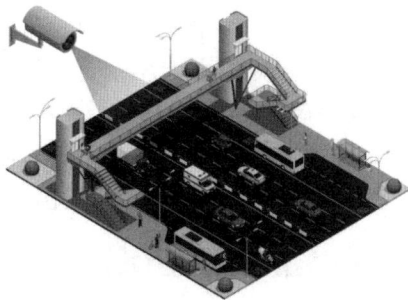

图7-19　道路信息采集

5. 智慧物流

（1）运输智能化

在传统模式下的运输工作中，存在许多不利的因素，对运输工作的质量和效率产生影响，这对整个供应链的发展造成了极大的阻碍，并且不利于物流行业的发展。在物流运输的过程中实现智能化，主要是确保在车辆运输过程中降低相应的空载率，又不会因为物流量过大而影响车辆的运输效率。实现智能化，则可以应用物联网技术对相关运输货物信息进行统计，从而确保车辆的运输效率能和货物的存储数量形成协调性的关系，同时还可以通过北斗卫星系统实时监控车辆的位置，对车辆进行灵活地分配使用，并为车辆选择最佳的运输路线，对于车辆信息和货物到账信息也能够及时获取。除此之外，还可以通过GPS等先进的导航设备帮助车辆行驶人员在正确的路线上进行行驶，避免其运输路线出错等失误现象的出现。智慧物流运输智能化如图7-20所示。

图 7-20　智慧物流运输智能化

（2）仓储自动化

随着我国物流技术的发展，人们在网上购物的次数也在逐渐增多，因此，如果没有合理分配仓储的容量以及仓储的动态，将会导致仓储流程出现货物较密集并且运行效率相对较低的问题。而使用物联网技术中的仓储管理功能，可以确保对物流环节的作业效率起到更好的支撑作用。对仓储阶段存储的货物数量以及仓储的总存储数量实行自动化管理，降低仓库在出入库过程中的记录错误率，并且实现自动化的操作，提高仓库管理效率。比如，通过计算机来开展存储货物的盘点工作，自动化记录相关的数据，能够帮助工作人员详细地了解库存情况。再者，通过 RFID 手持机和射频技术，能够高效识别目标货物，达到追踪货物和数据交换的目的，智慧物流与支撑技术见图 7-21。

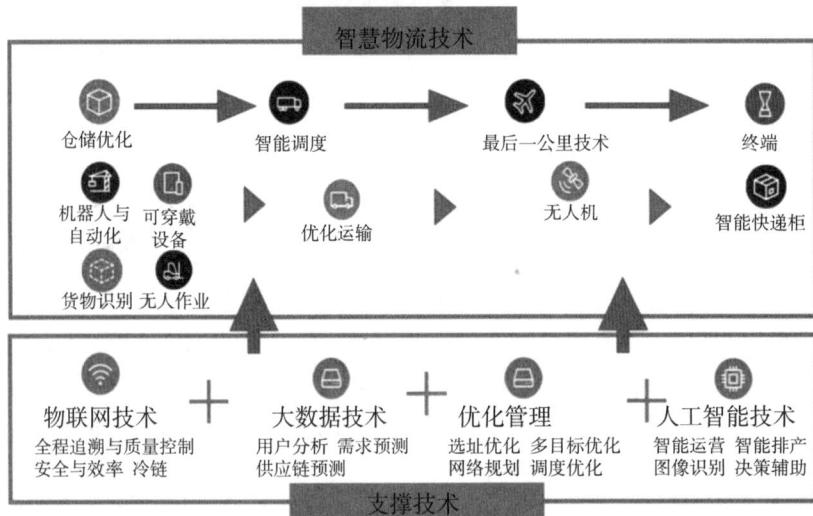

图 7-21　智慧物流与支撑技术

（3）配送动态化

对于物流行业来说，完成物流的配送会经历很多不同的阶段，而配送阶段是整个物流运输过程中的重要组成部分，如果配送阶段出现了问题，不仅会导致客户的满意度下降，还会对物流企业的名声造成严重的影响，所以实现高效化、准确化和及时化是当前配送过程中主要追求的目标。通过物联网技术实现配送的动态化管理，从而让配送流程更加高效准确。实现配送的动态化需要以物联网技术为基础,保证物品能够通过网络进行相关信息的动态分析,为物流行业提供更多的便捷性技术服务和支持。

(4)信息网络化

智慧物流中使用频次较多的有企业内部网络、电子数据交换和国际互联网。利用计算机网络通信技术来有效地连接全球的信息。企业内部网络则是指有效地应用各类信息技术,从而实现企业内部信息的共享,更好地落实企业内部的管理工作。电子数据交换则是按照相关的标准来进行信息的交流,可以降低企业的运行成本,使工作效率更高。

7.4 案例四:智慧农业——智能温室大棚控制系统

智慧农业—智能温室大棚控制系统

1.引言

智能温室大棚控制系统充分应用现代信息技术,集成软件、智能控制、物联网技术、音视频技术、无线通信技术及专家智慧与知识,实现大棚控制各关键环节的信息化、标准化,是云计算、物联网、地理信息系统等多种信息技术在大棚控制中综合的应用,如图 7-22 所示,实现更完备的信息化基础支撑、更透彻的农业信息感知、更集中的数据资源、更广泛的互联互通、更深入的智能控制、更贴心的公众服务。

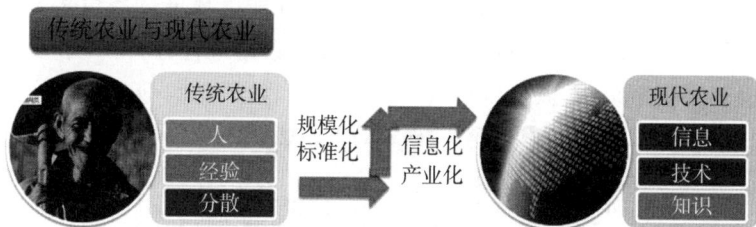

图 7-22　传统农业向现代农业转变的过程

2.系统架构

云飞智能温室大棚控制系统可以实时远程获取温室大棚内部的空气温湿度、土壤水分温度、二氧化碳浓度、光照强度及视频图像等,通过模型分析,自动控制温室湿帘风机、喷淋灌溉、内外遮阳、顶窗侧窗、加温补光等设备,如图 7-23 所示。同时,系统还可以通过手机、计算机等信息终端向管理者发送实时监测信息、报警信息,以实现温室大棚智能化远程管理,充分发挥物联网技术在设施农业生产中的作用,保证温室大棚内环境适宜作物生长,实现精细化的管理,为作物的高产、有效、生态、安全创造条件,帮助客户提高其效率、降低成本、增加收益。

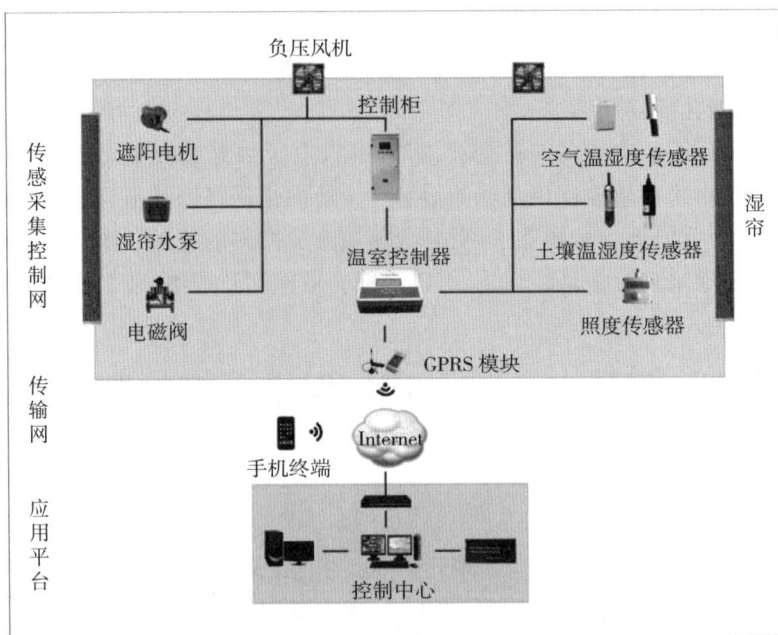

图 7-23 云飞智能温室大棚控制的物联网系统架构

3. 温室环境监测

温室大棚智能化远程管理,通过温室环境监测对种植环境的空气温湿度、土壤温湿度、光照度、二氧化碳浓度等信息进行采集,对采集的数据进行分析,根据参数的变化实施调控或自动控制温控系统、灌溉系统等现场生产设备,如图 7-24 所示。

图 7-24 温室环境参数监测

通过在农业生产区域内安装高清摄像机,对包括种植作物的生长情况、投入品使用情况、病虫害状况情况进行实时视频监控,实现在现场无人值守情况下,种植者对作物生长状况的远程在线监控,农业专家对病虫害作物图像信息的远程在线获取,质量监督检验检疫部门及上主管部门对生产过程的有效监督和及时干预,以及信息技术管理人员对现场数据信息和图像信息的获取、备份和分析处理。

4. 智能控制

通过控制系统,可以对农业生产区域内各种设备运行条件进行设定,当传感器采集的实时数据结果超出设定的阈值时,系统会自动通过继电器控制设备或模拟输出模块对温室大棚自动化设备进行控制操作,如自动喷洒系统、自动换气系统等,确保温室内为植物生长适宜环境,如图 7-25 所示。

图 7-25　智能控制界面

除了手工进行指令的发送之外,系统还能够根据检测到的环境指标进行自动控制现场设备的启动/关闭。用户可以自定义温湿度、光照、二氧化碳浓度等指标的上、下限值,并定义当指标超过上限或者下限值时,现场设备如何响应(启动/关闭);此外,用户还可以设置触发后的设备工作时间。

建立手机系统,客户直接采用微信客户端就可以控制和查看实时数据,手机端具有手动启动、关闭电磁阀,水泵等设备功能。

常用的现场设备包括:灌溉设备(见图 7-26 所示)、遮阳板(见图 7-27)、风机(见图 7-28)等,这些设备均可以通过信号线进行控制,服务器发送的指令被转化成控制信号后即可实现远程启动/关闭现场设备的运转。用户通过点击界面上的按钮即可完成启动/关闭现场设备的指令发送。

图 7-26　灌溉设备

图 7-27　遮阳板及电机

图 7-28　风机

5.监管平台及用户终端运行管理

用户可通过 PC 端,无线或在线实时监管农业物联网监控平台,如图 7-29 所示。

图 7-29　温室环境视频图像监测

用户可以通过区域管理,打开图标可显示站点的实时监测数据,可按照时间段查询和下载历史数据,通过曲线图、柱形图或饼状图进行数据展示和分析,建立大数据库,指导农业生产,如图 7-30 所示。

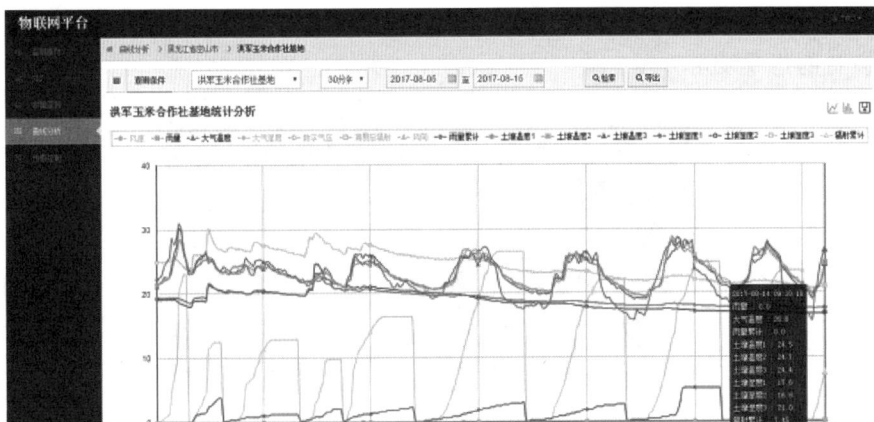

图 7-30　实时监测数据

用户可通过手机客户端,随时随地查看自己负责监控点的环境参数。通过手机端,用户可以远程自动控制现场环境设备,也可以使用手机端及时接收、查看现场环境报警信息,如图 7-31 所示。

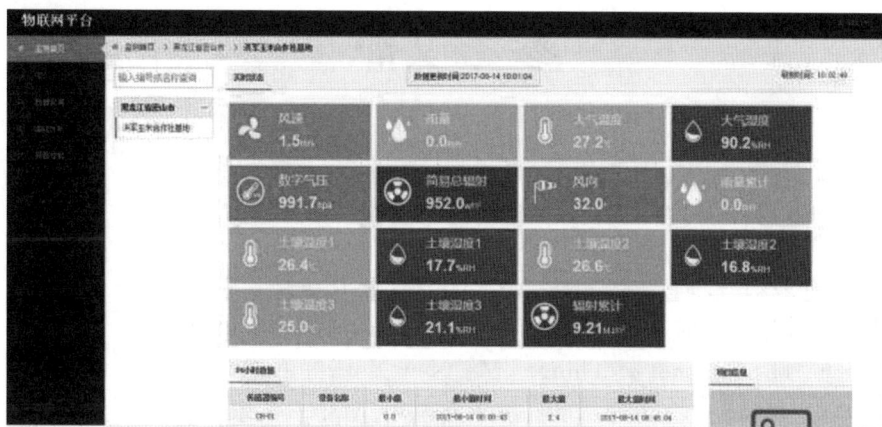

图 7-31　现场环境报警信息

思考题

1. 物联网应用中有关键技术是什么?

2. 结合自己的理解谈谈物联网在某一领域的应用?

3. 你认为自动驾驶的关键技术是什么? 未来汽车的发展方向是什么?

4. 什么是智慧城管? 应包含哪些建设内容?

5. 什么是智慧电力? 请细化课本中的具体设计。

6. 结合自己的理解,谈谈如何对案例三中的智慧城管、智慧交通进行具体的设计?

7. 根据案例四:智慧农业——智能温室大棚控制系统的设计,试举出身边实例说明物联网的应用。

参考文献

[1] 刘云浩.物联网导论[M].2版.北京:科学出版社,2013.

[2] 王汝传,孙力娟.物联网导论[M].北京:清华大学出版社,2011.

[3] 桂小林,安健,张文东,等.物联网导论[M].北京:清华大学出版社,2012.

[4] Chaouchi. The Internet of Things [M]. New York:John Wiley Sons,Ine. ,2010.

[5] Tsiatsi.从 M2M 到物联网:架构、技术及应用[M].李长乐,译.北京:机械工业出版社,2016.

[6] Vasseur,Inkeles.基于 IP 的物联网架构、技术与应用[M].田辉,等译.北京:人民邮电出版社,2010.

[7] DaCosta.重构物联网的未来[M].周毅,译.北京:中国人民大学出版社,2016.

[8] 夏妍娜,赵胜.中国制造 2025 产业互联网开启新工业革命[M].北京:机械工业出版社,2016.

[9] Lee.工业大数据:工业 4.0 时代的工业转型与价值创造[M].邱伯华,等译.北京:机械工业出版社,2015.

[10] 赵永科.深度学习[M].北京:电子工业出版社,2016.

[11] Milette G. Android 传感器高级编程[M].裴佳迪,译.北京:清华大学出版社,2013.

[12] 张明星,孙娇.Android 智能穿戴设备开发:从入门到精通[M].北京:中国铁道出版.2014.

[13] 白海军.战场无人:机器人的较量[M].北京:化学工业出版社,2015.

[14] 康纳,张文栋.纳米传感器:物理、化学和生物传感器[M].北京:科学出版社,2014.

[15] Ranasinghe,Sheng,Zeadally.物联网 RFID 多领域应用解决方案[M].唐朝伟,等译,北京:机械工业出版社,2014.

[16] 康纳,张文栋.纳米传感器:物理、化学和生物传感器[M].北京:科学出版社,2014.

[17] Dey Anind K,Daniel Salber,Gregory D Abowd. A conceptual framework and a toolkit for supporting the rapid prototyping of context-aware applications[J]. Human-Computer Interaction(HCI)Journal,2001,16(2－4):97－166.

[18] 蔡自兴.人工智能及其应用[M].北京:清华大学出版社,2016.

[19] Schmidt B. K. Supporting ubiquitous computing with stateless consoles and computation caches[D]. Stanford University Computer Science Department,2000.

[20] 吴功宜,吴英.物联网工程导论[M].2版.北京:机械工业出版社,2017.

［21］陈慧岩,熊光明,龚建伟,等.无人驾驶汽车概论［M］.北京:北京理工大学出版社,2014.

［22］朱晨鸣,王强,李新,等.5G:2020 后的移动通信［M］.北京:人民邮电出版社,2016.

［23］何蔚.面向物联网时代的车联网研究与实践［M］.北京:科学出版社,2014.

［24］陈根.智能穿戴改变世界［M］.北京:电子工业出版社,2014.